KB264112

New
TEPS
MASTER650

New TEPS MASTER 650

저자 _ 죠셉킴
초판 _ 1쇄 발행 2009년 9월 17일
초판 _ 4쇄 발행 2017년 7월 12일

발행인 _ 박효상
마케팅 _ 이종선, 이태호, 이전희
책임 편집 _ 김 현
편집, 진행 _ 박혜민
디자인책임 _ 김보연

출판등록 _ 제 10-1835호
발행처 _ 사람in
주소 _ 121-894 서울시 마포구 양화로 11길 14-10(서교동 378-16)
전화 _ 02)338-3555(代)
팩스 _ 02)338-3545
E-mail saramin@netsgo.com
Homepage www.saramin.com

※ 책값은 뒤표지에 있습니다.
※ 파본은 바꾸어 드립니다.

ⓒ 죠셉킴 2009
978-89-6049-136-6 18740
978-89-6049-135-9(세트)

New
TEPS MASTER 650

죠셉킴

TEPS 목표 점수 올리기 프로젝트 650 · 750 · 900

사람in
saram
in.com

머리말

본 교재는 대한민국의 대표영어시험 TEPS를 준비하시는 분들 중 TEPS 시험을 한 번도 보신 적이 없거나, 영어 자체를 손 놓은 지 오래된 분들을 위해 기본 점수 650점을 목표로 기획된 교재입니다. TEPS 입문자를 위해 만들어진 본 교재는 청해, 문법, 어휘, 독해까지 TEPS의 모든 영역을 한 권으로 아우르고 있습니다.

본 책의 청해 파트는 소리와 음가, 문장 구조의 상관관계를 통해 왜 한국인들이 다양한 유형의 표현을 못 듣는가에 초점을 맞추고 있습니다. 다양하고도 재미있는 idiom과 연어(collocation), 혼동하기 쉬운 어휘들, 그리고 의문사별 청취 비법을 익혀 TEPS 청해의 기본기를 갖출 수 있습니다.

문법 파트의 경우, 문제들을 풀기에 앞서 입문자에게 가장 필요한 이론들을 정리하였습니다. 영어 문법에서 가장 중요한 동사를 위주로 문장 구조 보는 법, 시제, 조동사, 수동태에 상당한 비중을 두는 동시에 명사, 관사, 대명사 같은 기본 품사들도 균형 있게 다룸으로써 학습자가 실용 영어의 기본을 마스터하여 TEPS뿐만 아니라 다른 영어 시험에서도 자신감을 가지실 수 있도록 구성하였습니다.

어휘는 주제별로 정리된 어휘 관련 상식과 함께 기출 표현들을 익힘으로써 단시간 안에 TEPS 어휘의 실전 감각을 익힐 수 있도록 하였습니다.

독해는 가장 기본적이면서도 핵심적인 유형들을 체계적으로 익힌 후, 실전 문제를 통해 연습할 수 있도록 하였습니다.

지금 현재 한국의 영어 시험은 미국 영어 시험들 위주로 운영되어 오던 분위기에서 점차 국내 기술력으로 만든 한국인들만을 위한 공인 영어 시험으로 관심이 옮겨가는 시점입니다. TEPS가 시행된 지도 10년째로 접어들고 있고 시험 유형도 많이 바뀌었습니다.

하지만 TEPS는 다른 시험과는 달리 단순히 기출 문제를 많이 푼다고 자동적인 성적 향상을 보장해주지 못합니다. 시험의 구성 자체도 총 4개 영역의, 13파트로 구성되어 있으며 문제의 스타일도 다른 시험들과는 상당히 다릅니다. 따라서 TEPS 자체의 스타일에 맞게 체계적으로, 철저한 계획을 세우며 준비하시는 것이 가장 중요합니다.

본 교재는 따라서 TEPS 최신 유형을 완벽히 해부해서 TEPS에 입문한 수험생들이 시험 전에 단기간에 정리하실 수 있도록 최선을 다했으며, 650점 획득이라는 목표에 맞추어 출제자의 의도를 수험자 입장에서 보다 쉽고 정확히 파악하실 수 있도록 집필하였습니다.

아무쪼록 본 교재와 함께 본인이 원하는 TEPS 점수를 반드시 얻으시기를 기원합니다.

서초동에서

Joseph Kim

이 책의 구성과 특징

650점 완전 공략을 위한 New TEPS MASTER 650

이 책은 TEPS 목표 점수 올리기 프로젝트 〈TEPS MASTER〉 시리즈 중 650점 공략을 위한 책입니다.

대한민국 TEPS 최고 강사의 점수대별 전략서

대한민국 TEPS 최고 강사 죠셉킴 선생님이 TEPS 관리위원회에서 출제한 10년간의 정기시험을 철저히 분석, 최신 경향에 꼭 맞춘 문제만을 수록하여 만든 문제풀이 중심의 점수대별 전략서입니다.

4대 영역을 한 권에 아우르는 문제집

TEPS 4대 영역을 한 권에 끝낼 수 있어 학습하시기에 편리합니다. 최신 경향에 맞추어 업그레이드된 문제를 풀며 학습자가 자연스럽고 효율적으로 TEPS 유형을 익힐 수 있도록 구성하였습니다.

스스로 학습을 돕는 스마트 해설

TEPS 초급자들을 위해 650점 획득이라는 목표에 맞추어 수험자 입장에서 출제자의 의도를 보다 쉽고 정확히 파악할 수 있도록 상세하고 친절한 해설을 실었습니다.

※ 수록된 CD의 음원은 사람in 홈페이지(www.saramin.com)에서 MP3 파일을 다운로드 받을 수 있습니다.

목차

New TEPS MASTER 650

Introduction

TEPS는 어떤 시험입니까?

1. TEPS란 어떤 시험인가요?

TEPS는 Test of English Proficiency developed by Seoul National University의 약자로 서울대학교가 주관하고 시행하는 새로운 영어 능력 검정 시험입니다. TEPS는 국내외 여러 대학에 종사하는 최고 수준의 영어 관련 전문가 100여명 가까운 인원이 출제하고 세계의 권위자로 구성된 자문 위원회에서 검토하는 시험입니다.

2. 어떤 곳에서 TEPS 점수를 요구하나요?

각종 고시를 비롯하여 많은 대기업과 공사의 취업 자격 시험으로 활용될 뿐만 아니라 대부분의 정부 기관과 군 기관에 의해서 인사 제도와 해외 파견 자격을 검정하는 시험으로 활용되고 있습니다. 최근에는 대학과 기업체, 정부 기관 중심으로 TEPS의 활용도가 크게 증가했습니다. 그러므로 다수의 응시자가 입시, 입사 지원, 고시 준비 등 특정한 목적을 위해서 응시하고 있습니다.

3. TEPS의 문제는 어떻게 출제되나요?

한국인에게 맞는 시험인 TEPS는 영어 교육과 검정 분야에서 풍부한 경험을 갖고 있는 전문 출제자들이 영어와 한국어의 대조분석과 오류 분석 이론에 근거하여 출제함으로써 한국인들이 특히 많이 범하는 영어의 실수를 정확히 짚어줍니다.

4. 일 년에 몇 번 정도 시험을 볼 수 있나요?

일 년에 12번 매월 첫째 일요일이나 토요일에 시행되고 있습니다. 자세한 내용과 변경 사항은 TEPS 관리위원회 홈페이지(http://www.teps.or.kr)를 보시면 알 수 있습니다.

5. 주로 어떤 문제가 출제됩니까?

실용 영어 능력 시험 TEPS는 현장 영어 구사 능력을 중점적으로 테스트하기 위해 실제 생활에서 일어날 수 있거나 자주 접할 수 있는 상황 위주로 출제됩니다. 일상적인 대화는 물론 일상적으로 접할 수 있는 신문, 방송, 잡지, 서신, 광고, 전화 메시지 등이 모두 이러한 범주에 포함됩니다.

6. TEPS의 시험 시간은 얼마나 되나요?

시행 초기에는 총 2시간 40분이었지만 2001년 2월 제13회 정기 시험부터 영역별 수험 시간 단축이 적용되어 현재는 2시간 20분이 소요됩니다. 청취, 문법, 어휘, 독해 총 4개 영역으로 나누어 청취 60문항 55분, 문법 50문항 25분, 어휘 50문항 15분, 독해 40문항 45분으로 구성됩니다.

7. 시험 점수는 얼마 후에 알게 되나요?

정기 시험의 성적은 시험일로부터 15일 이후 ARS(060-700-2884)나 TEPS 홈페이지 (http://www.teps.or.kr)에서 확인이 가능합니다. 정기 시험 성적표는 시험일로부터 대략 30일 안에 우편으로 발송되고 특별 시험 성적표는 시험일로부터 7일 이내에 해당 기관이나 단체로 통보됩니다.

8. 각 레벨 중 가장 많은 분포를 보이는 레벨은 어떤 것인가요?

급수별 인원을 분석해보면 전체 80%의 응시자가 2급과 3급 사이 즉 2$^+$급, 2급, 3$^+$급, 3급에 집중되어 있습니다. 그 중 2$^+$급을 제외한 2급과 3$^+$급, 3급의 응시생 비율은 세 레벨 모두 전체 수험자의 20% 정도로 비슷합니다.

9. TEPS 자격증은 어떤 것인가요?

2004년에 TEPS는 민간 자격 국가 공인을 취득하였습니다. TEPS 1$^+$급, 1급, 2$^+$급, 2급에 해당하는 응시자는 국가에서 인정하는 공인 증서를 발급받을 수 있습니다.

10. TEPS와 TOEIC, TOEFL의 차이점은 무엇인가요?

TOEIC이나 TOEFL은 비즈니스나 대학원 진학을 위한 특정한 목적으로 만들어져 비즈니스 영어나 학문적인 영어가 주를 이룹니다. 그러나 TEPS는 실제 의사 소통 능력을 측정하기 위한 시험이라는 점에서 차이가 있습니다. TEPS 청취와 TOEIC 청취의 차이점은 상호 응대(interaction)를 다루는 비중입니다. TOEIC의 Part 1은 사진을 묘사하는 단순한 문제를 묻고 Part 2, 3에서 대화를 다루지만 TEPS는 Part 1, 2, 3 모두 대화에 알맞은 응답을 고르는 문제입니다. 그 중에서 Part 3, 4는 TOEIC처럼 구체적인 정보를 묻는 문제가 아니라 전체적인 분위기, 대화의 주제, 대화를 근거로 추론할 수 있는 것 등을 묻습니다. TOEIC은 Part 5, 6에서 대부분 문어체 문법과 어휘를 묻는 데 반해 TEPS는 구어체와 문어체로 구분해서 각각의 문법과 어휘를 묻습니다. TOEIC Part 7은 각 지문별로 2~3개의 질문이 주어지고, TEPS는 한 지문 당 한 개의 문제만이 주어집니다. 또한 주제 찾기, 요점 찾기, 전체 흐름에서 어색한 문장 찾기 등 문제 유형이 TOEIC과 다릅니다.

다른 시험과 구별되는 TEPS만의 특징은 어떤 것이 있습니까?

1. 부분적인 학습이 가능한 시험이 아닙니다.

기존의 테스트는 시험 소재의 제한과 편협성으로 말미암아 수험자들이 영어 실력 향상에는 별로 관계없는 찍기 요령이나 단편적인 시험 지식 습득에 그침으로써 교육적인 기능이 무시되는 경향이 있었지만, TEPS는 거의 모든 분야에서 다양한 소재를 바탕으로 출제되기 때문에 시험 준비를 하는 것이 바로 실력을 쌓는 것이라는 등식이 성립합니다.

2. 속도화 시험입니다.

암기 위주의 학습이나 시험 요령을 터득한 수험자가 고득점을 얻지 못하도록 속도화 시험을 도입하여 짧은 시간 안에 문제를 풀게 함으로써 완전히 숙달되지 않고는 풀기 어렵게 만들어 살아 있는 의사소통 능력을 평가할 수 있습니다.

3. 순수한 청해 능력을 측정합니다.

청해력 평가시 선택지까지 모두 들려줌으로써 순수한 청해력 평가를 꾀했으며 1지문 1문항 원칙을 지켜 기억 부담을 최소화했습니다. 또한 정상 속도로 선택지까지 들려줌으로써 순수한 청해력 평가뿐만 아니라 속도화 시험을 통해 영어 지식이 아닌 영어의 잠재 능력을 평가하여 진정한 영어 실력 판별이 가능토록 하였습니다. 청해 영역의 경우, 인쇄된 문제지가 주어지지 않음으로써 미리 문제를 보고 감을 잡는 요령이 통할 가능성을 방지하였으며, 독해 영역에서도 1지문 1문항 원칙을 지켜 한 문제의 답을 알면 나머지 문제의 답도 유추할 수 있는 가능성을 배제하였습니다.

4. 1지문 1문항 방식의 시험입니다.

1지문 1문항 방식의 시험은 지문을 이해하지 못했을 때 그 지문에서 출제된 여러 문제를 연속적으로 틀리게 되는 문제점을 보완한 것입니다. 문항 반응 이론을 적용할 경우, 낮은 난이도의 문제를 많이 틀린 수험자가 높은 난이도의 문제를 맞힐 경우, 실력에 관계없이 추측으로 우연히 맞추었을 가능성이 높다고 보고 감점 처리합니다. 또한 다양한 지문이 주어지기 때문에 지문의 배경 지식으로 인한 편파성을 극소화시킴으로써 점수의 타당성을 높일 수 있습니다.

5. 절대평가 시험입니다.

상대평가를 지향하는 다른 테스트들과는 달리 절대평가(Criterion-referenced Test)를 지향함으로써 수험 집단이나 제반 상황이 달라져도 개인의 시험 점수는 안정적으로 나타납니다.

TOEIC, TOEFL과의 점수대 비교

TOEIC	TOEFL	TEPS
980	287 ~	951 ~
950 ~ 975	273 ~ 287	901 ~ 950
910 ~ 945	253 ~ 273	851 ~ 900
875 ~ 905	247 ~ 253	801 ~ 850
835 ~ 870	237 ~ 247	751 ~ 800
790 ~ 830	223 ~ 237	701 ~ 750
750 ~ 785	213 ~ 223	651 ~ 700
705 ~ 745	207 ~ 213	601 ~ 650
650 ~ 700	193 ~ 207	551 ~ 600
600 ~ 645	177 ~ 193	501 ~ 550
545 ~ 595	167 ~ 177	451 ~ 500
490 ~ 540	163 ~ 167	400 ~ 450

TEPS의 영역별 구성

TEPS는 청해, 문법, 어휘, 독해의 4개 영역에 걸쳐 총 200문항으로 구성되어 있으며 시험 시간은 140분입니다. 문항 반응이론(IRT)에 따라 채점하기 때문에 전부 맞아도 990점이고 모두 틀려도 10점은 나옵니다.

영역	PART별 내용	문항 수	시간/배점
청 취 Listening Comprehension	Part Ⅰ: 문장 하나를 듣고 이어질 대화 고르기	15	55분/400점
	Part Ⅱ: 3문장의 대화를 듣고 이어질 대화 고르기	15	
	Part Ⅲ: 6–8문장의 대화를 듣고 이어질 대화 고르기	15	
	Part Ⅳ: 단문의 내용을 듣고 질문에 해당하는 답 고르기	15	
문 법 Grammar	Part Ⅰ: 대화문의 빈칸에 적절한 표현 고르기	20	25분/100점
	Part Ⅱ: 문장의 빈칸에 적절한 표현 고르기	20	
	Part Ⅲ: 대화문에서 어법상 틀리거나 어색한 부분 고르기	5	
	Part Ⅳ: 단문에서 어법상 틀리거나 어색한 부분 고르기	5	
어 휘 Vocabulary	Part Ⅰ: 대화문의 빈칸에 적절한 단어 고르기	25	15분/100점
	Part Ⅱ: 단문의 빈칸에 적절한 단어 고르기	25	
독 해 Reading Comprehension	Part Ⅰ: 지문을 읽고 질문의 빈칸에 들어갈 내용 고르기	16	45분/400점
	Part Ⅱ: 지문을 읽고 질문에 가장 적절한 내용 고르기	21	
	Part Ⅲ: 지문을 읽고 문맥상 어색한 내용 고르기	3	
총계	13개 Parts	200	140분/990점*

※ 총 배점은 산술상 1,000점이 나오나 실제로는 IRT(Item Response Theory)에 의하여 최고점이 990점, 최저점이 10점으로 조정됨.

TEPS의 등급 구성

등급	점수	영역	능력 검정 기준
1⁺급	901–990	전반	교양 있는 원어민에 버금가는 정도로 의사소통이 가능하고 전문 분야 업무에 대처할 수 있음
	361–400	청해	교양 있는 원어민에 버금가는 수준의 청해력
		독해	교양 있는 원어민에 버금가는 수준의 독해력
	91–100	문법	교양 있는 원어민에 버금가는 수준으로 내재화된 문법 능력
		어휘	교양 있는 원어민에 버금가는 수준으로 내재화된 어휘력
1급	801–900	전반	단기간 집중 교육을 받으면 대부분의 의사소통이 가능하고 전문 분야 업무에 별 무리 없이 대처할 수 있음
	321–360	청해	다양한 상황의 수준 높은 내용을 별 무리 없이 이해할 수 있는 정도의 청해력
		독해	다양한 소재의 수준 높은 내용을 별 무리 없이 이해할 수 있는 정도의 독해력
	81–90	문법	다양한 구문을 별 무리 없이 신속하게 이해할 수 있을 정도로 내재화된 문법 능력
		어휘	다양한 표현을 별 무리 없이 신속하게 이해할 수 있을 정도로 내재화된 어휘력
2⁺급	701–800	전반	단기간 집중 교육을 받으면 일반 분야 업무를 큰 어려움 없이 수행할 수 있음
	281–320	청해	일반적인 상황의 보통 수준의 내용을 별 무리 없이 이해하는 정도의 청해력
		독해	일반적인 소재의 보통 수준의 내용을 별 무리 없이 이해하는 정도의 독해력
	71–80	문법	일반적인 구문을 별 무리 없이 이해하는 정도의 문법 능력
		어휘	일반적인 표현을 별 무리 없이 이해하는 정도의 어휘력
2급	601–700	전반	중장기간 집중 교육을 받으면 일반 분야 업무를 큰 어려움 없이 수행할 수 있음
	241–280	청해	일반적인 상황의 보통 수준의 내용을 대체로 이해하는 정도의 청해력
		독해	일반적인 소재의 보통 수준의 내용을 대체로 이해하는 정도의 독해력
	61–70	문법	일반적인 구문을 대체로 이해하는 정도의 문법 능력
		어휘	일반적인 표현을 대체로 이해하는 정도의 어휘력
3⁺급	501–600	전반	중장기간 집중 교육을 받으면 한정된 분야의 업무를 큰 어려움 없이 수행할 수 있음
	201–240	청해	일반적인 상황의 보통 수준의 내용을 다소 이해하는 정도의 청해력
		독해	일반적인 소재의 보통 수준의 내용을 다소 이해하는 정도의 독해력
	51–60	문법	일반적인 구문에 대한 의미 파악이 어느 정도 가능한 문법 능력
		어휘	일반적인 표현에 대한 의미 파악이 어느 정도 가능한 어휘력
3급	401–500	전반	중장기간 집중 교육을 받으면 한정된 분야의 업무를 다소 미흡하지만 큰 지장은 없이 수행할 수 있음
	161–200	청해	일반적인 상황의 보통 수준의 내용을 이해하기 다소 어려운 정도의 청해력
		독해	일반적인 소재의 보통 수준의 내용을 이해하기 다소 어려운 정도의 청해력
	41–50	문법	일반적인 구문에 대한 신속한 의미 파악이 다소 어려운 정도의 문법 능력
		어휘	일반적인 표현에 대한 신속한 의미 파악이 다소 어려운 정도의 어휘력
4⁺급	301–400	전반	장기간의 집중 교육을 받으면 한정된 분야의 업무를 대체로 어렵게 수행할 수 있음
	201–300		
5⁺급	101–200	전반	단편적인 지식만을 갖추고 있어 의사소통이 거의 불가능함
	10–100		

영역별 난이도 분류 기준

청해 (Listening Comprehension)

Part I, II

점수	등급	내용	표시
400~600	3, 3⁺	– 친교 활동을 위한 의사소통 기능 (인사, 소개, 감사, 칭찬, 약속) – 감정 표현 (좋고 싫음, 희로애락, 원하는 것, 동정) – 특정 장소 혹은 상황에서 쓰이는 표현 (전화, 병원, 호텔, 공항, 여행사, 우체국, 쇼핑, 음식 주문, 길 안내)	★ ☆ ☆
600~800	2, 2⁺	– 지적 태도 표현 (사과, 변명, 의견 표명) – 도덕적인 태도 표현 (사과, 변명, 후회) – 사실, 정보 확인 – 의문사 why	★ ★ ☆
800~990	1, 1⁺	– 혼란을 불러일으키는 정교한 오답지 – 어려운 구어 표현, 속담을 포함한 질문이나 선택지 – 질문 의도 파악이 어려운 질문 (어떤 의사 표현 기능을 측정하려 함인지)	★ ★ ★

Part III, IV

질문 유형에 따라 난이도 분류 (e.g, main idea – 초급, correct – 중급, infer – 고급)

문법 (Grammar)

점수	등급	내용	표시
400~600	3, 3⁺	– 시제 (현재, 과거, 대과거), 어순(부정문, 의문문), 수 일치 – 짧은 문장 이디엄 (e.g. I hope not.), 관용 표현 – 알맞은 의문사 고르기, 전치사, 접속사, 명사를 수식하는 현재분사 · 과거분사 – 선택지에서 정 · 오답이 명확히 구분되는 문제	★ ☆ ☆
600~800	2, 2⁺	– 각 품사의 기본적인 사항보다 깊이 들어간 문법 – 특수 구문, 관계대명사, 관사 – 이디엄의 부정문 · 의문문 만들기, 한정사(e.g. most의 용법) – intuition으로 풀어야 하는 문제	★ ★ ☆
800~990	1, 1⁺	– 혼란을 불러일으키는 정교한 오답지 – 어려운 구어 표현, 속담을 포함한 질문이나 선택지(e.g. on equal terms) 등	★ ★ ★

점수	등급	내용	표시
400~600	3, 3⁺	– 한눈에 정답이 들어오는 어휘 – 일상적으로 많이 쓰이는 어휘 – 문장을 통째로 외워야 하는 이디엄	★ ☆ ☆
600~800	2, 2⁺	– 한눈에 정답이 눈에 들어오지 않는 어휘 – 혼동 어휘 (의미, 형태) – 연어	★ ★ ☆
800~990	1, 1⁺	– TOEFL식 단어 – 혼란을 불러일으키는 정교한 오답지 – 어려운 구어 표현, 잘 쓰이지 않는 속담 등의 어휘	★ ★ ★

독해 (Reading Comprehension)

점수	등급	내용	표시
400~600	3, 3⁺	– purpose, main, title, topic 찾기 – 단순한 sentence 완성 문제	★ ☆ ☆
600~800	2, 2⁺	– 전치사 및 전체 내용을 파악해야 풀 수 있는 빈칸 채우기 – correct 여부	★ ★ ☆
800~990	1, 1⁺	– 연결사 고르는 문제 – infer 문제 – 문맥상 어색한 내용 고르기, 선택지가 혼동을 주는 문제	★ ★ ★

죠셉킴이 공개하는
TEPS 초급자 기초 전략

청해 (Listening Comprehension)

Part1

● 특징

파트 1은 질의 응답 문제를 다루며 한 번만 들려준다. 내용 자체는 단순하고 기본적인 수준의 생활 영어 표현으로 구성되어 있지만 교과서적인 지식보다는 재빠른 상황 판단 능력을 요구한다. 따라서 이 파트에서는 속도 적응 능력뿐만 아니라 순발력 있는 상황 판단 능력이 요구된다.

● 기초전략

문장의 첫마디, 시제, 그리고 인칭, 이 3가지를 혼동시키는 경우가 많다.
TEPS는 다른 시험과는 달리 유독 한국인들을 위해 만든 시험이므로, 참고서에서 '이 질문의 답은 이거다' 하는 식의 단순암기 주입식 공부에 익숙한 한국 학생들의 잘못된 영어 학습법을 고치기 위한 문제들을 상당수 출제한다. 이 점을 명심해서 평소에 한 질문에 대해서도 다양한 응답 표현 연습을 게을리 하지 말자.

의문사 의문문이라고 판단이 되었을 때에는 첫마디에서 무엇을 묻는 것인지 질문의 의도를 정확히 파악하자. 6개 기본 의문사를 포함한 앞부분을 집중해서 청취하여 그 의문사 하나에 대한 답이 나와야 할지, 아니면 그 의문사와 단어, 표현이 겹쳐서 본래 의문사의 뜻과는 전혀 다른 뜻의 질문을 하고 있는지에 유의하면서 청취한다. 실제 시험에서는 긴장을 하는 경우가 많으므로 자칫하면 첫마디를 놓쳐서 문장 뒷부분을 들었다 하더라도 그 문제 전체를 아쉽게 놓쳐버리는 경우가 허다하기 때문이다.

그리고 질문에 등장했던 단어나 유사한 발음이 선택지에 등장하는 경우는 90% 이상 오답이다. 아주 전형적인 오답 형태의 경우 의문문에서 등장했던 단어나 어구를 선택지에 중복해서 쓰거나 유사하게 발음되는 단어 등을 써서 수험자에게 혼란을 주는 경우이다. 특히 초보자의 경우 질문에서 들었던 단어가 선택지에 나오면 뭔가 관련성이 있는 줄 알고 답으로 체크하는 경우가 있으므로 항상 주의한다.

또한 의문사가 있는 의문문에 Yes, No로 답하는 것은 100% 오답으로 보자.
의문사 의문문은 Where, Who, How, Why, When, What 등의 의문사에 대한 특정한 정보를 응답으로 유도해내는 식이므로 '그렇다, 그렇지 않다' 라고 하는 식의 가부 형태 답은 나올 수가 없다. 단, 명심할 것은 '~에 달려 있다, 아직 결정되지 않았다' 는 식의 구체적 정보 제공을 회피하는 유형의 답변은 충분히 답으로 등장할 수 있으므로 유의한다.

Part2

● 특징

파트 2는 짧은 대화 문제로서 두 사람이 A-B-A-B 순으로 보통 속도로 대화하는 형식이며 소요 시간은 약 12초 전후로 짧게 구성되어 있다. 파트 1과 마찬가지로 한 번만 들려주는 부분이다.

● 기초전략

가장 조심할 것이 주어와 동사의 일치, 시제 일치, 그리고 인칭 혼동 등이다.
의문문의 앞부분 두세 단어까지는 반드시 놓치지 말고 듣는 훈련을 해야 한다. 의문사가 없는 의문문의 경우도 의문사가 있는 의문문만큼 형태가 다양하므로 자신에게 특히 어려운 정답 패턴을 집중 공략한다. 본교재에 소개되어 있는 다양한 표현들을 모두 암기하고 정답을 알기 힘들었던 질문과 답변들, 정답 이외의 가능한 다양한 표현들을 반드시 자신만의 연습장에 정리하고 특히 처음 접하는 정답 패턴은 따로 정리한다.

또한 정답 유형이 상당히 다양하게 나올 수 있으므로 정답에만 신경 쓰지 말고 오답들 역시 확인한다. 왜 답이 아닐 수밖에 없고 다른 선택지들보다 적절치 못한지 그 이유를 반드시 확인해서 유형별로 정리해두면 다음에 비슷한 문제를 다시 접할 때 틀리지 않을 것이다. 뿐만 아니라 오답이라도 문장 자체에는 오류가 없으며 다른 질문의 답변으로도 나올 가능성이 있으므로 소리 내어 읽고 넘어가는 습관을 기르도록 한다.

파트 2에서는 네 개의 선택지를 다 들어본 뒤, 그 중에서 주어지는 질문에 가장 적절한 답안을 고르겠다는 식으로 접근하다보면 질문 자체를 잊어버리는 경우가 생긴다. 질문을 듣자마자 가능한 응답을 능동적으로 떠올리면서 듣는 것이 요령이라고 할 수 있다. 처음에는 다소 어려운 방법 같지만 꾸준히 연습하다보면 큰 효과가 있다는 것을 곧 느낄 수 있을 것이다. 참고로 TEPS는 속도화 시험이라는 특징에 걸맞게 문제 사이의 시간 간격이 TOEIC보다 좀 더 짧은 편이다. 문제 사이의 시간 간격이 약 2~3초 정도 짧으므로 당황하는 일이 없도록 해야 한다.

Part3

● 특징

파트 3는 앞의 두 파트에 비해 다소 긴 대화를 들려준다. 대신 대화 부분과 질문을 들려준 뒤 다시 한번 대화 부분을 들려주기 때문에 길이가 긴 데 비해 많이 어렵다고 할 수는 없다.

● 기초전략

상당수가 대화나 지문의 도입 부분에 앞으로 나올 내용이 무엇인지 그리고 어떤 스타일의 지문인지에 대한 정보가 들어 있으므로 첫 부분을 잘 들어야 한다. 영어 시험에 나오는 대부분의 지문은 두괄식 전개의 형태를 갖추고 있다. 그리고 부사절과 주절로 이루어진 복문인 경우 주절의 내용에 들어간 키워드가 선택지에 답으로 다시 등장하는 경우가 많다.

첫 번째 들을 때는 대략적인 분위기와 토픽을 파악하고, 두 번째 들을 때 질문에서 요구하는 중요한 정보를 찍어 듣는다.
한 번 들려주는 파트 1, 2와는 달리 파트 3, 4는 두 번 들려주므로 전략적으로 들을 필요가 있다. 처음 들을 때에는 전체적으로 대략적인 분위기와 토픽만을 파악하고 두 번째 들을 때는 청취의 목적을 염두에 두고 질문

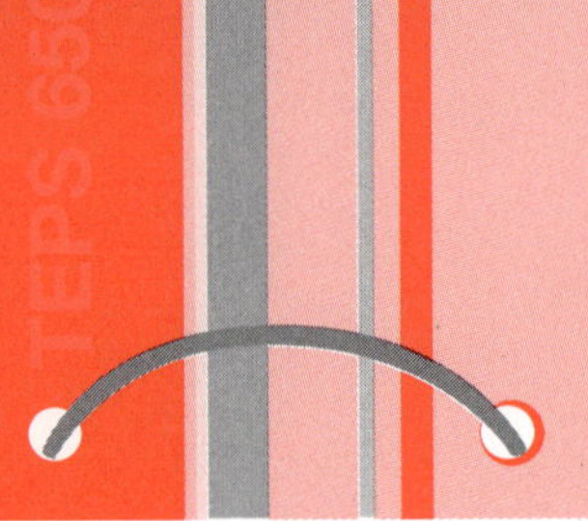

에서 요구하는 세부 정보를 찾아내는 훈련을 한다.

또한 자신이 잘 모르는 표현이 나와도 스트레스를 받거나 절망하지 말고 뒤에 등장하는 단어나 표현들을 통해 그 의미를 유추하자. 영어 청취를 잘 하려면 세세한 10%에 매달려 정작 중요한 90%를 놓치는 것이 아니라, 안 들리는 부분은 과감히 잊고 들리는 표현들 위주로 의미의 연결 고리를 만들어 전체 내용을 파악할 줄 알아야 한다.

● 특징

파트 4는 담화문을 다룬다. 영어권 나라에서 영어로 뉴스를 듣거나 강의를 들을 때와 비슷한 상황을 설정하여 얼마나 잘 이해하는지를 측정하는 부분이다. 이야기의 주제, 목적, 화제, 세부 사항 및 이를 근거로 한 추론 등을 다룬다. 직청 직해 실력, 즉 들으면서 곧바로 내용을 이해할 수 있는지를 잘 평가해주는 부분이다.

● 기초전략

파트 4의 경우 선택지를 제외한 문제와 같은 질문을 두 번 들려주기 때문에 먼저 처음 들려주는 질문을 침착하게 듣고 두 번째 들을 때는 그 질문에 맞는 핵심 내용을 집중해서 듣는다. 자칫 두 번 들려준다는 사실 때문에 처음 들을 때 집중하지 않을 수도 있는데, 파트 4에서 세부 사항이나 진위를 묻는 문제가 상당히 많다는 점을 기억하고 집중력을 유지하면서, 숫자나 시간 등 중요한 정보를 문제지에 note taking하는 습관을 길러야 좋은 성적을 거둘 수 있다. 특히 학교에서 수업 시간에 낭독되는 lecture가 등장하는 파트 4의 경우 안정된 독해 실력이 뒷받침되어야 하므로, 영자신문이나 가이드 포스트, 리더스 다이제스트 같은 쉽게 쓰인 영문 잡지를 가까이 하면서 다양한 표현 방식을 접하도록 노력하자.

담화문에서 쓰인 단어나 표현이 선택지에 다시 등장하거나 발음이 비슷한 것은 오답이다. 이러한 기교가 100% 통하는 것은 아니지만, 대다수 시험에서 학습자들의 혼동을 유발시키기 위해 이 방법을 쓰고 있다. 또한 시제나 인칭을 바꿔서 혼동시키는 경우도 이와 유사한 함정이므로 유의하자.

최근 TEPS 경향은 여러 가지 뜻으로 쓰이는 단어나 표현을 등장시키는 것이다. 또한 오답으로 나온 표현들을 정답으로 바꾸기도 한다. 따라서 단어를 외울 때 한 가지 뜻만 외워서는 안 된다. 제2, 제3의 뜻과 파생어까지 같이 외우도록 한다.

정답으로 등장하는 선택지의 어구들은 대화나 지문에 등장했던 표현과 의미는 같지만 표현을 다르게 한 Paraphrase형이 많다. 동의어와 유사어를 가능한 한 많이 암기한다. 한 단어 동사와 의미가 같은 이어동사(숙어 형태)는 TEPS에서 즐겨 나오는 부분이므로 그때그때 소화하고 넘어간다. 대화나 지문의 모든 단어를 듣겠다는 욕심을 버리고, 훑어듣기(Skimming Listening)를 한다.

Part1

● 특징

파트 1은 A, B 두 사람의 짧은 대화를 통해 전치사 표현력, 구문 이해력, 품사 이해도, 시제, 접속사 등 문법에 대한 이해력을 묻는 형태로 되어 있다. 주로 후자(B)의 대화 중에 빈칸이 있고, 그 곳에 들어 갈 적절한 표현을 고르는 형식이다.

● 기초전략

문법의 경우 수업 시간에 다룬 것이 항상 80% 가량 나온다. 항상 나오는 문법을 중점적으로 다루면 그것이 시험에 많이 나온다. 주로 출제되는 내용은 시제, 분사구문, 수동태, 문장의 형식(특히 5형식에서 목적보어 집어넣기), 조동사, 명사와 관사, 어순, 일치, 대명사인데 출제되는 시제, 조동사, 수동태, 준동사(특히 분사), 명사, 전치사 부분은 중점적으로 공부해야 하며 문법의 경우 시험 당일 오답 노트를 갖고 와서 한번 쭈욱 훑어 보면 많은 도움이 된다.

Par2

● 특징

파트 2는 문어체 질문을 다룬다. 서술문 속의 빈칸을 채우는 문제로 총 20문항으로 되어 있다. 이 파트에서는 문법 자체에 대한 이해도는 물론 구문에 대한 이해력이 중요하다.

● 기초전략

파트 2는 주로 문어체의 문장들과 구문을 다루는 chapter들이 등장하는데 형용사, 화법, 가정법, 관계절, 비교급 등이 이에 해당한다.

명사를 꾸미는 적절한 형용사 고르기, 문장의 구조에 적합한 형용사 고르기, 수량형용사 등이 출제되며 명사의 앞뒤에서 직접 수식하는 한정용법으로 쓰이는 형용사들과, 주격보어, 목적격보어 기능을 하는 서술용법으로 쓰이는 형용사 용법이 출제된다.

최근 TEPS에서는 관계대명사의 경우 사람 관계대명사와 사물 관계대명사의 구분, 선행사와의 수 일치, 관계대명사의 격, 선행사를 포함하고 있는 관계대명사 what의 쓰임을 묻는 문제들이 출제되고 있다. 또한 복합 관계대명사나 관계부사 등도 가끔 출제되고 있다. 의외로 수험생들이 관계대명사를 복잡하다고 여기는 경향이 있는데, 문장 구조로 접근하여 문제를 해결하려는 훈련이 되어 있어야 한다. 무엇보다 선행사를 빨리 구별해낼 수 있어야 한다. 가정법 문제는 조건절과 주절에 쓰이는 동사 시제와 관련이 깊다.

가정법 문제는 조건절이나 주절의 동사 형태를 주로 묻는다. 따라서 가정법의 종류별로 쓰이는 동사의 형태를 완전히 숙지하는 것이 중요하다. 또한 일반적으로 가정법 문장에 쓰이는 if를 생략하고 분사구문으로 만들 수 있기 때문에 평소에 시제, 가정법, 분사구문은 따로따로 공부하기보다는 같이 공부하는 것이 이해도 빠르고 더 나아가 고득점으로 가는 지름길이다. 역대 시험에는 가정법 전체 내용 중 가정법 과거완료가 가장 많이 출제되었다. 가정법 과거완료는 가정법 과거나 혼합 가정법과 혼동시킬 만한 요소가 있으므로 중요 출제 대상이다. 따라서 주절과 종속절 간의 관계를 의미상으로 파악하며 이 문장이 어떤 가정법인지를 정확히 파악한다.

Part3

● 특징

파트 3는 대화문에서 어법상 틀리거나 어색한 부분이 있는 문장을 고르는 다섯 문항으로 구성되어 있다. 이 영역 역시 문법뿐만 아니라 정확한 구문 파악, 회화 내용의 식별 능력이 대단히 중요하다.

● 기초전략

파트 3의 경우 100% 회화 문법이 등장하는데 두 사람의 긴 대화문이므로 전체적인 문맥의 흐름과 시제, 수, 태 등을 파악하여 틀린 부분을 잡아내야 한다.

그리고 파트 3에서도 고득점을 받는 지름길로 오답 노트야말로 실수를 줄여나가는 확실한 방법이다. 한번 풀어본 문제라서 눈에 익은데 정답이 헷갈린다든지, 정답을 꼼꼼하게 확인해두지 않아서 공부할 때 틀렸던 문제를 실전에서 또 다시 틀린다면 고득점의 길은 멀어질 수밖에 없는 것이다. 모의고사를 본 후 틀린 문제들만을 따로 준비해둔 노트에 정리해서(문제와 답만 적기) 각 문제 옆에 그 문제에 해당하는 chapter 이름을 표기해 둔다면 TEPS 문법이 항상 다루는 부분에서 출제된다는 사실을 깨닫게 될 것이며 본인이 어느 부분에서 취약한지도 파악이 될 것이다.

Part4

● 특징

문맥 없이 단순한 동의어 및 반의어를 선택하는 시험 유형을 배제하고 의미 있는 문맥을 근거로 가장 적절한 어휘를 선택하는 유형을 문어체와 구어체로 나누어 측정한다.

● 기초전략

최근 배점이 높은 파트 4 문제들 중에서 주어와 동사 사이에 관계사절이나 수식어 등을 넣고 문장 구조를 복잡하게 만든 다음, 태의 일치를 묻는 문제들이 등장한다. 따라서 각 선택지의 주어와 동사를 파악하고 '수의 일치(주어와 동사의 단수 복수 일치)', '시제 일치(각 선택자와의 시제 흐름 일치)', '태의 일치(능동태, 수동태)'가 맞는지만 확인해도 상당수 문제를 풀 수 있다.

문법 파트의 경우 문제 푸는 순서도 중요하다. 필자는 수강생들에게 문법과 독해 섹션을 풀 때는 뒤쪽 문제부터 풀어나가라고 권하곤 하는데, 실제로 그렇게 했을 때 점수가 생각 이상으로 잘 나오는 분들을 많이 보았다. 문법 파트 4의 다섯 문제는 배점이 높으므로 반드시 모두 맞혀야 한다는 점을 명심하자.

어휘 (Vocabulary)

Part1

● 특징

파트 1은 구어체로 되어 있는 A, B의 대화 중 빈칸에 가장 적절한 단어를 넣는 25문항으로 구성되어 있다. 단어의 단편적인 의미보다는 문맥에서 쓰인 상대적인 의미를 더 중요시한다.

● 기초전략

TEPS에 등장하는 어휘들은 한번 익힌 후에 24시간 안에 반복 학습하는 것이중요하며 1주일 안에 한번 더 학습하는 자세가 중요하다. 특히 파트 1의 구어체 어휘들은 문장 전체를 암기해야 하는 생활 영어가 많으므로 반복 학습을 명심하자. 그리고 관용표현들은 그 자체가 자연스럽게 굳어져 쓰이는것들이므로 그 의미를 평소에 반복해서 익혀두지 않으면 절대로 문제를 풀 수가 없다.

평소에 청해 문제를 풀 때 해설에 설명되어 있는 어휘 정리와 예문들을 따로 노트에 정리해둔다. 왜냐하면 그 어휘 예문들이 어휘 section에 재등장하는 경우가 많기 때문이다. 파트 1의 경우 단어 하나하나의 의미보다는 문장 전체의 흐름과 문맥을 묻는 게 많으므로 문장 전체를 덩어리로 암기하는 것이 중요하다.

그리고 informal한 영어 표현들에도 익숙해져야 한다. 여기서 informal이라는 말은 격의 없이 일반 구어체에서 빈번하게 사용되는 표현으로, 저속한 표현과는 다른 개념이다. 문어체 표현과 관련해서는 기존의 다른 시험과 큰 차이를 나타내지 않고 있다.

Part2

● 특징

하나 또는 두 개의 문장으로 구성된 글 속의 빈칸에 가장 적당한 단어를 골라 넣는 문제이다. 어휘 실력을 늘릴 때 한 개씩 단편적으로 암기하는 것보다는 하나의 표현으로, 즉 의미구로 알아 놓는 것이 15분이라는 제한된 시간 내에 어휘 문제를 정확히 푸는 데 많은 도움이 될 것이다.

● 기초전략

최근 TEPS 어휘 파트 2 영역에서 출제된 단어의 수준은 이전 TEPS 시험들과 비교할 때 결코 어렵다고 할 수는 없으나 기본적으로 속도 감각이 뒷받침되어야 좋은 점수를 얻을 수 있다. 신속한 문제 해결 능력을 위해서는 정확한 표현이 내재화되어 있어야 하므로, 쉬운 어휘라고 하더라도 반복적으로 활용하는 습관이 중요하다.

TEPS 어휘 영역에서는 문제를 빠른 속도로 해석하지 못하면 정답을 맞출 수 없다. 개별적인 단어의 뜻을 아는 것만으로는 부족하다. 따라서 이 영역은 독해와 청해의 기초를 쌓는다는 마음으로 접근하기 바란다. 그리고 TOEIC이나 TOEFL에 등장하는 어휘 외에 단어를 통해 뜻을 짐작할 수 있는 연어(collocation) 표현(ex. arrange flowers 꽃꽂이하다)에도 관심을 가져야 한다.

그리고 철자가 비슷한 단어들이나 모양이 비슷한 단어들을 구별하는 문제들도 매회 거의 빠지지 않고 출제되고 있다. 흔히 동의어라고 생각되지만, 쓰임이 각각 다른 단어들이 많이 있으므로, 양적인 면에 너무 집착하지 말고 개별 단어의 정확한 쓰임을 의미 있는 문장을 통해 착실히 익혀두는 습관이 필요하다. 이 때 가급적이면 예문이 풍부한 영영사전을 이용하는 것이 좋고, 이러한 실용 영어 능력에 추가하여 TOEFL 수준의 어휘력으로 보강한다면 TEPS 어휘 영역에서 큰 어려움은 없을 것이다. 개인적인 목적이 있다면 모르겠지만 몇 년이 가도 한번 볼까말까한 난해한 단어를 공부하는 데 더 이상 시간을 낭비하지않는 것이 좋다. TEPS에서는 실제 영어에서 활용 빈도가 낮은 표현이나 구문은 출제를 꺼리는 경향이있다는점을 명심해두기 바란다.

독해 (Reading Comprehension)

Part1

● **특징**

파트 1은 빈칸 넣기 유형이다. 한 단락의 글을 주고 그 안에 빈칸을 넣어 알맞은 표현을 고르는 16문항으로 이루어져 있다. 글 전체의 흐름을 파악하여 빈칸에 들어갈 내용을 찾는 문제이다.

● **기초전략**

하나, 어휘력은 독해를 위한 베이스다.
독해를 하려면 단어의 뜻을 알아야 하는 것이 절대적이다. 어떤 이들은 독해를 하면서 어휘를 외우려고 하는데 그것은 어느 정도 수준에 이른 경우이고, 입문자들은 어휘 학습을 반드시 따로 해야 한다. TEPS 시험을 위한 어휘 학습은 꼭 두꺼운 몇 만 단위의 보카 책으로 할 필요가 없다. TEPS 관련 어휘책을 구입하여 꾸준히 학습하고, 학습 평가는 독해 지문을 보고 하면 된다. 물론 지문에 나온 모든 단어를 알기는 힘들다. 이럴 때는 기본 이해력을 바탕으로 내용 흐름을 파악하면 된다. 한 술에 배부를 수는 없는 법이니 욕심내지 말고 적게 하더라도 꾸준히 하는 것이 중요하다.

둘, 어려운 문제일수록 소거법을 적용하자.

학창 시절부터 영어 독해 문제를 풀 때 듣는 말이 선택지를 먼저 보라는 말이었을 것이다. TEPS에서도 마찬가지이다. 선택지의 내용들을 먼저 보고 지문을 읽어 내려가는 것이 문제를 푸는 요령이다. 그리고 나서 지문의 내용에 맞춰 선택지를 하나씩 제거하는 소거법을 적용한다.

셋, 문제를 풀고 나서는 문장 구조를 분석하자.

독해 문제를 풀고 나서 꼭 해야 할 일은 해석을 다시 해보는 것이 아니라, 문장의 구조를 파악하는 연습을 하라는 것이다. 먼저, 문장마다 끊어 읽기를 해본다. 주어와 동사를 제대로 파악했는지, 그리고 관계 대명사절과 같은 형용사절이나 접속사 종속절과 같은 부사절이 보이는지 확인한다.

넷, 논리박사가 되자. (리딩마인드)

독해란 지문을 단순히 읽을 줄 아는 것이 아니라 그 내용을 아는 것이다. 문장마다 해석은 다 되는데 문제를 자꾸 틀린다면 그것은 이해력이 부족한 것이다. 즉, 국어 공부부터 다시 해야 할 경우로, 언어적 논리력을 향상시켜야 한다. 현대는 문자가 넘쳐나는 시대이다. 책도 넘치고, 온라인상의 컨텐츠도 넘쳐난다. 그런 것들 중에서 신문 기사나, 사설, 에세이 같은 것을 평소에 읽도록 한다. 또한 문제를 풀 때 틀렸다고 바로 책을 덮지 말고 왜 그것이 정답인지 혹은 오답인지 깊이 생각해본다.

다섯, 한 문제를 푸는 데 평균 1분 10초를 넘기지 말자.

입문자들은 TEPS 독해 파트를 풀 때 시간이 많이 부족할 것이다. 하지만 초보때부터 시간 관리 연습을 해야 한다. 한 문제를 푸는 데 절대 1분 10초를 넘기지 않도록 한다. 속독속해를 해야 한다는 것이다. 입문자들은 당연히 겪어야 할 과정이기도 하니 조급한 마음은 버리고 적어도 하루에 독해 10문제를 푸는 습관을 들이자.

Part2

● 특징

파트 2는 글의 내용 이해를 측정하는 문제로 21문항으로 구성되어 있다. 주제나 대의 혹은 전반적인 논조 파악, 세부 내용 파악, 논리적 추론 문제 등이 있다.

● 기초전략

첫째, 처음과 끝이 중요하다.

주제는 보통 단락의 처음이나 마지막 문장(재진술이나 결론)에 요약되어 있다는 것에 주의한다. 한마디로 글의 전체적인 흐름을 파악해야 하며, 출제자의 의도가 무엇인지 짚어 나가며 문제를 푸는 것이 중요하다.

둘째, 문제부터 먼저 읽자.

파트 2의 경우 급한 마음에 문제를 안 읽고 지문부터 읽고 문제를 풀려는 사람들이 있는데 선택지를 꼭 먼저 읽어야 한다. 문제를 통해 이 지문에서 논점이 무엇인지 알 수 있으며, 역으로 지문을 독해하면서 문제가 요구하는 정답을 찾을 수 있기 때문이다. 그리고 TEPS 문제 유형은 극히 한정되어 있으니 문제 지문 유형이 전부 다르면 어쩌나 하는 걱정은 접길 바란다.

셋째, 논리 정보 장치들을 잘 활용하자.
but, however, as a result, therefore, thus, I think 등은 지문의 필자가 독자들에게 중요한 내용을 이제 알려주겠다는 장치들이다. TEPS에서는 주로 이 장치들 뒤에 나오는 내용을 문제로 삼는다. 따라서 이런 단어들이 나오면 특히 신경 써서 봐야 한다.

Part3

● 특징

파트 3는 한 문단의 글에서 내용의 흐름상 어색한 곳을 고르는 문제로 3문항으로 이루어져 있다. 전체 흐름을 파악하여 흐름상 필요 없는 내용을 고르는 문제이다. 이런 유형의 문제는 응집력 있는 영작문 실력을 간접적으로 측정할 수도 있다.

● 기초전략

독해 문제를 풀 때 가장 두려운 것이 시간이다. 시험 진행상 제일 마지막 부분에 풀면서 계속 시계를 보지 않을 수 없고, 그렇게 시간에 쫓기다 보면 내용을 제대로 읽지 못해 쉬운 문제도 틀리는 경우가 생긴다. 시험 현장에서는 입문자들이 독해 문제를 다 푸는 것이 무리인 경우도 종종 있다. 이럴 때는 당황하지 말고, 한 문제라도 정확하게 풀려고 해야 한다. 그리고 평소에 시간 관리를 하면서 문제를 푸는 연습이 필요하다. 지문마다 할 필요는 없고 모의고사를 풀 때 시간 내에 모두 푸는 연습을 실제 시험 전에 반드시 2~3회 이상 하도록 한다.

TEPS에서 등장하는 일부 지문은 시사적인 내용도 있고, 전문적인 용어가 포함된 학술적인 내용도 있다. 특히 시사적인 내용을 다룬 지문을 대할 때 자칫 자신이 갖는 상식으로 문제를 풀려는 경향이 있다. 출제자들은 바로 이런 점을 노린다. 지문 내용에 근거하지 않고 상식으로 문제를 풀려는 습성을 이용한 것이다. 따라서 문제를 대할 때 자신의 상식은 접어두자. 아니, 아예 잊어버리고, 독해 지문 내용에만 충실하자.

속독을 위해 독해 문제집 한권으로 승부를 걸려는 학생들이 종종 있다. 독해 문제집의 단점은 한 번만 봐도 그 지문의 내용이 영어가 아닌 우리말로 기억되고 문제나 정답 역시 다시 풀어볼 재미가 안 난다는 것이다. 따라서 영문을 통째로 외우지 않는 이상 독해 문제집은 한 권을 가지고 반복하기보다는 다양하게 풀어보는 것이 좋다.

초급자를 위한 발음 특강

축약형 (Reduced forms)

축약이란? 영어 문장 속에 있는 기능어(문장 중에서 특별히 강세를 받지 않는 요소들: 관사, 대명사, 조동사, 전치사, 접속사, 등)가 축약되거나 서로 인접한 단어들이 함께 어우러져서 어느 특정한 발음이 탈락하거나 약화되는 것을 말한다. 발음이 탈락한다는 의미는 자음이나 음절 자체가 빠져버리는 것을 말하고, 약화된다는 것은 특정 단어의 모음이 변화하는 현상을 말한다.

영어 발음에 대해 공부할 때에는 먼저 stress와 모음의 관계를 보는 것이 중요하다.
첫째, 어느 경우에든지 단어를 구성하는 데는 자음과 모음이 필요하다. 그리고 하나의 모음에는 악센트, 흔히 Stress라는 것이 존재한다. stress가 오는 음절의 모음은 그 모음이 원래 갖고 있는 발음이 발생하지만, stress가 없는 모음은 대부분 약하게 발음된다. 바로 모음이 /ə/처럼 변형되는 것이다. appointment라는 단어를 발음해보자. 음절이 모두 세 개 있다. 그리고 악센트는 2음절에 있다. 모든 모음의 음가를 살려서 '아포인트멘트' 라고 발음되는 것이 아니라, 2음절만 살고 나머지 강세가 없는 모음은 변형되어 [əpɔ́intmənt]라고 발음이 되는 것이다.

둘째, 단순히 단어 한두 개 끼리가 아닌 문장 속에서는 모음 약화 법칙이 더 활발하게 적용된다. 그런 특징 때문에 일부 발음이 축약되거나 탈락하게 되는 것이고 앞 뒤 발음이 연결되면서 소위 연음이 발생하게 된다. 그래서 TEPS LC 문제들을 접할 때 많은 어려움이 발생하는 것이다.

다음 들려주는 각 내용의 적절한 응답을 고르세요.

1 James has to go **to** work. [də] 제임스는 직장에 가야 해요.

2 The service was more **than** I expected. [ðən] 서비스는 제 기대 이상이었어요.

3 Wait **for** me. [fər] 나를 기다려요.

4 Not **that** I know of. [ðət] 제가 아는 바로는 없습니다.

5 They **have** gone. [əv] 그들은 가버렸다.

6 Could I have **a** cup of tea? [ə] 차 한 잔 주세요.

7 I **can** go. [kən] 나 갈 수 있어.

8 Would you like to have beef **or** chicken? [ər] 소고기와 돼지고기 중에 어떤 것을 드시겠어요?

9 He **will** make it, I'm sure. [əl] 그가 해낼 거라고 확신합니다.

10 I **would** see her if I were you. [əd] 내가 당신이라면 그녀를 만날 거예요.

인칭대명사의 축약 법칙

h로 시작하는 단어들이 단독으로 있을 때는 h가 떨어져 나가지 않지만, h 발음 앞에 모음이 있거나 강세가 없을 경우에는 h가 약화되거나 아예 생략되는 상황이 발생한다. TEPS 시험에서 특히 Part 1, 2를 들을 때 많은 수험자들이 혼동하는 부분이므로 지속적인 연습을 통해 익숙해져야 한다.

다음 문장들을 큰 소리로 따라해보세요.

1 My parents want to see **her**. [ər]
제 부모님께서 그녀를 보고 싶어하세요.

2 Is **he** going to take the job or not? [iː]
그 남자는 그 일을 택할 거래요? 말 거래요?

3 He is doing **his** best. [iz]
그는 최선을 다하고 있어요.

4 When did **he** meet you? [iː]
그가 언제 너를 만났니?

5 Could you show **him** the way? [im]
그에게 어디로 가는지 알려주실래요?

6 I'll call **her** up after the class. [ər]
수업 끝나고 그녀에게 전화를 할게요.

7 Did you talk with **him** yesterday? [im]
어제 그와 많은 이야기를 했나요?

8 I'm sure **he's** coming. [is]
그가 오길 확신합니다.

cf. He's **happier** than ever before. [h가 약화되지 않는다.]
그는 지금 그 언제보다 행복해요.
→ 이 문장에서 happier는 형용사로서 내용어에 해당한다. 이 경우에는 축약되지 않는다.

많은 한국인 학생들이 어려워하는 [f] 발음의 경우 윗니를 아랫입술에 살짝 대고 바람을 불듯 터뜨리는 것이다. 사실상 소리라기보다 바람에 가깝다. 반면 [p] 발음은 위와 아랫입술을 완전히 붙였다 떼면서 입김을 불어내는 것이다. 종종 [p] 발음을 모조리 [f] 발음으로 하거나 혹은 그 반대로 발음하는 학생들을 보게 되는데 조심할 것이 [p] 발음은 반드시 입술을 부딪쳐야 나는 소리이고, [f] 발음은 윗니가 아랫입술을 살짝 깨물면서 내는 바람 소리이다.

다음 단어들은 TEPS 시험에 종종 등장하는 단어들입니다.

fool - pool 멍청이 – 웅덩이	fast - past 빠른 – 지난
feel- peel 느끼다 – 벗기다	file - pile 파일 – 더미
coffee - copy 커피 – 복사본	fair - pair 정한 – 짝

다음 문장들을 큰 소리로 따라해보세요.

1 This room is **filled** with all sorts of things. 이 방은 모든 종류의 물건들로 꽉 차있다.

2 I have lots of work **piled** up right now. 나는 지금 수많은 일들이 쌓여있는 상태이다.

3 He is **pointing** at me right now. 그는 지금 나를 가리키고 있다.

4 There was a big **pond** in **front** of my house. 우리집 앞에 큰 연못이 있었다.

5 All members should be dressed **formally**. 모든 회원들은 격식에 맞게 옷을 입어야 한다.

6 Sandy was **pulling** my hand. 샌디는 내 손을 잡아 끌고 있었다.

7 Someone has just walked **past** the supermarket. 누군가가 슈퍼마켓을 지나치고 있었다.

8 She was **applauding** her student.
그녀는 자신의 학생에게 박수치고 있었다.

9 Our two Koreas have been **facing** each other since **five** decades ago.
우리 남한과 북한은 50년 동안 서로 대치해왔다.

10 My **friend** has been **painting** the door since this morning.
내 친구는 아침부터 문을 칠하고 있는 중이다.

[v] 발음은 입 모양이 [f] 발음과 거의 같다. 한 가지 결정적인 차이가 있다면 성대의 울림인데, [f] 발음은 성대가 울리지 않아서 바람만 나오는 소리이지만, [v] 발음은 성대가 울리는 소리가 난다는 것이다. [b] 발음 역시 [p] 발음과 같은 입 모양 이지만, [b] 발음은 성대를 울리면서 나는 소리이다. 여러분 자신의 목젖에 손가락을 대고 직접 그 떨림을 느껴 보면 분명 느낄 것이다.

다음 단어들은 TEPS 시험에 종종 등장하는 단어들입니다.

berry - very 딸기 – 매우	boat - vote 배 – 투표하다
bow - vow 인사 – 맹세	bill - ville 계산서 – 마을
bowel - vowel 창자 – 모음	bat - vat 박쥐 – 큰 통

다음 문장들을 큰 소리로 따라해보세요.

1 Someone hit my **van** when I parked it near my office.
내 사무실에 차를 세워놓은 사이 누군가가 내 차를 받았다.

2 Saturday would be **best** for me. 토요일이 제게는 가장 좋습니다.

3 I bought three **boats** from my uncle. 나는 내 삼촌으로부터 보트 3척을 구입했다.

4 I want to have my own **vehicle**. 나만의 차를 가지고 싶다.

5 We've got a **variety** of goods for the disabled.
저희는 장애인들을 위한 다양한 물품들을 보유하고 있습니다.

6 Oh, no. I am almost running out of **battery**. 이런, 안 돼. 내 배터리가 거의 나갔잖아.

7 William always talks **behind** people's backs. 윌리엄은 항상 누군가를 험담한다.

8 My girl friend was **bending** her knees. 내 여자 친구는 무릎을 꿇고 있었다.

9 Two **boys** will be waiting for you. 두 소년이 너를 기다리고있을것이다.

10 I am waiting to **board** the train right now. 나는 지금 기차를 타기 위해 기다리고 있다.

영어 발음 중 가장 변화가 많은 발음이 바로 [t] 발음이다. 그 중 하나가 [t]의 약화인데 이 약화 현상은 주로 한 단어의 철자 사이에서 발생한다. 한 단어에서 t 뒤에 모음이 오고 곧바로 자음(특히 n)이 오게 되면 [t] 발음이 파열되지 않고 혀끝이 입천장에서 순간적으로 멈추는 현상이 발생한다. 이것을 전문용어로 '구강 폐쇄음'이라고 한다. 예를 들어 우리가 '커텐'이라고 발음하는 curtain의 경우를 보면 t 뒤에 모음인 ai와 n이 온다. 이럴 경우 [커 ㄹ 튼]이라고 파열되는 발음이 되지 않고, [커 ㄹ 은] 정도로 발음이 된다. [커튼]을 발음한다고 생각하고 혀끝을 입천장에서 떼지 말고 발음해보자. 실제 TEPS 시험에서도 자주 들리는 발음이다.

다음 문장들을 큰 소리로 따라해보세요.

1 TEPS will **brighten** your future.
TEPS는 당신의 미래를 밝혀줄 것입니다.

2 I am **certain** that my son will ace the math test.
나는 내 아들이 수학 시험에서 일등할 것이라고 확신해요.

3 Please read the second **sentence**.
두 번째 문장을 읽어보세요.

4 Excuse me. I'm looking for the nearest **fountain**.
실례합니다. 저는 가장 가까운 분수를 찾고 있습니다.

5 It's **written** in French, so you will need a translator.
그것인 불어로 쓰였기 때문에 번역사가 필요할 것이다.

6 Have you **eaten** breakfast?
아침 드셨어요?

7 I've **gotten** it already.
저는 그것을 이미 갖고 있어요.

8 She got her hair **lightened**.
그녀는 머리 색깔을 밝게 했다.

9 Kathy is our **hidden** treasure.
캐티는 우리의 숨은 보물이다.

10 Let's go **mountain** climbing.
등산 가자.

모음 사이의 t

모음과 모음 사이의 [t] 발음은 파열음의 특징을 잃어버리고 [d]나 [r] 발음으로 약화되는데 가장 흔한 발음 변화이다. 가장 대표적인 발음이 water다. t가 a와 e 발음 사이에 있다. 이럴 경우 [워 ㄹ 터]라고 발음되지 않고 [워 ㄹ 러] 정도로 약화되어 발음된다. 소위 말하는 '굴리는 발음' 이라고 한다.

다음 문장들을 큰 소리로 따라해보세요.

1 I want to buy some **batteries**.
배터리를 좀 사려고요.

2 It sounds **pretty** good.
아주 좋은 소리로 들리네요.

3 You'd **better** see a physician before it's too late.
너는 너무 늦기 전에 내과 의사를 찾아가는 게 나을 것이다.

4 Excuse me, but would you pass me that **butter**?
실례합니다만, 그 버터 좀 건네주실래요?

5 He wrote a long **letter** to his parents in back home.
그는 고향에 계신 부모님들께 긴 편지를 썼다.

6 You are allowed to do **whatever** you want.
당신은 뭐든지 원하는 것은 할 수 있다.

7 Come on, let's **party**!
이리와, 파티하자!

8 My mom made a **sweater** for me.
우리 어머니께서는 나에게 스웨터를 만들어주셨다.

9 This is the new **catalog**.
바로 이것이 새 카탈로그이다.

10 **Saturday** sounds good to me.
전 토요일에 좋겠네요.

맑은 '르' 소리 [l]와 합죽이 '우' 소리 [r]

영어 공부를 처음 시작하는 사람들에게 가장 어려운 발음 중 하나는 [l] 발음과 [r]발음이라 할 수 있다. 이 두 발음을 우리말인 [ㄹ]로 표기하는 것은 정확하지 않다. 우리말 [ㄹ]는 혀끝이 입천장의 중간에 위치하면 나는 소리이지만, 영어의 [l]발음은 혀끝이 윗니의 앞부분에 닿은 상태에서 성대로 부터 나는 소리이며, [r] 발음은 혀를 뒤로 젖히고 입술을 동그랗게 모은 상태에서 나는 소리이다. 혀를 이용한 연습이 잘 안 되는 경우에는 입술을 이용해서 하는 방법이 있는데, [l] 발음은 먼저 입을 옆으로 벌리고 혀끝을 윗니 앞부분에 대고 소리를 내고, [r] 발음은 입을 먼저 동그랗게 만들고 혀를 뒤로 젖히는 기분으로 소리를 내면 수월하다.

다음 문장들을 큰 소리로 따라해보세요.

1   Elissa is good at **playing** the **flute**.
엘리사는 플루트 부르는 거 아주 잘한다.

2   I am going to have a **red lobster** for dinner.
난 저녁으로 바다가재 먹을 것이다.

3   Is the **pearl** genuine or fake?
이 진주는 진짜인가요 아니면 가짜인가요?

4   Do you mind turning the **light** off?
전등 스위치를 꺼주실 수 있나요?

5   You have to be careful when you eat **raw** fish during summer.
여름에 회 먹을 때는 조심해야 한다.

6   I saw William **walking** down the road.
나는 윌리엄이 길 아래로 내려가는 것을 보았다.

7   **Reading** magazine is my hobby.
잡지 읽는 것이 제 취미입니다.

8   Would you pass me the **salt**, please?
소금 좀 건네주시겠어요.

9   Joseph is a great **leader**.
죠셉은 훌륭한 지도자다.

10   Some staff are **loading** boxes into the **truck**.
어떤 직원들이 박스들을 트럭 안에 넣고 있다.

rl 발음 연습

많은 한국인들이 발음하기 까다로워하는 부분이다. 일단 혀를 구부려서 [r]을 발음한 다음 [l] 발음으로 연결시키는 것인데, 주의 할 점은 [r] 발음을 할 때 혀끝이 입천장에 닿지 않도록 유의해야 한다. 연습을 통해서도 결국 [r] 발음이나 [l] 발음과 별반 차이가 없게 느껴질 수도 있다. 안 될 것 같지만 꾸준히 연습하다보면 결국 된다.

다음 문장들을 큰 소리로 따라해보세요.

1 I think Mary is the most gorgeous **girl** in the world.
난 메리가 이 세상에서 가장 아름다운 소녀라고 생각해요.

2 Do it **properly;** otherwise you won't get anything.
확실히 해라. 안 그러면 넌 아무것도 얻는 게 없을 것이다.

3 Do you exercise **regularly?**
당신은 규칙적으로 운동을 하시나요?

4 The shelf is **nearly** empty.
선반이 거의 비어있다.

5 The hotel **overlooks** the ocean.
호텔이 바다를 내려다 보고 있다.

6 I will see you **early** next week.
다음 주 초에 보자.

7 I read the **Herald** Tribune every morning.
나는 헤럴드 튜리뷴을 매일 아침 읽는다.

8 I see a **squirrel** running behind the tree.
나무 뒤에서 달리고 있는 다람쥐 한 마리가 보인다.

9 The **girl** I met yesterday **twirled** her **pearls.**
내가 어제 만난 그 소녀는 진주 목걸이를 비틀었다.

10 Jane had her hair **curled.**
제인은 자신의 머리를 곱슬하게 말았다.

[t]의 연음화 현상

모음 사이의 [t] 발음이 [d]나 [r] 발음으로 약화된다는 것을 이미 배웠다. 이제는 [t] 발음에 관련한 연음화 현상을 살펴보자. 영어 학습 초급자들에게 가장 생소한 발음이 바로 [t]의 연음화 현상이다. 이 연음화 현상은 한 단어에서 일어나는 현상이 아닌 문장에서 [t] 발음이 모음 사이에 위치하는 경우 발생하게 되는 것이다. 전문용어로는 flap이라고 하는데 혀가 '펄럭' 거린다는 데서 유래되었다. 모든 발음의 법칙은 능률의 원리가 적용된다. 다시 말해 발음하기 편하도록 바뀐다는 말이다. 위 문장의 경우도, 펄럭거림이 괜히 일어나는 것이 아니고 그래야 발음하기 편하기 때문이다. 혀끝이 빠르게 위아래로 움직이는 발음을 예문을 통해 구체적으로 살펴보자.

다음 문장들을 큰 소리로 따라해보세요.

1 Sorry, I've got to go.
죄송합니다. 저는 가야 해요.

2 I got over all the financial difficulties.
난 모든 재정적 어려움을 극복했다.

3 What should I tell him about it?
제가 그에게 그것에 대해 무슨 말을 해야 하나요?

4 She ought to know what I told her.
그녀는 내가 얘기한 것을 알아야 한다.

5 My leg hurt a lot.
나는 다리를 많이 다쳤다

6 Let's call it a day!
오늘은 그만 하지요!

7 Let's go to the movie tomorrow.
내일 영화보러 가요.

8 I bought it on sale.
저는 그것을 세일할 때 샀어요.

9 What else do you want?
더 필요하신 거 없으세요?

10 I'm learning how to do it.
저는 지금 어떻게 하는지를 배우고 있어요.

New TEPS MASTER 650

Listening Comprehension

Chapter

01 의문사 있는 의문문

Warming Up

문맥에 맞게 각 대화의 빈칸에 들어갈 말을 추측해 보세요.

1 W: _____________________ your partner tonight?
   M: _____________________ with blond hair and the red dress.

2 M: _____________________ come over and meet my friends tonight?
   W: _____________________ great.

3 M: _____________________ so late?
   W: Because the traffic was _____________________.

4 W: _____________________ been, Jack?
   M: I was just _____________________.

5 M: _____________________ your weekend, Jane?
   W: _____________________. I went camping.

Actual Test

PART I   Choose the most appropriate response to the statement.

1.   (a)   (b)   (c)   (d)
2.   (a)   (b)   (c)   (d)
3.   (a)   (b)   (c)   (d)

PART II   Choose the most appropriate response to complete the conversation.

4.   (a)   (b)   (c)   (d)
5.   (a)   (b)   (c)   (d)

Actual Test Script

녹음 대본을 보면서 다시 한 번 들어보세요.

1 M: What are you going to do this evening?

W: ____

(a) Yes, I watched a movie.
(b) I'm going to eat out.
(c) Aren't we late already?
(d) I went to see my grandma.

어휘 eat out 외식하다

2 W: It looks like you're headed off again. Where to this time?

M: ____

(a) It's on the left next to the bank.
(b) I need painkillers for my migraine.
(c) He is a real headache.
(d) Hawaii. Two weeks on the beach!

어휘 head off 나아가다, 향하다(for; toward)   painkiller 진통제   migraine 편두통
headache 골칫거리; 두통

3 M: Why don't you join our blind date tomorrow?

W: ____

(a) Love is blind, you know.
(b) The two roads join at this place.
(c) Not in a million years!
(d) Let me get you a table.

어휘 blind date 소개팅   Not in a million years! 절대 그런 일은 없을 거야!

4　M: Can I stop by your place sometime this week?

W: Sure thing. You are more than welcome.

M: What time suits you best?

W: ____

(a) I love your suits. It's a perfect match.

(b) Let me get to the point.

(c) We have only two stops left.

(d) Drop in any time.

> 어휘　stop by 들르다, 방문하다(= drop in/ swing by)　suit 꼭 맞다; 적합하다
> perfect match 완벽한 조화

5　W: Hi. Do you have a book *Becomes a Better You* in stock?

M: That's a very popular one, ma'am, but I'm afraid they're all sold out.

W: When can I get a copy of that?

M: ____

(a) You should have come sooner.

(b) You can get a copy at the school library.

(c) Try stopping by again in a week or so.

(d) You'll feel better next week.

> 어휘　have ... in stock ~의 재고를 가지고 있다　sold out 매진된　in a week or so 1주일 정도

Chapter 02 의문사 없는 의문문

Warming Up

문맥에 맞게 각 대화의 빈칸에 들어갈 말을 추측해 보세요.

1 M: __________________ the way to the nearest bus stop?
　　W: __________________ and it's on your left.

2 M: __________________ what time the concert begins?
　　W: __________________ at the box office.

3 M: __________________ go bowling after school?
　　W: Sure, __________________ great.

4 M: __________________ what Brian is up to these days?
　　W: No, __________________ was that he moved out of downtown.

5 M: __________________ professor Allen's special lecture tomorrow?
　　W: Actually, __________________ at the moment.

Actual Test

PART I   Choose the most appropriate response to the statement.

1.   (a)   (b)   (c)   (d)

2.   (a)   (b)   (c)   (d)

3.   (a)   (b)   (c)   (d)

PART II   Choose the most appropriate response to complete the conversation.

4.   (a)   (b)   (c)   (d)

5.   (a)   (b)   (c)   (d)

Listening Comprehension

Grammar

Vocabulary

Reading Comprehension

Actual Test Script

녹음 대본을 보면서 다시 한 번 들어보세요.

1 M: Have you ever been to Central Park in New York?

W: _______________________________________

(a) Yes, we have a large parking lot.

(b) Where did you say you had been?

(c) Sure. It's much bigger than you would think.

(d) No, I didn't go, either.

어휘 parking lot 주차장

2 W: Would you mind if I got more coffee?

M: _______________________________________

(a) Yes, it's mine.

(b) Not for me, thanks.

(c) Not at all. Go ahead.

(d) Sure, go for it.

어휘 not at all 천만에; 전혀 아니다   go ahead 어서 하세요(= Go for it)

3 M: Excuse me. Is this seat taken?

W: _______________________________________

(a) Yes, I'm sorry. But there's another spot over there.

(b) No, my friend will be back in a minute.

(c) No thanks. Some other time.

(d) Are you sure? Take a seat.

어휘 spot 자리; 장소   in a minute 잠시 후에   some other time 다음번에

4 W: Jason. I was told that your sister Jane got married several years ago.

M: Yes, she did. She's now living in Australia.

W: Do you think your sister and her husband get along well?

M: ____

(a) No, their business isn't making much progress.

(b) No, they are having trouble making friends with neighbors.

(c) Yup, they share good marital chemistry.

(d) Yes, they love Australia so much.

> **어휘** get along well 사이좋게 지내다; 잘 어울리다   make progress 전진하다; 진보하다
> make friends with ~와 사귀다   marital chemistry 결혼 궁합

5 M: Excuse me. Have you got a single room available for tonight?

W: Certainly, sir. We have plenty of ones on the seventh floor.

M: Does the room have a good view?

W: ____

(a) A single room rate with private spa is $70 per night.

(b) I'm afraid not, sir. It faces the business building.

(c) Sure, sir. Breakfast and internet hookups are included.

(d) Certainly, sir. It has lots of room.

> **어휘** single room 1인실   available 이용 가능한   have a good view 전망이 좋다; 경치가 좋다
> private spa 개인 전용 스파   face 마주하다; 접하다   internet hookup 인터넷 접속

Chapter

03 평서문

Warming Up

문맥에 맞게 각 대화의 빈칸에 들어갈 말을 추측해 보세요.

1 W: ___________________ you to come and help me.
M: Don't __________________ it.

2 W: ___________________ the exam. I should've studied harder.
M: __________________ next time.

3 M: The exam is just _________________.
W: __________________ study together?

4 M: __________________! The floor is slippery.
W: Thanks for _________________.

5 M: I haven't seen you for _________________.
W: Yes, it's been _________________.

Actual Test

PART I Choose the most appropriate response to the statement.

1. (a) (b) (c) (d)

2. (a) (b) (c) (d)

3. (a) (b) (c) (d)

PART II Choose the most appropriate response to complete the conversation.

4. (a) (b) (c) (d)

5. (a) (b) (c) (d)

Actual Test **Script**

녹음 대본을 보면서 다시 한 번 들어보세요.

1 M: I just can't stand Jack any more. He really gets on my nerves.
W: _______________________________________

(a) You're telling me. He's such a pain.
(b) That's right. Everyone loves him.
(c) Don't be nervous. You'll make it.
(d) Why don't you have a seat?

> **어휘** stand 참다, 견디다   get on one's nerves ~의 신경을 거스르다, 신경질 나게 하다
> You're telling me. 네 말이 맞아; 정말 그래   pain 불쾌하게 하는 사람
> make it 성공하다; 제시간에 가다

2 M: I feel like a million bucks.
W: _______________________________________

(a) Sorry, I can't lend you any money.
(b) Thanks a million.
(c) That's easy. Let's go to the bank.
(d) How come you are in such a good mood?

> **어휘** feel like a million bucks 기분이 매우 좋다   Thanks a million. 정말 고마워.
> be in a good mood 기분이 좋다

3 W: I'm taking too many subjects this semester.
M: _______________________________________

(a) Why don't you take one more subject?
(b) Why don't you drop one of the subjects?
(c) Why don't you make up for lost time?
(d) Why don't you get one more job?

> **어휘** drop 포기하다, 그만두다   make up for 보충하다; 벌충하다

4 M: Thanks for calling Korean Airlines.

W: Hello. Extension 351, please.

M: Hold the line, please. I'm sorry. Nobody is answering the phone.

W: ________________________________

(a) The line is engaged.

(b) There is an answering machine.

(c) Alright. Window seat is OK.

(d) Alright. I'll call again, thanks.

어휘 extension 내선 (번호) The line is engaged. 통화 중 answering machine 자동 응답기

5 W: You look under the weather. Didn't you have enough sleep?

M: Actually, I spent all night trying to learn how to use the Internet.

W: I see. It may take a long time before you become familiar with it.

M: ________________________________

(a) Actually could you show me how to access some of the sites?

(b) I'm familiar with our new next door neighbor.

(c) Do you know where last year's sales reports are kept?

(d) I know. I want to get out of this insomnia.

어휘 under the weather 몸이 좋지 않은 become[be] familiar with ~와 잘 알게 되다; 친숙해지다
access 접근하다; 접속하다 sales report 판매 실적 보고서 insomnia 불면증

Chapter 04 | 대의 파악

Warming Up

다음 들려주는 각 내용을 가장 잘 요약한 보기를 고르세요.

1 (a) The harm TV can do to kids
(b) Junk food ads badly influencing kids

2 (a) Giving safety advice to motorcyclists
(b) Reviewing the regulations for motorcycles

3 (a) The social function of lying
(b) How lying harms the human mind

Actual Test

PART III Choose the option that best answers the question.

1.   (a)   (b)   (c)   (d)

2.   (a)   (b)   (c)   (d)

PART IV Choose the option that best answers the question.

3.   (a)   (b)   (c)   (d)

4.   (a)   (b)   (c)   (d)

Actual Test Script

녹음 대본을 보면서 다시 한 번 들어보세요.

1 M: Jennifer, you don't look so good. Is your day going ok?

W: Couldn't be worse.

M: Oh, dear. Do you want to share with me?

W: Well, my boss really chewed me out for being late with the spreadsheet.

M: Really? When did he need it?

W: Last night, but it was so much work that I needed a longer deadline.

M: So, is it done or are you still working on it?

W: I'm still working on it, but I have no idea when I can finish it up.

Q. What are the speakers mainly talking about?

    (a) The reason the woman is late to the office

    (b) Why the woman is looking for another job

    (c) The reason the woman is having a rough time

    (d) Why the woman had to quit her job

어휘 Couldn't be worse. 더 이상 나쁠 수가 없다; 최악이다 chew out 야단치다; 나무라다
spreadsheet 스프레드시트; 정산표 deadline 마감일 have a rough time 고전하다

2 M: Welcome to Milano tour information office. What can I do for you today?

W: Oh, hi. Can you give me a few ideas for what to do in this city?

M: Sure, ma'am. Tell me why you want to visit Milano in the first place.

W: Well, I'd just like to see the ancient buildings and enjoy the food.

M: That's fantastic, but you have to visit Brera art gallery, which is one of the
biggest museums in Northern Italy.

W: How can I get there?

M: There's a shuttle bus around so it's very easy to go there.

Q. What is taking place in this conversation?

    (a) The woman is making a reservation for a hotel in Milano.

    (b) The woman is trying to get information for sightseeing in Milano.

    (c) The woman is taking a package tour to Milano.

    (d) The woman is asking for directions to the tourist attractions in Northern Italy.

어휘 tour information office 관광 안내소 package tour 패키지 관광, 일괄 관광 상품 tourist attraction 관광지

3 Attention all passengers traveling to Los Angeles on flight 884 which is scheduled to depart from Tokyo Narita at 4:50 p.m. A connecting flight from Seoul has been delayed due to thick fog, so your flight has been delayed. Flight 884 will now depart from gate 24 at the new departure time of 6:20 p.m. Please contact your check-in counter to check details. Delta airlines would like to apologize for the inconvenience and wish you a pleasant journey.

Q. What is the purpose of the announcement?

    (a) To inform passengers of a late flight

    (b) To announce a new departure option

    (c) To prepare a connecting flight

    (d) To confirm that flight 884 will leave as planned

어휘 connecting flight 갈아타는 비행기, 연결 항공편　delay 지연시키다; 늦추다　depart 출발하다
check-in counter 탑승 수속대　apologize 사과하다　inconvenience 불편

4 The problems of the cost of fuel and environmental pollution caused by the burning of gasoline in cars are stimulating consumers and manufacturers to search for new alternatives. We are already accustomed to seeing the hybrid fuel cell vehicle on our roads, which uses a mixture of electrical and hydrogen power. Bio-diesel is also entering the market as a cheap and environmentally friendly alternative. This method has proven extremely cost-effective and creates no harmful emissions because it is made by used cooking oil.

Q. What is the main topic of this news?

    (a) Hybrid fuel cell vehicles on the roads

    (b) The alternatives for emissions caused by burning gasoline

    (c) Consumers buying too many cars

    (d) A skyrocketing oil price

어휘 stimulate 자극하다　alternative 대안, 달리 택한 길, 다른 방도　fuel cell 연료 전지
bio-diesel 바이오 디젤, 식물유로 만드는 대용 디젤유　cost-effective 비용 효율적인
emission 방출, (자동차 엔진 따위의) 배기(물)　cooking oil 식용류　skyrocketing 치솟는

Chapter
05 세부 내용 파악

Warming Up

다음 들려주는 각 내용을 근거로 유추할 수 있는 내용을 고르세요.

1 (a) It is not known when the heat wave will end.
(b) In hot weather, you need to stay away from bodies of water.

2 (a) Eating a big breakfast is highly recommended for growth.
(b) Eating a proper breakfast will affect children's school performance.

3 (a) The level of stress experienced by the youngest students was serious.
(b) The age of students plays an important role in their stress levels.

Actual Test

PART III Choose the option that best answers the question.

1.   (a)   (b)   (c)   (d)

2.   (a)   (b)   (c)   (d)

PART IV Choose the option that best answers the question.

3.   (a)   (b)   (c)   (d)

4.   (a)   (b)   (c)   (d)

녹음 대본을 보면서 다시 한 번 들어보세요.

1 M: I saw a few interesting ads for apartments in the window. Could I see one or two?

W: Sure, take a seat. What exactly were you looking for?

M: I'm looking for something with at least 2 bedrooms.

W: Would you prefer an apartment or a brownstone?

M: I'd prefer an apartment. I think they're more convenient.

W: Alright, sir. What's your price range?

M: Well, I don't want to spend over two thousand a month.

W: That'll be really tough to find in this area, but I can take a look for you.

Q. Which is correct according to the conversation?

(a) The man would like help in spending over two thousand dollars a month.

(b) The woman is doubtful whether the man will be able to afford an apartment.

(c) Brownstones are more convenient than apartments.

(d) The man will be searching for somewhere to live for a long time.

어휘 brownstone 타운 하우스, 연립주택   price range 가격대   convenient 편리한, 사용하기 좋은

2 M: Hi, Sue. Long time no see!

W: Hi, Jake. Yes, it's been ages. How are you?

M: Couldn't be better. I've been posted in South Korea for the last two years.

W: I never figured you for a soldier, Jake. I thought you joined your dad's business.

M: Nope, I wound up in the army, and it's been good. How about you?

W: Well, I just got engaged.

M: Really? Good for you! Who's the lucky guy?

W: You wouldn't know him, his name is Chris and he's such a sweetheart.

Q. Which is correct according to the conversation?

(a) The man and the woman don't know each other.

(b) The woman has been married for two years.

(c) The man has been in military service for the past two years.

(d) The man proposed to the woman.

어휘 post 배치하다; 파견하다   figure 상상하다   wind up in ~을 끝으로 하다, 결국 ~ 자리에 있다
ex) wind up a sales campaign 판매 촉진 운동을 끝내다

3 Welfare, also known as social insurance, relies on a system of contribution versus receipt in order to function effectively. When a salaried employee pays some of earnings to a central fund, he or she can withdraw those same funds if they become unemployed for any reason. However, problems can arise if a person remains unemployed for an extended duration and runs out their contributions. In this case no further assistance is available and food stamps are issued as a last resort.

Q. Which is correct about welfare?

  (a) It is an indefinite source of funds for the unemployed.
  (b) It helps people cope during temporary joblessness.
  (c) It is primarily assistance for salaried employees.
  (d) It pays for food at vacation resorts.

> **어휘** welfare 복지 후생   social insurance 사회 보험 제도   contribution 기부, 기부금, 의연금; 기증
> receipt 수령, 영수   duration 지속 기간   run out 바닥나다   food stamp 식권
> last resort 최후의 수단으로서, 결국 마지막으로   indefinite 일정치 않은, 불분명한

4 Motorcycle owners are convinced that their form of transportation is superior to that of others. Not only do motorcycles cost less than cars and trucks, they are cheaper to insure. In many cities, motorcycles may split lanes; that is, they can go in between cars when traffic is stopped. Not to mention, motorcycles get better gas mileage than your average automobile.

Q. Which of the following is NOT mentioned as an advantage of having a motorcycle?

  (a) It is less expensive to buy one in the first place.
  (b) You don't have to spend much on insurance.
  (c) It is more fuel efficient than a car.
  (d) It is faster and more environmentally-friendly.

> **어휘** motorcycle 오토바이   convinced 확신에 찬   transportation 교통수단
> superior to ~보다 뛰어난   insure 보험에 들다   split 나누다, 쪼개다   lane 차선
> not to mention 말할 필요도 없이   gas mileage 연비   fuel efficient 연료 효율이 좋은
> environmentally-friendly 환경 친화적인

Chapter

06 | Social Life

Warming Up

다음 각 대화를 들으면서 빈칸을 채우세요.

1 W: Hi, Jack. _____________________ up to?
   M: _____________________.

2 W: _____________________ Mr. Brown to you?
   M: _____________________ Mr. Brown.

3 M: _____________________ to the movies with me?
   W: _____________________.

4 W: _____________________ look like?
   M: He's _____________________ of his father.

다음을 듣고 아래 표현이 들려주는 내용과 의미가 같은지(O), 틀린지(X) 표시하세요.

5 How about going shopping this afternoon?　　　[___]

6 Why is your daughter staring at me?　　　[___]

7 I didn't sleep a wink last night.　　　[___]

Actual Test

PART I Choose the most appropriate response to the statement.

1. (a) (b) (c) (d)

2. (a) (b) (c) (d)

PART II Choose the most appropriate response to complete the conversation.

3. (a) (b) (c) (d)

4. (a) (b) (c) (d)

PART III Choose the option that best answers the question.

5. (a) (b) (c) (d)

Actual Test Script

녹음 대본을 보면서 다시 한 번 들어보세요.

1 W: Mark, it's been a long time. How have you been?

   M: _______________________________________

   (a) It's nice to meet you.

   (b) I went on the bus.

   (c) No, not at all.

   (d) Can't complain.

2 M: I'm really sorry for that, I didn't mean it.

   W: _______________________________________

   (a) It's my pleasure.

   (b) You're welcome.

   (c) That's alright.

   (d) Is there a problem?

3 M: What's up, Rebecca?

   W: I'm completely swamped with work. Yourself?

   M: Nothing special at the moment. Why don't we grab a bite together?

   W: _______________________________________

   (a) I have to apologize for that.

   (b) Sorry, can I take a rain check on that?

   (c) I have been bitten by mosquitoes, too.

   (d) Thank you. It was a wonderful meal.

   어휘 be swamped with ~로 눈코 뜰 새 없이 바쁜 grab a bite 간단하게 먹다 apologize 사과하다
   take a rain check 다음 기회로 미루다

4 M: Guess what! Jackie invited us to dinner on Saturday!

W: Fantastic! Remind me to pick up a bottle of wine and some snacks for her.

M: I will. Do you think she would be happy if we bring our dog along?

W: ____

(a) I think just the wine and snacks would be enough.

(b) Just give her a quick call and ask.

(c) I know, she's very friendly.

(d) I don't think she'll want you to bring a present.

어휘 pick up 가져가다, 챙겨가다   quick call 짧은 전화 통화

5 W: Why the long face, James?

M: You wouldn't believe it, Katy, but I flunked my driver's test again.

W: Are you kidding? What went wrong this time?

M: Well, the tester said that I crossed lanes as I turned a corner.

W: I thought you took enough lessons this time.

M: I had, but I just lost it for a second and made a mistake.

W: So can you take another shot at it?

M: No, they said that I can't take the test for another six months!

Q. Why did the man fail his driving test?

(a) He got caught in traffic.

(b) He made a cornering error.

(c) The tester denied him his license.

(d) He failed to take the second corner correctly.

어휘 Why the long face? 왜 그렇게 시무룩해?, 무슨 일 있어? flunk (시험 등에) 실패하다
another shot 또 한 번의 시도   corner (차 운전자가) 모퉁이를 돌다, 코너링을 하다

Chapter
07 | Telephone

Warming Up

들려주는 각 표현에 해당되는 우리말 번역을 찾아 그 번호를 쓰세요.

1 죄송하지만 지금 통화 중입니다.   [_____]

2 메시지 남기시겠어요?   [_____]

3 앤 브라운과 통화할 수 있을까요?   [_____]

4 잘못된 번호로 전화하셨습니다.   [_____]

5 죄송하지만 지금 전화가 혼선이네요.   [_____]

PART I Choose the most appropriate response to the statement.

    1.   (a)   (b)   (c)   (d)

    2.   (a)   (b)   (c)   (d)

PART II Choose the most appropriate response to complete the conversation.

    3.   (a)   (b)   (c)   (d)

PART III Choose the option that best answers the question.

    4.   (a)   (b)   (c)   (d)

PART IV Choose the option that best answers the question.

    5.   (a)   (b)   (c)   (d)

Listening Comprehension
Grammar
Vocabulary
Reading Comprehension

Actual Test Script

녹음 대본을 보면서 다시 한 번 들어보세요.

1 W: Hello, may I speak to Chris or Dan, please?

M: _______________________________________

(a) Could I leave a message please?
(b) We don't need an introduction.
(c) I'm afraid they both stepped out.
(d) It's been a pleasure talking to you.

어휘 leave a message 메시지를 남기다   step out 잠시 자리를 비우다

2 M: Hi, my name is John Williams and I'd like to make a collect call to my dad in New York.

W: _______________________________________

(a) I'm sorry but Mr. Anderson isn't in the office.
(b) May I ask his name and number please?
(c) Do you need the operator to help?
(d) No problem, go ahead.

어휘 collect call 수신자 요금 부담 전화   operator 교환원

3 M: Hello, I'm trying to reach Mr. Palmer. Is he available?
W: He's in a meeting right now. May I take a message?
M: Sure, this is Greg Martin. Please have him call me.
W: _______________________________________

(a) I'm sorry. Mr. Palmer can't come to the phone right now.
(b) Did you try his cell phone?
(c) I'm running late, so can we have this conversation later?
(d) Certainly. Can I get your phone number so he can return your call?

어휘 available 이용 가능한; 통화 가능한   take a message 메시지를 받다   run late 늦어지다

4 M: Orange Networks, this is Andrew speaking. How can I help you?

W: I'd like to have fixed line installed to my home address, please.

M: OK, do you already have an account with us for another service?

W: Yes, I have my cell account with you.

M: OK, I've got your number and now I can see your account here in front of me.

W: So can I get someone over say, Wednesday, around 4?

M: Sure, I'll confirm that with you to your mobile just as soon as I schedule it in.

Q. What is the conversation about?

    (a) The two accounts the woman holds

    (b) The opportunity for the company to extend credit to the woman

    (c) The telephone model the woman wants to have installed

    (d) Fixing a time for installation of the woman's new phone

어휘 fixed line 유선 전화　account 계정　mobile 휴대폰　extend ~을 연장하다

5 Thank you for calling Griffith University Gold Coast campus. If you know the extension of the department that you wish to speak to, please enter the number now, followed by the pound key. Otherwise, please stay on the line and an attendant will be with you shortly. We estimate a 15-minute wait time. Please do not hang up, as your call will be attended to in the order it is received.

Q. What is correct according to the message?

    (a) Griffith University Gold Coast campus is not open on the weekend.

    (b) If you don't know the extension number, you must hang up.

    (c) Pressing the pound key will transfer you to a department.

    (d) Staying on the line will eventually connect you with a live person.

어휘 extension 내선 번호　pound key 우물 정자　attendant 상담원　wait time 대기 시간
attend to 돌보다; 응대하다; 시중들다

Chapter

08

Shopping/Restaurant/Hotel/Travel

Warming Up

들려주는 표현들을 듣고 각각의 표현이 누구의 말인지 체크하세요.

1 (a) customer   (b) service person

2 (a) customer   (b) service person

3 (a) customer   (b) service person

4 (a) customer   (b) service person

5 (a) customer   (b) service person

PART I Choose the most appropriate response to the statement.

1. (a) (b) (c) (d)
2. (a) (b) (c) (d)

PART II Choose the most appropriate response to complete the conversation.

3. (a) (b) (c) (d)

PART III Choose the option that best answers the question.

4. (a) (b) (c) (d)

PART IV Choose the option that best answers the question.

5. (a) (b) (c) (d)

Listening Comprehension

Grammar

Vocabulary

Reading Comprehension

Actual Test **Script**

1 W: Excuse me, I'm looking for a semi-formal men's suit.

M: ____

(a) Sure, ma'am. It's out of stock at the moment.

(b) Sure, ma'am. We have a great selection here.

(c) Our men's suits are marked down this month.

(d) No problem, just pay at the cashier.

> **어휘** semi-formal men's suit 남성 세미 정장   out of stock 재고가 없는
> mark down 가격 인하하다   cashier 계산대

2 M: How would you like your steak?

W: ____

(a) I don't like it still bleeding on the plate.

(b) I'm hungry so as quickly as possible, please.

(c) Medium this time. Last time was a bit tough.

(d) Yes, I do like the steaks here.

> **어휘** bleed 피를 흘리다   medium 중간 정도로 익힌   tough 질긴

3 M: Hi, I need to speak to someone in customer service, please.

W: Yes, sir. You've reached the customer service. This is Rachel speaking.
What can I do for you?

M: Well, I bought an MP3 player last week but it wipes the content whenever
I charge it.

W: ____

(a) Alright, sir. Did you get the replacement already?

(b) Do you have any idea what that will cost to repair?

(c) You'll have to come here when it's done.

(d) Alright, sir. Let me get your details and we'll have a look.

> **어휘** customer service 고객 서비스 센터   wipe 지우다; 닦아내다   replacement 교환(물)
> repair 수리하다

4 W: Hello, I'd like to book a room for this weekend.

M: OK, ma'am. How large is your party?

W: Well, it's four of us. We are family.

M: Alright. How many rooms do you want?

W: We'd like to stay together because our kids are small.

M: How about one big room with two double beds?

W: That sounds fantastic. Oh, do you have internet hookups in the room?

M: Sure, ma'am. It's complimentary, of course. Just give me your name and you'll be all set.

Q. Which is correct according to the conversation?

(a) The man is making a reservation.

(b) The man and woman are talking about where to stay.

(c) The man is recommending two rooms.

(d) The woman doesn't have to pay extra charges for the internet service.

> **어휘** book 예약하다 party 일행 complimentary 공짜의; 무료의 *cf.* complementary 보충의
> all set 준비가 다 된 extra charges 추가 요금; 별도 요금

5 Welcome to the SS *Mermaid*. Please find your cabin and deposit your luggage. Before we leave port, be sure to note all of the safety precautions for your deck and cabin, including escape routes and safety exits. Especially important is that you know the location of your life jacket. Then make your way to the upper deck to watch a demonstration at the lifeboats.

Q. What is the main purpose of this announcement?

(a) To give a presentation on the history of SS Mermaids

(b) To inform passengers of emergency information

(c) To convince passengers to keep life jackets on

(d) To show passengers how to find the safety exits

> **어휘** deposit 보관하다, 맡기다 port 항구 note 주목하다 safety precaution 안전 예방책
> deck 갑판 cabin 선실 escape 탈출 life jacket 구명조끼 demonstration 시범 lifeboat 구명정

Chapter 09

Health and Illness

Warming Up

다음 들려주는 각 내용의 적절한 응답을 고르세요.

1 (a) I couldn't sleep a wink last night.
(b) I wasn't thinking clearly.

2 (a) I hope you'll get better soon.
(b) The weather seems bad today.

3 (a) OK, I'll wait for you.
(b) I've been working out everyday.

4 (a) Oh, my God! I'll call a pediatrician.
(b) I hope you'll get better soon.

5 (a) I'm glad to hear that.
(b) You should see a doctor.

Actual Test

PART I Choose the most appropriate response to the statement.

1.   (a)   (b)   (c)   (d)

2.   (a)   (b)   (c)   (d)

PART II Choose the most appropriate response to complete the conversation.

3.   (a)   (b)   (c)   (d)

4.   (a)   (b)   (c)   (d)

PART III Choose the option that best answers the question.

5.   (a)   (b)   (c)   (d)

Actual Test **Script**

녹음 대본을 보면서 다시 한 번 들어보세요.

1 M: Hey, Sue! You look very healthy. How do you keep in shape?
W: _______________________________________

(a) Yes, I'm working very hard to finish it.
(b) I work out everyday and watch my diet.
(c) Thank you. I'll keep that in mind.
(d) Yes, it's a beautiful square.

> 어휘 keep in shape 건강을 유지하다   work out 운동하다   keep ... in mind ~을 명심하다
> square 광장, 시가

2 M: I feel so under the weather these days.
W: _______________________________________

(a) Maybe you should have enough sleep.
(b) Here, take my umbrella. It's a spare.
(c) Being under that kind of pressure isn't easy.
(d) Yeah, the weather forecast calls for sunny weather.

> 어휘 under the weather 몸이 좋지 않은   be under pressure 압박을 받다, 스트레스를 받다
> weather forecast 일기예보

3 W: I think you should cut down on your cholesterol intake.
M: Come on. These are just butter-cream donuts.
W: They are not bad occasionally, but you really need to keep an eye on your diet.
M: _______________________________________

(a) Maybe you should eat some donuts.
(b) OK, I'll keep an eye on your children.
(c) Thanks for your concern, but I know what I eat.
(d) I had high cholesterol until I became a vegetarian.

> 어휘 cut down on 줄이다   occasionally 때때로; 가끔   keep an eye on 감시하다   concern 걱정; 관심
> vegetarian 채식주의자

4 M: Jane, what did the doctor say about your mother?

W: He said that she has been diagnosed with breast cancer.

M: Oh, no! What are you going to do?

W: _______________________________________

(a) Yeah, she had a long operation.

(b) I will ask for a second opinion.

(c) Skin cancer is the most serious one in the United States.

(d) My doctor said that I have stomach cancer.

> **어휘** diagnose 진찰하다; 진단하다   breast cancer 유방암   operation 수술
> ask for 요청하다; 요구하다   second opinion 다른 의사의 의견[진찰]

5 M: Hey Cindy, I heard your mom had a surgery. How's everything with her?

W: Oh, hi Jack. Well, she is in recovery at the moment so we have to wait and see.

M: I hope her condition is not serious.

W: Fortunately she is in fairly good condition. But the long anesthesia seemed very hard for her.

M: Don't worry. I'll keep my fingers crossed for her.

W: Thanks. I'll call you when she gets better.

Q. What are the speakers talking about?

(a) A long period of medication for the woman's mom

(b) The side effects of the medicine the doctor gave to the woman's mother

(c) The difficulty of the procedure given the patient's existing condition

(d) The medical condition of the woman's mom after a surgical procedure

> **어휘** surgery 수술   in recovery 회복 중인   wait and see 두고 보다   anesthesia 마취(약)
> keep one's fingers crossed for 행운을 빌다   medication 약물 투여; 복용   side effect 부작용
> procedure 절차; 과정   medical condition 건강 상태; 건강상의 문제

Chapter 10

Weather and News

Warming Up

각 문장을 듣고 빈칸을 채우세요.

1 ___________________ that nearly 90 percent of Mexicans ___________________ caffeine.

2 ___________________ is getting more and more serious.

3 Our ___________________ calls for generally sunny weather through the weekend.

4 South-eastern parts of Canada have been experiencing ___________________ in recent days.

5 ___________________ has become a huge concern in the U.K. these days.

PART I   Choose the most appropriate response to the statement.

    1.   (a)   (b)   (c)   (d)

    2.   (a)   (b)   (c)   (d)

PART II   Choose the most appropriate response to complete the conversation.

    3.   (a)   (b)   (c)   (d)

    4.   (a)   (b)   (c)   (d)

PART IV   Choose the option that best answers the question.

    5.   (a)   (b)   (c)   (d)

Listening Comprehension

Grammar

Vocabulary

Reading Comprehension

Actual Test **Script**

녹음 대본을 보면서 다시 한 번 들어보세요.

1 M: Congratulations! You must be excited about having your first baby.

W: _______________________________________

(a) Don't worry. It doesn't look so serious.

(b) Are you going to tell them the news?

(c) Thank you. I'm due in January next year.

(d) Thank you. I'm happy for my promotion, too.

> **어휘** due ~할 예정인   promotion 승진

2 W: Did you hear? A lot of companies will be laying off people.

M: _______________________________________

(a) Yeah, it's a sign of economic growth, I guess.

(b) Yeah, more employees will get their pink slips soon.

(c) Sounds good to me.

(d) How come you never told me?

> **어휘** lay off 정리 해고하다   get one's pink slip 해고 통지(서)를 받다; 해고되다

3 M: You're not going to believe what happened to Tom on the weekend.

W: I'm all ears, tell me.

M: He won the first prize in the state lottery.

W: _______________________________________

(a) Why did he do that? I wonder.

(b) It couldn't have happened to a nicer guy.

(c) I'm not kidding, he really did.

(d) Wow, he would be devastated, then.

> **어휘** be all ears 열심히 듣다   lottery 복권   devastated 황폐한; 충격을 받은

4 M: What a miserable day. I hate it when the week starts like this.

W: I know what you mean, and after such a beautiful weekend too.

M: I saw the forecast though, and it calls for sunny skies later in the week.

W: ____

(a) Yes, next week will be better.

(b) Yes, I feel under the weather.

(c) I had made plans for last weekend too.

(d) That's a relief, isn't it?

> **어휘** miserable 비참한; 우울한   make a plan 계획을 세우다

5 Forecasters in the Gulf region are suggesting that residents prepare for an early storm season. All indicators conclude that conditions are perfect for hurricanes. These include low pressures in the atmosphere, combined with the above average temperatures that we've been having. As tropical air blows in, we could see as many as 15 tropical storms this summer, beginning as soon as next week.

Q. Which is correct according to the broadcast report?

(a) Weather forecasters believe snowstorms are coming.

(b) Hurricanes are impossible to predict.

(c) The storm season could start earlier than normal.

(d) There are not likely to be any tropical storms this year.

> **어휘** forecaster 기상 예보관   resident 주민   indicator 지표   conclude 결론짓다
> atmosphere 대기   combined with ~와 결합한   tropical 열대성의   predict 예견하다

New TEPS MASTER 650

Grammar

Chapter

01 | 시제

Focus 1 기본 시제의 이해

영어에서는 동사를 변형시켜 시제를 표현하는데, 우리말보다 시제가 훨씬 다양하고 시제마다 동사 형태가 다르게 변한다는 점에 유의해야 한다. 또 각 기본 시제(현재, 과거, 미래)가 어떤 때 쓰이는지에 대한 이해가 선행되어야 한다.

➕ 각 기본 시제들의 용법

❶ 현재시제

Mary **gets** up at 7 o'clock every morning. 메리는 매일 아침 7시에 일어난다.

The Mississippi **is** one of the longest rivers in the world.
미시시피 강은 세계에서 가장 긴 강 중의 하나이다.

❷ 과거시제

I **got** up at 7 o'clock yesterday. 나는 어제 7시에 일어났다.

I **met** my great grandfather yesterday. 나는 어제 증조 할아버지를 만났다.

❸ 미래시제

What **will happen** 20 years from now? 지금부터 20년 후에 무슨 일이 벌어질까?

Shall we **go** for a drive? 드라이브 갈래?

➕ 현재시제가 미래를 나타내는 경우

Mr. Simpson **comes** back to office at 10. 심슨 씨는 10시에 사무실로 돌아온다.

Jane's grandfather **retires** next Monday. 제인의 할아버지는 다음주 월요일에 은퇴하신다.

If it **rains** tomorrow, we'll not go out. 내일 비가 오면, 우린 외출하지 않을 것이다.

When you **visit** Philadelphia, it will be snowing.
필라델피아를 방문할 땐 눈이 내리고 있을 것이다.

➕ 미래의 의미일 때 명사절, 형용사절에는 will/shall이 와야 한다.

I don't know whether he **will die** or not. 그가 죽을지 죽지 않을지 난 모른다.

The time will come when he **will be** playing an active part in politics.
그가 정치에서 주도적인 역할을 할 때가 올 것이다.

Exercise 1

올바른 문장이 되도록 알맞은 것을 고르세요.

1 I (was leaving/am leaving/left) for America tomorrow.

2 This soap opera (has ended/ends) next Friday.

3 When Joseph (will come/comes) back, I'm going to see him.

4 Who knows what Korea (become/became/will become) in 10 years?

5 My teacher told us that the earth (go/went/goes) around the sun.

6 It will not be long before spring (will come/comes).

다음 문장의 빈칸에 들어갈 알맞은 답을 고르세요.

7 You'd better finish your meal by the time daddy _____________ home.

(a) will come back　　　　(b) comes back
(c) will back　　　　(d) coming back

다음 대화문의 빈칸에 들어갈 알맞은 답을 고르세요.

8 A: Would I be able to meet my siblings?
B: As long as there _____________ any unexpected accident, you will meet
them by tomorrow.

(a) isn't　　　　(b) will not be
(c) shall not be　　　　(d) are

🔍 Focus 2 진행형의 이해

➕ **현재진행: am/are/is + -ing (현재 진행되고 있는 동작을 나타낼 때)**
「be동사 현재형 + V-ing」 형태를 이용하여 현재 시점에 이루어지는 동작이나 상태를 강조한다.

A: James! Where **are** you **going**?
B: **I'm going** to the library to meet my girlfriend.
A: 제임스! 어디 가니?
B: 여자 친구 만나러 도서관에 가는 중이야.

➕ **과거진행: was/were + -ing (과거의 한 시점에 진행되고 있었던 동작을 나타낼 때)**
「be동사 과거형 + V-ing」 형태를 이용하여 과거의 특정한 시점에 이루어진 동작이나 상태를 강조한다.

Joseph Kim **was being** scolded by his father when I visited his house yesterday.
내가 어제 죠셉 킴의 집을 방문했을 때, 그는 그의 아버지로부터 야단을 맞고 있었다.

➕ **미래진행형**
「will be + V-ing」 형태를 이용하여 미래의 특정한 시점에 이루어질 동작이나 상태를 강조한다.

Kate! Call me at noon; **I'll be eating** lunch then.
케이트! 정오에 전화해. 그때 점심을 먹고 있을 거야.

➕ **진행형을 만들 수 없는 동사**
다음의 동사들은 진행형을 만들 수 없다.

- 인지/사고: know, remember, think, hope, wonder 등
- 감정/심리: like, love, hate 등
- 소속/소유: have, belong, consist, contain 등
- 무의식적인 지각: see, hear, smell, taste, feel 등
- 상태: be, resemble, differ, want, lack 등

I'm seeing one lady walk out with her dog. (×)
한 여자가 개랑 산책 나가는 것이 보여.

My friend Tom **is resembling** his mom closely. (×)
내 친구 탐은 그의 엄마를 많이 닮았어.

Exercise 2

올바른 문장이 되도록 알맞은 것을 고르세요.

1   Most people usually (were marrying/married) young in those days.

2   They (fight/are fighting) in the street at the moment.

3   This house (is belonging/belongs) to me.

4   Excuse me, (do you have/are you having) some glue?

5   I (am knowing/know) what Katherine is doing right now.

6   Someone (is knocking/knocks) at the door. Can you answer it?

7   We (are leaving/were leaving) for London next week.

8   While mom (talk/was talking) on the phone, the children (start/started) crying.

다음 문장의 빈칸에 들어갈 알맞은 답을 고르세요.

9   I ______________ a rabbit behind the cabin; he is eating herbs.

   (a) see   (b) saw

   (c) have seen   (d) am seeing

➕ 완료형의 개념

현대 영어에서 완료형은 과거, 현재 시점에서 시작한 행동과 사실이 어느 기간까지 이어지는가에 초점을 맞춘 시제이다. 현재완료, 과거완료, 미래완료, 이렇게 3가지 완료시제가 있다.

❶ 현재완료시제

• 완료: already, yet, just 등의 부사와 함께 잘 쓰인다.

  My friend Sam **has just read** the textbook. 내 친구 샘은 방금 교과서를 읽었다.

• 경험: ever, never, before, once, seldom, often 등의 부사와 함께 잘 쓰인다.

  Has anyone **ever read** *Joseph Kim TEPS*, a comprehensive TEPS reference book?
  종합 텝스 참고서 〈조셉 킴 텝스〉 읽어 보신 분 계신가요?

• 계속: for, since, so far, these days, always, all day 등의 부사와 함께 잘 쓰인다.

  Kenji **has been** on the stage so many times **since** he began taking dance lessons at the age of 15. 켄지는 15세의 나이에 댄스 수업을 받기 시작한 이후로 수차례 무대에 올랐다.

• 현재완료와 함께 쓸 수 없는 부사들: last week[night, month], ago, just now, when 등은 명백한 과거를 나타내는 부사이므로 과거시제를 사용한다.

  He **had** an accident **seven years ago**. 그는 7년 전에 사고를 당했다.
  He **came** back from Canada **last week**. 그는 지난주에 캐나다에서 돌아왔다.

❷ 과거완료시제

과거완료는 현재완료의 시간대인 〈과거-현재〉를 〈대과거-과거〉로 옮겨놓은 시제로서, 과거 이전부터 과거 어느 때까지의 「완료」, 「결과」, 「경험」, 「계속」을 나타낸다.

Jeniffer **had been** a director of a sales team when she resigned in 2007.
제니퍼는 영업팀 부장으로 역임하다 2007년에 사임했다.

❸ 미래완료시제

미래완료는 시간대를 〈과거(현재) ➡ 미래〉로 옮겨놓은 시제로, 미래 어느 때까지의 「완료」, 「결과」, 「경험」, 「계속」을 나타낸다.

We'**ll have lived** in New York for twenty years by 2008.
2008년쯤이면, 우리는 뉴욕에서 20년째 살고 있는 셈이 될 것이다.

❹ 현재완료진행

• 「have/has/had + been + -ing」 형태로 특정 기간까지 계속된 동작이 그 후에도 계속될 때 사용한다.

• 동작 동사의 현재완료형은 동작이 완료된 '결과'를 강조하며, 현재완료진행형은 현재까지 동작이 '계속'되어 왔음을 강조한다.

My friend William has been lying in bed for a week.
내 친구 윌리엄은 일주일째 침대에 누워 있다.

Exercise 3

올바른 문장이 되도록 알맞은 것을 고르세요.

1 As soon as we (will finish/finish) this work, we will go home.

2 Palmer (is/is being) selfish today. He isn't usually like that.

3 The presentation (already begun/had already begun) by the time Neil arrived at the school.

4 When I met Jenny, she (was/had been) ill for three days.

5 Darling, you (have been driving/drive) for many hours now. Let me drive awhile.

6 Mr. William is the best teacher I (have ever met/met).

7 I (have been studying/had been studying) in Korea for at least ten years before I came here.

8 The Paris plane has not yet arrived, and I wonder when it (will come/comes).

9 When (did you meet/have you met) her at the park?

다음 문장의 빈칸에 들어갈 알맞은 답을 고르세요.

10 She _______________ to a new apartment three times since she came here.

(a) moved

(b) is moving

(c) has moved

(d) had moved

11 I was told that Englishmen seldom _______________ at breakfast.

(a) speak

(b) spoke

(c) have spoken

(d) will be speaking

다음 대화문의 빈칸에 들어갈 알맞은 답을 고르세요.

12 A: What are you going to do today?

B: I want to stay home and rest. I only _______________ yesterday.

(a) have come back

(b) come back

(c) had come back

(d) came back

13 A: I _______________ Cindy all day, but I can't find her.

B: I think she has gone to the library. The mid-term exams are beginning soon.

(a) am looking for

(b) looked for

(c) had looked for

(d) have been looking for

14 A: Are you planning to do anything tonight?

B: After _______________ washing up, I'll go shopping.

(a) I finish

(b) I finished

(c) I'll finish

(d) I'll have finished

15 A: I want a copy of these documents at once.

B: The copy machine _______________. The work is almost finished.

(a) had been repaired

(b) has repaired

(c) was repaired

(d) is being repaired

Memo 

Actual Test

PART I   Choose the best answer for the blank.

1   A: What do you think of this ring? Bob bought this for me.
B: Wow, it is the most beautiful diamond that ______________.

(a) I see

(b) I saw

(c) I have ever seen

(d) I have never seen

2   A: Luke, have you changed your job?
B: Yes, ______________ to the sales department.

(a) I have moved

(b) I'm moving

(c) I had moved

(d) I haven't moved

3   A: Hi, Alvin. Do you know what time the game starts tonight?
B: I didn't check the schedule, but I think ______________ at about 9.

(a) it will have started

(b) it starts

(c) it has started

(d) it started

4   A: Did you see Jennifer playing the guitar? She's wonderful.
B: I know. She ______________ it since she was 7 years old.

(a) played

(b) is playing

(c) has been playing

(d) had played

5   A: People will drink less if the government ______________ a new tax on
alcohol.
B: You can say that again.

(a) is imposing

(b) will impose

(c) imposes

(d) have been imposing

PART II Choose the best answer for the blank.

6 Neither of us enjoyed the movie because we _______________ it before.

(a) watches

(b) have watched

(c) had watched

(d) are watching

7 Julia will visit aunt Dorothy when _________________________________.

(a) she will get out of the hospital

(b) she has to get out of the hospital

(c) she gets out of the hospital

(d) she is to get out of the hospital

8 We got caught in traffic on the way. Therefore, when we got to the stadium, the game _______________.

(a) already starts

(b) is already starting

(c) were already started

(d) had already started

PART III Identify the option that contains an awkward expression or an error in grammar.

9 (a) A: What about going to Hawaii again for a week?
(b) B: Hawaii? No thanks. I'm not going to take such a long flight again.
(c) A: I thought you've had a good time last time.
(d) B: Nope. It was the worst trip that I've ever had.

10 (a) A: Would an appointment at three on the fifteenth be good for you?
(b) B: Sorry, I'm booked all afternoon that day.
(c) A: When will we meet then?
(d) B: Let me sleep on it and give you a call tomorrow.

Chapter 02 조동사

Q Focus 1 조동사 do, can, may의 이해

➕ do

❶ 일반 동사의 의문문과 부정문을 만들 때

My father **doesn't** know how to send an e-mail while my mom does.
우리 아버지는 이메일을 보낼 줄 모르시는 반면, 엄마는 보낼 줄 아신다.

❷ 본동사의 반복을 피하기 위한 대동사

Kim's company builds apartments faster than our company **does**.
김 씨의 회사는 우리 회사보다 아파트를 더 빨리 짓는다.

❸ 강조 구문: 정말, 확실히, 꼭 ~하다

The CEO of Foxtell **did** swear to tell the truth to the public.
폭스텔 사장은 대중들에게 진실을 말할 것을 맹세했다.

➕ can

❶ 능력 · 가능: ~할 수 있다, ~일 수 있다(= be able to)

When students **can** pronounce the new words accurately, try teaching this
method. 학생들이 새로운 단어들을 정확하게 발음할 수 있을 때, 이 방법을 가르쳐 보세요.

❷ 허가 · 금지: ~해도 좋다(= be allowed to), ~해서는 안 된다

A: Excuse me, **can** I get a tattoo without my parents approval?
B: No, I don't think so.
A: 실례합니다. 부모님의 동의가 없어도 문신을 받을 수 있을까요?
B: 아니오, 그럴 수 없을 겁니다.
You **can't** make a right turn here. 여기서 우회전하시면 안 됩니다.

❸ 강한 부정의 추측: ~일 리가 없다, ~했을 리가 없다

My friend Jackson **cannot** be the suspect. He was with me last night.
내 친구 잭슨은 용의자일 리가 없다. 그는 지난밤에 나와 함께 있었다.

Joseph **can't have been** there last night. He was with me all through the night.
죠셉이 어젯밤 거기에 갔었을 리가 없다. 밤새 나랑 함께 있었거든.

❹ 공손한 말씨

Could you tell me how to install this machine?
이 기계를 설치하는 법을 알려주시겠습니까?

✚ may

❶ 허가 · 금지: ~해도 좋다, ~해서는 안 된다

You **may** stay with us tonight, if you'd like.
원하신다면, 오늘 밤 저희랑 함께 머물러도 좋습니다.

A: **May** I use your cell phone? My battery is dead.

B: No, you **may not**.

cf) No, you **must not**.

A: 네 휴대폰 좀 써도 되겠니? 배터리가 다 됐거든.
B: 아니. 안 돼. (가벼운 금지)
cf) 아니, 절대 안 돼. (강한 금지)

❷ 추측 · 가능성: ~일지도 모른다, 아마 ~일 것이다

I **may** go shopping tomorrow to buy some food. 먹을 것을 좀 사러 내일 장 보러 갈지도 몰라.

❸ 목적: ~하기 위하여, ~할 수 있도록

so that + 주어 + may + 동사원형

= in order that + 주어 + (may) + 동사원형 = in order to + 동사원형 = so as to + 동사원형

Sam studies very hard **so that** he **may** do well on the TEPS exam.

= Sam studies very hard **in order that** he (may) do well on the TEPS exam.

= Sam studies very hard **in order to** do well on the TEPS exam.

= Sam studies very hard **so as to** do well on the TEPS exam.
샘은 텝스 시험을 잘보기 위해 매우 열심히 공부한다.

※ may 대신 can을 쓸 수 있으며, 미국 영어에서는 can을 주로 쓴다.

Exercise 1

올바른 문장이 되도록 알맞은 것을 고르세요.

1 What he said (may/cannot) be true. I can't believe it!

2 Do you like it? If you want this book, you (may/must) keep it.

3 You know what? I want as much money as you (can/do).

4 I (do/will) hope he will get better soon.

5 (Will/Can) I get you some tea?

6 You (may/can't) go outside yet. It's too cold.

7 He (may have said/cannot have said) that. I count on him.

8 NOTICE: Children under 12 (will/may) not enter this site.

다음 대화문의 빈칸에 들어갈 알맞은 답을 고르세요.

9 A: Katherine is obese. She eats more than I ______________.
B: That's surprising.

(a) may   (b) do   (c) will   (d) must

Memo

➕ will

❶ 주어의 의지: ~할 작정이다, ~하겠다

No matter what happens to her, **I will** always love her.
그녀에게 무슨 일이 생기든, 난 항상 그녀를 사랑할 거야.

❷ 습성 · 경향: ~하기 마련이다, ~일 리가 없다

A tiger **will** attack a human only when hungry or provoked.
호랑이는 배가 고프거나 자극을 받을 경우에만 사람을 공격한다.

❸ 거부 · 고집: 아무리 해도 ~(하려) 하지 않다/않았다

A: What seems to be the problem?

B: This vending machine **won't** give me change. 〈현재의 고집〉
A: 뭐가 문제인 거 같니?
B: 이 자동 판매기에서 잔돈이 나오질 않아.

My friend Mary **would not** tell us what she did last night. 〈과거의 고집〉
내 친구 메리는 어젯밤에 자신이 한 일을 말하려고 하지 않았다.

➕ used to

과거의 습관 · 사실 · 상태: ~하곤 했다, ~하는 것이 보통이었다, 이전에는 ~이었다

I **used to** go to church every Sunday when I was young. 〈습관〉
나는 어렸을 때 일요일마다 교회에 나가곤 했다.

People **used to** believe that the Sun revolved round the Earth. 〈사실〉
한때 사람들은 태양이 지구 주위를 돈다고 믿었다.

There **used to** be a department store building next to the theater. 〈상태〉
예전엔 극장 옆에 백화점이 있었다.

➕ would와 used to의 차이점

would는 현재 지속 여부를 알 수 없는 과거의 습관을 나타내는 반면, used to는 현재 지속되지 않는 과거의
습관과 상태를 나타낸다. 또한, used to는 현재와 대조적인 과거의 동작이나 상태를 말할 때 쓰이는 데 반해,
would는 특정인의 특성으로서 과거의 습관적 또는 반복적인 행위를 말할 때 쓰며, used to처럼 객관적인 과
거의 사실이나 상태를 나타내지는 않는다.

Exercise 2

올바른 문장이 되도록 알맞은 것을 고르세요.

1 She (would/used to) not tell me what she did last night.

2 James (will study/would study) only when the exams are coming up.

3 A small palm tree (used to/would) be here but it's not now.

4 I don't smoke now, but I (am used to/used to) smoke like a chimney.

5 At that time, Bill (would/will) not listen to anything she said.

6 It (would/used to) be considered bad form to talk about money.

7 If you (will/won't) tell him the truth, then I will.

8 In those days, we (used to/would) often play football in the street.

다음 대화문의 빈칸에 들어갈 알맞은 답을 고르세요.

9 A: Did you apologize to Andy?
B: Yes, I apologized to him, but he ______________ not listen to me.

(a) could

(b) might

(c) would

(d) should

➕ should

❶ 의무 · 당연: ~해야 한다

You **should** stop smoking, especially when you are around little babies.
특히 아기가 주위에 있을 경우엔 담배를 피우지 말아야 한다.

❷ 과거에 하지 못한 일에 대한 유감 · 후회: should have v-ed ~했어야 했다

Kim **should have listened** carefully to understand what his teacher said in the
class. 김은 선생님이 수업 시간에 한 말을 이해하기 위해 주의 깊게 들었어야 했다.

❸ 예상 · 기대: (아마, 당연히) ~할 것이다

Simpson **should** be at the train station by now.
심슨은 지금쯤 당연히 기차역에 있을 것이다.

❹ lest (that) 주어＋should＋동사원형: ~하지 않도록 (목적)

William deleted all the DVD files from his computer **lest** his parents **should** see
them. 윌리엄은 그의 부모님이 보시지 못하도록 그의 컴퓨터에서 모든 DVD 파일들을 삭제했다.

➕ ought to

❶ 의무 · 당연: ~해야 한다, ~하는 것이 당연하다

Staff in service sector **ought to** be kind to customers in any circumstances.
서비스 부문에 종사하는 직원들은 어떤 상황에서도 고객들에게 친절해야 한다.

❷ 과거에 하지 못한 일에 대한 유감 · 후회: ~했어야 했다, ~하지 말았어야 했다

You **ought not to have bought** such an expensive car.
넌 그렇게 비싼 차를 사지 말았어야 했어.

➕ need

❶ 평서문에서는 본동사

Karl **needs** to see his parents right now. 칼은 지금 당장 부모님을 뵐 필요가 있다.

❷ 부정문과 의문문에서는 조동사

You **need** not visit us tonight as we will have an early night.
우리는 일찍 잠자리에 들 것이기 때문에 넌 오늘 밤 우리 집에 올 필요가 없다.

Need I read this book again?
제가 이 책을 또 읽어야 하나요?

➕ must/have to

❶ 필요 · 강제적 의무: ~해야 한다

We **must** destroy all nuclear weapons before disaster strikes.
우리는 재난이 닥치기 전에 모든 핵무기를 폐기해야 한다.

❷ 필연 · 불가피: 반드시 ~한다

All the people in the world **must** die some day.
세상의 모든 사람들은 언젠가는 반드시 죽는다.

❸ 강한 금지: ~해서는 안 된다

In Korea, you **must not** talk back to your elders.
한국에서는 연장자들에게 말대꾸를 해서는 안 된다.

※ 부정 의미의 강도: must not > can not > may not

❹ 추측: ~임에 틀림없다, ~했었음이 틀림없다

She **must** be sick and tired of all the advice given to her.
그녀는 자신에게 주어진 모든 충고에 신물이 나 있는 게 틀림없어.

Jane **must have been** sick last week. She didn't come to our meeting.
제인은 지난주에 아팠던 게 틀림없어. 우리 모임에 안 왔거든.

Exercise 3

올바른 문장이 되도록 알맞은 것을 고르세요.

1 Sam is young, so you (can/should) help him.

2 You (must/need) not talk out loud in the library.

3 (Will/Need) I type this letter again?

4 Hearing her accent, she (can/must) be from Texas.

5 It (need/needs) to be handled carefully.

6 He (need/needs) not come here. I've already finished the task.

7 The head of the National Tax Office ______________ be punished for accepting a bribe.

(a) rather   (b) used to   (c) should   (d) need

다음 대화문의 빈칸에 들어갈 알맞은 답을 고르세요.

8 A: The problem is that your TEPS score isn't good enough for this position.
B: I see. I really ______________ to improve my English first.

(a) should   (b) may   (c) need   (d) must

Memo

Listening Comprehension

Grammar

Vocabulary

Reading Comprehension

✚ **조동사＋have V-ed** : 과거의 의미를 나타낸다.

❶ **must＋have V-ed** : 과거 사실에 대한 강한 단정적 추측 (~했음에 틀림없다)

My classmate **must have missed** the commute train.
반 친구가 통근 열차를 놓친 게 분명해.

❷ **may＋have V-ed** : 과거 사실에 대한 약한 단정적 추측 (~했을지도 모른다)

Sally **may have been** surprised when she heard that her son aced the test.
샐리는 그녀의 아들이 시험을 잘 봤다는 얘기를 듣고서 놀랐을지도 모른다.

❸ **can't＋have V-ed** : 과거 사실에 대한 부정적인 단정적 추측 (~했을 리가 없다)

Sam **can't have gone** to university; there is no class today.
샘이 학교에 갔을 리가 없다; 오늘은 수업이 없다.

❹ **should＋have V-ed** : 과거에 실제로 이루어진 행동이나 사실에 대한 유감이나 비난 (~했어야만 했는데)

Why did you do that? You **should have refused** such an unfair deal.
너 왜 그랬니? 그렇게 불공평한 거래는 거절해야 했었는데.

✚ **조동사 관용표현**

❶ **used to＋동사원형** : ~하곤 했다
　　cf. be used to＋동사원형 : ~하는 데 사용되다
　　　 be used to＋동명사 : ~하는 데 익숙하다

❷ **may[might] well＋동사원형** : ~하는 것은 당연하다

❸ **may[might] as well A (as B)** : (B할 바에야 차라리) A하는 것이 더 낫다

❹ **cannot help -ing** : ~하지 않을 수 없다
　　= cannot (help) but＋동사원형 = have no choice[alternative] but to＋동사원형

❺ **cannot ... too ~** : 아무리 ~해도 지나치지 않다

❻ **would like to＋동사원형** : ~하고 싶다

❼ **would rather A (than B)** : (B하느니) A하는 편이 더 낫다 (A, B는 각각 동사원형)

❽ **had better＋동사원형** : ~하는 것이 좋다

Exercise 4

다음 문장의 빈칸에 들어갈 알맞은 답을 고르세요.

1 I _______________, from the bottom of my heart, to thank everyone who gave me lots of assistance.

(a) cannot

(b) may be

(c) would rather

(d) would like

2 William _______________ about his promise that he would make it on time. We couldn't proceed with our meeting.

(a) must have forgotten

(b) shouldn't have forgotten

(c) might not have forgotten

(d) wouldn't have forgotten

다음 대화문의 빈칸에 들어갈 알맞은 답을 고르세요.

3 A: Pastor Kim gave a sermon in front of 500,000 people.

B: Whew! That's a huge audience. He _______________ nervous.

(a) can't be

(b) must be

(c) can't have been

(d) must have been

4 A: What did Tom say?

B: He said that he had better _______________ for the States.

(a) to leave

(b) leaving

(c) leave

(d) leaves

Actual Test

1   A: I didn't expect that Jane would ace the math exam.

    B: ______________.

    (a) Neither have I   (b) Nor would I

    (c) Neither did I   (d) Nor do I

2   A: You know what? I only live a few minutes away from the college.

    B: Wow, it ______________ be convenient.

    (a) shall   (b) must

    (c) ought to   (d) was going to

3   A: Let's visit grandma's place tonight. We haven't seen her for ages.

    B: We should give her a ring first. She ______________ have an early night.

    (a) shall   (b) may

    (c) must   (d) should

4   A: Hi, Jerry. How about I stay late tonight to finish that report?

    B: Take your time, Jim. You ______________ finish it right now.

    (a) need not   (b) to not need

    (c) need not to   (d) not need to

5   A: Did you hear? Jane and Frank broke up.

    B: Are you serious? They ______________ be a great couple, didn't they?

    (a) used to   (b) used not

    (c) did used to   (d) didn't use to

PART II   Choose the best answer for the blank.

6   Listen to me carefully, John. You ______________ put it there. It's too dangerous.

(a) have to   (b) might   (c) could   (d) cannot

7   This pie is absolutely delicious. If nobody's eating that piece, ______________
I take it?

(a) would   (b) should   (c) could   (d) will

8   The damage to his car from last week's accident was so severe that Jimmy
______________ as well get a new car.

(a) might   (b) shall   (c) do   (d) was

PART III   Identify the option that contains an awkward expression or an error in
grammar.

9   (a) A: What's the matter, Paul? Are you OK?
(b) B: There's something wrong with my car. But I have to take it to work.
(c) A: You'd better leave right now. It's already 8:00 o'clock.
(d) B: I know, but the engine shouldn't start.

PART IV   Identify the option that contains an awkward expression or an error in
grammar.

10 (a) William & Anderson Consulting Service is looking for an Administrative Director
with a strong academic background. (b) The candidate will analyze the financial
statements as well as market condition for the company. (c) Candidates could have an
university degree with GPA of 4.5 or above, excellent administrative and
interpersonal skills, plus at least three years of relevant work experience. (d) The
application deadline is 5th December, and visit www.wacs.com for details.

Chapter 03 명사

Focus 1 명사의 종류와 용법

➕ 명사의 개념

father, wealth, Joseph처럼 사람이나 사물을 일컫는 이름이다.

➕ 명사의 종류

❶ 보통명사 : father, mother, desk, chair, book 등

❷ 집합명사

- family형: family, committee, class, audience, club, council, crowd, team 등
  하나의 단위로 보는 경우에는 단수 취급하고 개개의 구성원에 촛점을 맞추는 경우에는 복수 취급한다.

- police형: police, clergy, cattle, personnel, people
  형태는 단수지만 부정관사를 붙이지 못하며 복수 취급한다.

- furniture형: baggage, clothing, fruit, evidence
  형태는 단수지만 관사를 붙이지 않으며 수량 표시는 a piece[an article, an item] of를 붙여 표현한다.

❸ 물질명사

물질명사의 수량 표시는 조수사를 쓴다. 불가산 명사인 물질명사는 하나, 둘, 셋으로 셀 수 없기 때문에 수량을 나타낼 땐 조수사를 쓴다. 이때, 물질명사에 -s를 붙이지 않고 조수사의 명사에 복수형을 쓴다는 것에 주의한다.

A: I'm starving. Have you got anything to eat?

B: There are **several pieces of white bread** in the refrigerator.

A: 배고파. 먹을 것 좀 있어?

B: 냉장고에 식빵 몇 조각이 있어.

❹ 고유명사, 추상명사

단 하나뿐인 사람, 혹은 사물을 가리키는 고유명사나 보이지도 않고 셀 수도 없는 추상명사는 물질명사처럼 i) 관사와 복수형을 쓸 수 없고 ii) 단수 동사가 뒤따르며 iii) much나 little로 수식한다. 하지만 보통명사화되어 관사와 쓰이거나 복수형이 되는 경우도 있으니 주의해야 한다.

• 「국민 한 사람」, 「가족」, 「~의 집안 사람」, 「~씨 부부」의 뜻일 때 정관사 the와 함께 쓴다.

Let's go and meet the Andersons. 앤더슨 부부를 만나 보자.

• 「~라는 사람」의 뜻일 때 부정관사 a/an과 함께 쓴다.

He is trying to get in touch with a Ms. Walters.
그는 월터스 씨라는 분과 연락하려 한다.

• 제품이나 작품을 나타낼 때 부정관사 a/an과 함께 쓴다.

Membership is open to everyone who owns a Hyundai or Daewoo.
현대차 또는 대우차를 소유하고 계신 분은 누구나 회원가입이 가능합니다.

• 관용적 표현

of + 추상명사 = 형용사구

of use = useful 유용한
a man of wisdom = a wise man 현명한 사람
of value = valuable 가치 있는; 귀중한
a man of sense = a sensible man 분별력 있는 사람
of experience = experienced 숙련된, 경험이 있는
a man of learning = a learned man 학식이 있는 사람
of importance = important 중요한
a man of experience = an experienced man 경험이 많은 사람

전치사 + 추상명사 = 부사구

with kindness = kindly 친절하게	with ease = easily 쉽게
with safety = safely 안전하게	with care = carefully 주의 깊게
in reality = really 실제로	by accident = accidentally 우연히
on occasion = occasionally 가끔	without doubt = doubtlessly 의심할 여지 없이

Exercise 1

다음 문장에서 잘못된 부분을 찾아 바르게 고치세요.

1 Susan Williams made many money.

2 Many time have been wasted.

3 A police caught the thief last night.

4 The cattle lives on grass.

5 All personnels are advised to turn in meal and travel receipts within a week.

6 I have a few good news to share with you.

7 All the furnitures were covered with dust.

8 Searching luggages at the airport is not a standard practice.

Memo  

✚ 주어와 동사의 일치

❶ 복수 동사로 받는 경우

- 짝이 있는 의류나 가구: pants, socks, scissors, glasses, gloves, compasses 등

❷ 단수 동사로 받는 경우

- -ics로 끝나는 학과명, 병명, 놀이명 등: mathematics, politics, physics, economics, linguistics, ethics, statistics, measles, diabetes, bowls, gymnastics

- 시간, 거리, 금액, 중량을 한 덩어리로 취급할 때:

  Fifty seconds is not enough time to read this long text.
  50초란 시간은 이렇게 긴 글을 읽기에 충분한 시간은 아니다.

- 국명이나 서적명: the United States, the Philippines, The Times

✚ 참고할 사항들

❶ 단 · 복수 형태가 같은 명사들

fish, salmon, sheep, deer, swine, aircraft, series, species, Portuguese, Japanese, Chinese, Swiss

❷ 단수형과 복수형의 의미가 서로 다른 명사들

air 공기 – airs 태도   force 힘 – forces 군대
pain 고통 – pains 노력, 수고   manner 방법 – manners 예의
arm 팔 – arms 무기   custom 관습 – customs 세관
effect 효과 – effects 동산, 물건 good 이익 – goods 물품
water 물 – waters 바다, 호수

❸ 막연한 다수를 나타내는 복수형 명사

dozen, score, hundred, thousand, million 등의 명사가 명확한 수를 나타내면 단수 취급, 막연한 다수를 나타내면 복수 취급한다.

two hundred people   hundreds of people

❹ 「수사 + 명사」가 형용사 역할을 할 때: 단수형 명사를 취한다.

a ten-year-old son, a three-act opera, an eight-hour class time
cf. ten year olds : old는 명사

Exercise 2

올바른 문장이 되도록 알맞은 것을 고르세요.

1 Jim and Sandy's mother (is/are) beautiful and wise.

2 I bought two (dozens/dozen) pencils.

3 Customs (is/are) located near the Incheon Airport.

4 My younger sister is a (seventeen-year-old/seventeen-years-old) girl.

5 How much (is/are) the shorts?

6 Three years (has/have) passed since he died.

7 Ten months (was/were) too short for the task.

8 Most of the animals (have/has) survived through the cold winter.

9 More than half of the members (was/were) present at the meeting yesterday.

10 Fifteen kilometers (are/is) a long way to walk but we have no choice.

Actual Test

1   A: I need to find something to eat. Where do you want to go ______________?
B: I love Italian cuisine, so let's pick up pasta from Little Milano around the corner.

(a) for a dinner

(b) for dinner

(c) for the dinner

(d) for dinners

2   A: Sam, did you know that ninety-three percent of people in the U.S. believe in God?
B: Yeah, I know. Actually ______________ according to the statistics.

(a) nearly 87 percent of U.S. citizens is Christian

(b) nearly 87 percent of U.S. citizens are Christian

(c) nearly 87 percents of U.S. citizens is Christian

(d) nearly 87 percents of U.S. citizens are Christian

3   A: Bill looks like he was born with a silver spoon in his mouth. Just take a look at his
watch. It must have cost a fortune.
B: I guess you're right. He's got ______________ money.

(a) many   (b) lots of   (c) a few   (d) a couple of

4   A: John. How come you were spending such a long time in the school library?
B: I had to get a lot of ______________ for the term paper.

(a) informations   (b) facts   (c) advices   (d) knowledges

5   A: I'm very tired because I stayed up all night cramming for the final exam.
B: Poor thing. ______________ sleep right now will do you good.

(a) A couple of hour

(b) A couple of hour's

(c) A couple of hours

(d) A couple of hours'

6 A: Mom, did you call me? I was in the shower.

B: Yes, darling. Can you run an errand for me? We haven't got ______________ cheese left.

(a) any   (b) no one   (c) none   (d) some

7 A: Have you received any updated news about the convict who escaped from the prison?

B: Not really. As far as I know, the police ______________ still searching for him.

(a) is   (b) are   (c) was   (d) were

PART II Choose the best answer for the blank.

8 It was a great day. ______________ invited to the summer picnic.

(a) All personnels was   (b) All personnel were
(c) All personnel was   (d) All personnels were

9 The serious economy stagnation means ______________ having difficulty finding a new job.

(a) unemployed is   (b) an unemployed are
(c) the unemployed are   (d) the unemployed is

PART III Identify the option that contains an awkward expression or an error in grammar.

10 (a) A: Mark. Do you have any updated news about Sue's case?
(b) B: Well, she has no chance to win because she doesn't have many evidences to back up her claims.
(c) A: Oh, no. What will happen to her?
(d) B: I have no idea. We just have to wait and see.

Chapter 04 | 관사

🔍 Focus 1 부정관사의 용법

➕ **구체적이거나 정해지지 않은 막연한 가산 명사 앞에 부정관사 a/an을 쓴다.**

❶ 처음 제시되는 보통명사 앞에

A: I want you to have dinner first. I won't eat anything. I'm on **a diet**.

B: Come on, skipping **a meal** is bad for your health.

A: 너 먼저 저녁 먹어. 난 아무것도 먹지 않을 거야. 다이어트 중이거든.
B: 그러지 마, 식사를 거르는 건 건강에 해로워.

❷ '하나'라는 의미를 나타내는 명사 앞에(개수 하나, 종류 중 하나, 대표 단수)

It is said that everyone needs **a good family doctor**.

모든 사람이 좋은 주치의가 필요하다고 말한다.

Gold is **a metal**. (= a kind of metal)

금은 금속의 일종이다.

Apples are **a fruit**. (= a kind of fruit)

사과는 과일이다.

➕ **a/an이 다른 의미를 가지는 경우**

I got paid three hundred dollars **an hour** before. (= per)

나는 전에 시급 300달러를 받았다.

Birds of **a feather** flock together is an old saying. (= same)

"같은 깃털을 가진 새는 함께 모인다."는 말은 속담이다.

A Charles has been stealing towels from the club. (= certain)

찰스라는 어떤 사람이 클럽에서 수건을 계속 훔치고 있다.

Exercise 1

다음 문장에서 잘못된 부분을 찾아 바르게 고치세요.

1   All applicants must possess an university degree.

2   I'm studying for a MBA at Harvard University.

3   You can borrow three books at time from the library.

4   Are you calling me liar?

5   My neighbor comes in once week to feed the fish.

6   He bought BMW last year.

7   He is absolute Einstein in his scientific genius.

8   There is the Miss Stevens waiting to see you.

➕ 일반적인 용법

가산 명사와 불가산 명사 모두 문맥이나 상황 속에서 구체적으로 알 수 있거나 한정되는 경우 정관사 the를 쓸 수 있다.

❶ 앞에 언급했거나 청자나 화자가 이미 알고 있는 경우

I had a toothache last night. **The toothache** was unbearable.
나는 어젯밤에 치통이 있었는데, 그 치통은 참기 힘들었다.

A: How was your birthday party at TGIF?

B: Couldn't be worse. I want to tell **the restaurant** about my awful dining experience.
A: TGIF 레스토랑에서의 네 생일 파티 어땠니?
B: 최악이었어. 끔찍한 외식 경험에 대해서 그 식당에 알릴 생각이야.

❷ 뒤에서 한정을 받는 특정한 명사

The water in this bottle is rotten. 이 병 안의 물은 썩었다.

❸ 일반적으로 the와 함께 하는 명사들

• 유일한 것: the sun, the moon, the earth, the world, the Lord

• 관례상 정해진 것(잡지, 악기, 병명, 단위, 복수 국가명, 공공건물, 배, 비행기, 강, 산맥, 해협 등):
by the gallon, by the pound, the piano, the violin, the blues, the United States,
the Netherlands, the English channel, the TIMES

➕ 기타

❶ the + 형용사: ~하는 사람들

the poor(= poor people), the rich(= rich people), the unskilled(= unskilled people)
the missing(= missing people), the wounded(= wounded people)

❷ the 비교급~, the 비교급...: ~하면 할수록 더욱더 …하다

The more time students spend on studying, **the better score** they will get.
학생들이 더 많은 시간을 공부에 투자하면 할수록, 그들은 더 좋은 성적을 받을 것이다.

❸ 최상급

The easiest way to upgrade your brain's memory is to keep reading books.
두뇌의 기억력을 향상시키는 가장 쉬운 방법은 꾸준히 책을 읽는 것이다.

Exercise 2

다음 문장에서 잘못된 부분을 찾아 바르게 고치세요.

1 There is white cat behind you.

2 Her car struck a tree; you can still see a mark on a tree.

3 Chicken we had for lunch yesterday was great.

4 Isn't there another word that has same meaning?

5 A rich are getting richer, and a poor are getting poorer.

6 We're paid by hour.

7 If you like these e-books, you can download copy for a fee of $15.

8 The both girls are my sisters.

9 I would rather be Warren Buffet than Edison.

10 Would you please close a front door?

11 This is a movie that I watched last week.

➕ **일반적, 또는 넓은 의미로 쓰인 불가산 명사와 복수 명사 앞에는 관사를 쓰지 않는다.**

I like **music**. (넓고 일반적 의미의 음악)
나는 음악을 좋아한다.

cf. I like **the music**. (특정한 음악)
　나는 그 음악을 좋아한다.

Children like sweets. (넓고 일반적 의미의 아이들)
아이들은 단 걸 좋아한다.

cf. **None of the children** like sweets. (특정한 아이들)
　그 아이들 중 어느 누구도 단것을 좋아하지 않는다.

❶ **by + 교통수단, 일반적 의미의 식사, 계절**

> by water[sea/ land/ air/ train/ taxi]

Marco got to the station **by taxi** to catch the train.
마르코는 기차를 잡기 위해 택시를 타고 역에 갔다.

cf. in a car/ on the bus/ on the train

> supper, dinner, lunch, breakfast

Mom is having **supper** with her friends. 엄마는 친구 분들과 함께 저녁 식사를 하고 있다.

cf. Mom is having **a late supper** with her friends. (특수한 식사)
　엄마는 친구 분들과 함께 늦은 저녁 식사를 하고 계신다.

　The dinner served at the restaurant was great. (특정한 식사)
　그 식당에서 나온 저녁 식사는 맛있었다.

> spring, summer, autumn, winter

It rains a lot in **summer**. (일반적 여름)
여름에는 비가 많이 내린다.

cf. I went to America in **the summer** of 1989. (1989년의 특정한 여름)
　나는 1989년 여름에 미국에 갔다.

❷ **건물 등이 본래의 목적을 나타내는 경우**

Jackson is in **prison** due to child abuse. (징역을 살러)
잭슨은 아동학대로 감옥에 있다.

cf. Jackson is in **the prison**. (다른 목적으로)
　잭슨은 지금 그 감옥에 있다.

Marry was at **school** yesterday. (공부하러)
메리는 어제 학교에 있었다.

cf. Marry went to **the school**. (다른 목적으로)
　메리는 학교에 갔다.

🔍 Focus 4 TEPS에 빈출되는 관사 관용표현들

➕ a가 들어가는 관용표현

a close call 위기일발, 구사일생

at a distance 멀리서

at a loss 난처하여, 어찌할 바를 몰라

at a disadvantage ~에게 불리한

take[have] a walk 산책하다

make[pay] a visit 방문하다

have an eye for ~에 대한 안목이 있다

at a glance 한눈에

for a long time 오랫동안

to a degree 다소간, 약간

take[have] a ride 말이나 차를 타다

have a taste for ~을 좋아하다, ~에 취미가 있다

It's a pity that ... ~하게 되어 유감이다

➕ the가 들어가는 관용표현

at the same time 동시에

in the dark 어둠 속에서

in the twilight 해질 녘에

in the meantime 그사이에

on the rise 상승 중인

out of the question 문제가 되지 않는, 불가능한

at[in] the beginning of 처음에

in the rain 빗속에서

in the long run 마침내, 결국

to the point 적절한

the total 총 합계

in the morning[afternoon/evening]

cf) at night, at dawn, at noon

➕ 무관사 관용표현

at home 집에서

at first 먼저, 처음에

at ease 마음 편히, 느긋하게

by nature 천성적으로

in case 만일의 경우에 대비하여

on holiday 휴가 중

out of date 구식의, 시대에 뒤떨어진

out of sight 보이지 않는

take part in ~에 참가하다

keep pace with ~와 보조를 맞추다, 따라가다

at hand 가까이에, 준비되어 있는

at last 드디어, 마침내

by accident 우연히

by mistake 실수로

on foot 걸어서

in half 반으로

on business 사업차

learn by heart 외우다

have control over ~을 제어하다

다음 문장에서 잘못된 부분을 찾아 바르게 고치세요.

1 The President Clinton has been reelected after his first term.

2 A breakfast may be served in your room at no extra charge.

3 A chest infection turned into a pneumonia.

4 I always get headache if I study too hard.

5 She got all As in the math and the chemistry.

6 I'm not good at the French, but I can make myself understood.

7 Interest in a golf has grown rapidly in the last ten years.

8 Meat is sold by a pound.

9 My friend Jane is poet and pianist.

10 Traveling by a subway is fast, convenient, and cheap.

Memo 

Actual Test

PART I   Choose the best answer for the blank.

1 A: Sir, are you looking for anything specific or just browsing?

B: I'm looking for _______________ MP3 player for my daughter's birthday gift.

(a) a
(b) an
(c) those
(d) these

2 A: Honey, did you see the golf shoes that I bought last week?

B: I saw _______________ this morning. Why don't you check the laundry room?

(a) it
(b) them
(c) that
(d) these

3 A: How much money do you earn from the new job?

B: I get paid $1,000 by _______________.

(a) weeks
(b) week
(c) a week
(d) the week

4 A: Excuse me. How do you sell these pencils?

B: Well, it's $50 by _______________.

(a) dozens
(b) the dozen
(c) a dozen
(d) dozen

5 A: If we took that path to the top, we'd get there before lunchtime.

B: Are your kidding? At my age that grade is _______________!

(a) out of a question
(b) out of questions
(c) out of question
(d) out of the question

PART II Choose the best answer for the blank.

6 I'd like you to copy this 6-page document on both sides of _______________.

(a) paper

(b) a paper

(c) papers

(d) the paper

7 He couldn't understand his father hitting the roof. To him it wasn't _______________.

(a) a deal that big

(b) that big a deal

(c) a big deal that

(d) a that deal big

8 The restaurant serves _______________ that everyone likes to go there.

(a) such delicious food

(b) so a delicious food

(c) food such delicious

(d) such a delicious food

9 On opening night, every one of the seats in the theater _______________ taken.

(a) was

(b) were

(c) have been

(d) weren't

PART III Identify the option that contains an awkward expression or an error in grammar.

10 (a) I left my work early in the afternoon and dropped by my son's kindergarten downtown. (b) I picked him up and drove back home to change. (c) My son and I left home at 6:00 p.m. for the movie *Toy Story II* starting at 8:00 p.m. (d) We were supposed to join the Jones for a dinner an hour before the movie began.

Chapter 05 | 동사의 활용

Q Focus 1 기본 문형의 이해 (문장의 형식)

➕ 기본 5문형

일반적으로 모든 영어 문장은 다음 5가지 형태로 구분된다. 각 문형별 해석 방법을 알아 두자.

❶ 문형 1 〈S(주어) + V(동사)〉: S는 V하다[이다]

목적어와 보어를 필요로 하지 않는다.

Twenty years passed. 20년이 흘렀다.

Our family moved into a new apartment. 우리 가족은 새 아파트로 이사 갔다.

❷ 문형 2 〈S + V + SC(주격보어)〉: S는 SC이다[되다]

주어를 보충 설명하는 주격 보어로는 주로 형용사나 명사(구)가 온다.

Snow lay thick on our backyard. 눈이 뒤뜰에 두껍게 쌓여 있었다.

French became my favorite subject. 불어는 내가 가장 좋아하는 과목이 되었다.

❸ 문형 3 〈S + V + O(목적어)〉: S는 O를 V하다

목적어로 명사 또는 명사 상당어구를 취한다.

We love him. 우리는 그를 사랑한다.

I must decide what to do. 나는 무엇을 해야 할지 결정해야 한다.

❹ 문형 4 〈S + V + IO(간접목적어) + DO(직접목적어)〉: S는 IO에게 DO를 V하다

두 개의 목적어를 취한다.

Dr. Anderson gave me some tablets. 앤더슨 박사는 나에게 알약을 몇 개 주었다.

I handed her some cash. 나는 그녀에게 약간의 현금을 건네주었다.

❺ 문형 5 〈S + V + O + OC(목적보어)〉: S는 O를 OC라고[하게] V하다

목적어와 이를 설명하는 목적보어를 취한다.

He named his puppy Bingo. 그는 그의 강아지 이름을 빙고로 지었다.

She painted the door blue. 그녀는 문을 파랗게 페인트칠했다.

Exercise 1

다음 문장들을 문형이 같은 것끼리 서로 연결하세요.

1 James became a teacher.

2 She informed me of the club rules.

3 We boiled the egg soft.

4 He bought Sandy a wonderful suit.

a. We declare him CEO of our firm.

b. She took me for my cousin.

c. The milk has gone bad.

d. He left Susan a piece of cake.

다음 문장의 빈칸에 들어갈 알맞은 답을 고르세요.

5 Senator Wilson's aide _____________ from his seat when his boss came in the office.

(a) raise   (b) raised   (c) rise   (d) rose

🔍 Focus 2   문장의 기둥, 동사 찾기

➕ 문장에서 본동사를 찾을 줄 알아야 **TEPS** 영문법을 정복할 수 있다!

Trying to make a simple and accurate point of view **is** a necessity in this meeting.
이 회의에서는 간단하고 정확한 의견을 밝히도록 해야 한다.

That he becomes angry **seems** normal to me as his little brothers bother him all the time. 그의 남동생들이 그를 항상 괴롭히기 때문에 그가 화를 내는 것이 내겐 당연해 보인다.

🔍 Focus 3 유의해야 할 동사의 제 2의 뜻

➕ 상당수의 기본 동사들이 우리가 잘 아는 뜻 이외에 제 2의 뜻을 가지고 있다.

❶ count: 가치가 있다, 중요하다

What **counts** is that she is willing to help us.
중요한 것은 그녀가 기꺼이 우리를 도와줄 용의가 있다는 것이다.

❷ do: 충분하다, 도움이 되다

This place will **do** to study for the final. 이곳은 기말시험 공부를 하는 데 도움이 된다.

❸ matter: 중요하다, 문제가 되다

It doesn't **matter** to me if he comes here or not. 그가 여기에 오든, 오지 않든 내겐 중요하지 않다.

❹ work: 효과를 발휘하다

This cold medicine **works** best for little kids. 이 감기약은 어린 아이들에게 가장 잘 듣는다.

🔍 Focus 4 주격보어 바로 알기 (보어 자리에 형용사는 O, 부사는 X)

➕ 〈S＋V＋SC〉 문형을 취하는 주요 동사

❶ 상태 유지: be, remain, keep, lie, stay

You must **keep** quiet in the library. 도서관에서는 정숙해야 한다.

❷ 상태 변화: become, come, grow, turn, go, run

His dream **came** true finally. 그의 꿈이 마침내 실현되었다.

❸ 외관: seem, appear

He **seems** popular with his students. 그는 그의 학생들에게 인기가 있어 보인다.

❹ 감각: feel, taste, smell, look, sound

We **felt** cold at the top of the mountain. 우리는 산꼭대기에서 추위를 느꼈다.

Focus 5 꼭 외워야 할 동사들

✚ **자동사로 착각하기 쉬운 타동사들**

discuss A (with B) A에 관해 (B와) 논의하다

marry Tom 탐과 결혼하다

enter the classroom 교실에 들어가다

survive her husband 그녀의 남편보다 오래 살다

address the audience 청중에게 연설하다

mention it 그것에 관해 언급하다

attend a wedding 결혼식에 참석하다

resemble her mother 그녀의 엄마와 닮다

reach Seoul 서울에 도착하다

Exercise 2

다음 문장의 빈칸에 들어갈 알맞은 답을 고르세요.

1 A mother whose own parents gave her love when she was young
_______________ more likely to do the same thing to her own children.

(a) that is   (b) be   (c) is   (d) are not

다음 대화문의 빈칸에 들어갈 알맞은 답을 고르세요.

2 A: Did you give John an aspirin?
B: Yup, I gave him two tablets, but neither of them _______________.

(a) took   (b) worked   (c) made   (d) operated

3 A: Where did you find my Bible?
B: The book lay _______________ on the desk.

(a) open   (b) opening   (c) openly   (d) to be open

4 A: Mary, what's your new year's resolution?
B: First of all, I'm going to _______________ Joseph. He is such a nice guy.

(a) marry   (b) marry with   (c) marry to   (d) be marrying

✚ **TEPS에 빈출되는 〈동사 + 전치사〉 표현들**

❶ apply

apply for ~에 지원하다   apply to ~에 전념하다, 적용하다
apply in ~에 적용되다

❷ attend

attend on ~의 시중을 들다   attend to ~에 주의를 주다

❸ care

care about ~에 신경[관심]을 쓰다   care for ~을 좋아하다, 돌보다

❹ complain

complain to ~에게 불평을 털어놓다   complain of[about] ~에 대해 불평하다

❺ come

come across 우연히 만나다   come by 믿다, 획득하다
come down with (병)을 앓다

❻ do

do away with ~을 폐지하다   do without ~없이 지내다

❼ get

get over 회복하다   get ahead of ~을 능가하다
get in touch with ~과 연락하다   get the better of ~를 이기다

❽ give

give birth to (아기를) 출산하다   give in 항복하다
give over ~을 양도하다   give rise to ~의 원인이 되다

❾ go

go off 떠나다, 폭발하다, 발생하다   go on 계속하다, 나아가다
go over ~을 건너다, 검토하다   go with 수행하다, 조화되다

❿ hand

hand in 제출하다   hand out 나누어 주다

⓫ lay

lay aside 내려놓다, 저축하다, 버리다   lay off 정리 해고하다, 그만두다

⑫ look

look after ~을 돌보다

look back on ~을 되돌아보다

look down on ~을 무시하다, 깔보다

look up to ~을 존경하다

look for ~을 찾다

look forward to ~을 기대하다

look into ~을 조사하다

look over ~을 둘러보다, 검토하다

look through ~을 검토하다

⑬ pass

pass away 죽다, 사라지다

pass down 물려주다

pass out 기절하다

⑭ put

put aside 제쳐놓다, 저축하다

put forth ~을 제시하다

put forward 내세우다, 주창하다

put off 연기하다

put on 착용하다, 바르다

put out 끄다, 공표하다

put together 조립하다

put up with 참다, 인내하다

⑮ run

run across 우연히 만나다

run after 따라다니다, 추구하다

run away 도망치다, 피하다

run out of ~이 떨어지다, 부족하다

⑯ see

see into ~을 조사하다

see off ~를 배웅하다

see to it that ~을 유념하다

⑰ set

set apart 구별하다

set aside 옆에 두다, 무시하다

set up ~을 준비하다, 조직하다

⑱ succeed

succeed in ~에 성공하다

succeed to ~을 계승하다

⑲ take

take apart ~을 해체하다, 약점을 분석하다

take away ~을 제거하다, 줄이다

take in ~을 이해하다, 먹다, 섭취하다, 포함하다

take off 삭감하다, 이륙하다, 벗다, 취소하다

take on ~을 맡다, 싣다

take out ~을 빼내다, 제거하다

take to ~에 몰두하다, ~이 습관이 되다

take up ~에 흥미를 갖다, 추구하다, 받아들이다

🔍 Focus **6** 수여동사의 문형 전환

➕ 〈S + V + IO + DO〉 문형은 전치사를 활용해서 목적어의 위치를 바꿀 수 있다.

❶ 〈S + V + DO + to + IO〉로 전환 : bring, lend, show, send, give, tell, teach, offer 등

Sam gave me a blue pen. ➡ Sam gave a blue pen **to** me.
샘은 내게 파란색 펜을 주었다.

❷ 〈S + V + DO + for + IO〉로 전환 : buy, make, find, order, get, write, leave 등

Peter bought me a yellow dress. ➡ Peter bought a yellow dress **for** me.
피터가 내게 노란색 드레스를 사 주었다.

❸ 〈S + V + DO + of + IO〉로 전환 : ask(ask의 DO가 question, favor인 경우에 한함)

Excuse me. May I ask you a favor? ➡ May I ask a favor **of** you?
실례합니다. 부탁 하나 해도 될까요?

🔍 Focus **7** 목적보어 바로 알기 – 동사원형이냐, 과거분사냐

➕ **5형식의 목적보어**

5형식의 목적보어로는 명사, 형용사, to부정사, 동사원형, 분사 등이 올 수 있는데, TEPS Grammar에서 주로
언급하는 특정 동사의 목적보어 형태에 초점을 맞춰 알아 두자.

❶ 목적보어가 명사일 경우 : 목적어와 동격이다.

My friend Luke called me a **genius** in front of my girlfriend.
내 친구 루크는 내 여자 친구 앞에서 나를 천재라고 불렀다.

❷ 목적보어가 형용사일 경우 : 목적어의 상태와 성질을 설명한다.

All my classmates think Mr. Wilson **generous**.
모든 내 반 친구들이 윌슨 선생님을 관대하다고 생각한다.

❸ 목적보어로 〈to + 동사원형〉을 취하는 동사 : want, wish, like, tell, order, ask, allow 등

The officer at the theater allowed me **to enter** the hall.
극장 직원이 내가 극장 안으로 들어가도록 허락해 줬다.

❹ 목적보어로 원형부정사 또는 분사를 취하는 동사

  사역동사: have, make, let

  지각동사: watch, see, feel, listen to, hear, smell 등

Olsen let me **have** the old Russian book and I thanked her.

올슨이 내게 그 낡은 러시아 책을 주어서 난 그녀에게 고마워했다.

I saw two people **running** away after the robbery.

나는 두 사람이 강도짓을 하고 도망가는 것을 보았다.

🔍 Focus 8   think가 목적어로 의문문을 취할 때

➕ **간접의문문**

의문문이 목적절로 쓰일 경우에는 간접의문문으로 쓴다. 조심할 것은 의문문의 주절이 Do you think [believe, guess, suppose, say, imagine]인 경우의 간접의문문에서는 의문사가 문두로 나오게 된다.

❶ Do you think? + What does he do?

  = **What** do you think **he does**? 그의 직업이 뭐라고 생각하십니까?

❷ Do you imagine? + Where does she live?

  = **Where** do you imagine **she lives**? 그녀가 어디에 살고 있다고 생각하세요?

❸ Do you believe? + How old is she?

  = **How** old do you believe **she is**? 그녀가 몇 살이라고 생각하십니까?

Exercise 3

의미 변화 없이 다음 문장의 문형을 바꿔 써보세요.

1 Could you lend me a couple of books?

→ ____

2 I will find him a good wife.

→ ____

올바른 문장이 되도록 알맞은 것을 고르세요.

3 I got my feet (wet/to wet).

4 I (felt/ordered) someone enter the office.

5 You should hold the door (open/openly).

6 You must keep your finger nail (cleanly/clean).

다음 대화문의 빈칸에 들어갈 알맞은 답을 고르세요.

7 A: I made one student ______________ the floor.
B: Really? So did he do it well?

(a) mop   (b) mopping
(c) to mop   (d) mopped

8 A: Didn't you see two guys ______________ through the building?
B: No, I didn't. What's the matter?

(a) passed   (b) to pass
(c) to be passed   (d) passing

9 A: Would you please make some apple pie _______________ me?

B: Okay, I will.

(a) for (b) to

(c) on (d) of

10 A: _______________ Jane bought this black suit?

B: I have no idea. Ask Tom.

(a) Where do you think (b) Do you think where

(c) You think do where (d) Where you think

Actual Test

1   A: John is not working today. Can I take a message?
B: Sure. This is Andrew Johnson from BBC. Could you _____________ me
back, please?

(a) have him to call   (b) have his calling
(c) have him call   (d) have him calling

2   A: Maggie, have you cleaned the floor on your own?
B: No, actually I got Peter _____________ it.

(a) do   (b) to do   (c) wash   (d) doing

3   A: Sam, have you got any news from your mom in Canada?
B: Not at the moment. _____________ for a month.

(a) I've owed a letter her   (b) I've owed a letter for her
(c) I've owed her a letter   (d) I've owed her about a letter

4   A: Does it _____________ if I attach a file to this email?
B: No problem.

(a) make   (b) matter   (c) do   (d) care

5   A: I am sure that I know the young guy over there.
B: Didn't you know that he is Jack's son? He sure _____________ his father,
doesn't he?

(a) resembles to   (b) resembles for
(c) resembles   (d) resembles with

PART II Choose the best answer for the blank.

6 The new government of South Africa _____________ ministers from the South African Labor party.

(a) is consisted of
(b) is consisting of
(c) consists of
(d) consists

7 To the left of the church _____________.

(a) stands the statue
(b) the statue stands
(c) stand the statue
(d) is standing the statue

8 I asked all students to keep their cell phone _____________ off during the exam.

(a) turning (b) to turn (c) being turned (d) turned

PART III Identify the option that contains an awkward expression or an error in grammar.

9 (a) A: Your wife Jennifer is looking gorgeous today.
(b) B: Thank you. She will appreciate your compliment.
(c) A: Do you think I can dance with her?
(d) B: Well, you'd better ask her first.

PART IV Identify the option that contains an awkward expression or an error in grammar.

10 (a) People in modern times are getting tempted by outcomes of plastic surgery. (b) If you don't want your eyes in natural looks, you can have it change by eyelid surgery. (c) If the wrinkles in your face annoy you, your plastic surgeon can try facelift or facial Botox injection to make you much younger. (d) However, what happens is that the number of patients dying from side effects is increasing every year.

Chapter 06 | 수동태

Q Focus 1 수동태의 개념과 필요성

➕ 수동태의 기본 개념

People speak English in both Australia and New Zealand. –능동태
사람들은 호주와 뉴질랜드 두 나라 모두에서 영어를 말한다.

→ English **is spoken** in both Australia and New Zealand (by people). –수동태
영어는 호주와 뉴질랜드 두 나라 모두에서 (사람들에 의해) 말해진다.

➕ 수동태의 필요성

❶ 행위의 주체보다 대상에 관심이 맞춰진 경우

My little cabin **was destroyed** in last night's tornado.
나의 작은 오두막이 지난밤 토네이도로 인해 파괴되었다.

❷ 능동태의 주어를 알 수 없거나 알기 어려울 때

My BMW sedan **got stuck** in a traffic jam for two hours. This is unacceptable.
나의 BMW 세단이 2시간 동안 교통체증에 걸렸다. 이는 받아들일 수 없는 것이다.

❸ 글의 흐름상 앞 문장과 주어를 일치시킬 필요가 있을 때

Professor Warshoski spoke and **was applauded** by the students.
와쇼스키 교수가 말했고, 학생들에 의해 갈채를 받았다.

❹ 문장의 주부가 너무 길 때

Most of the radical politicians in the Cabinet mistrusted the Prime Minister.
내각의 대다수의 급진적인 정치인들은 수상을 불신했다.

→ The Prime Minister **was mistrusted** by most of the radical politicians in the
Cabinet. 수상은 내각의 대다수의 급진적인 정치인들에 의해 불신을 당했다.

다음 각 문장의 태를 바꿔 보세요.

1 Julie arranged the books on the desk.

2 Somebody attacked two people on the street who were participating in the riot.

3 A salesman tried to come into my office, and I kept him out.

4 Most of the employees in my firm respect the CEO.

5 The guide handed out the maps.

6 We built the conference hall in 2005.

7 My little puppy Jack suddenly came into my room, and I drove him out.

다음 대화문의 빈칸에 들어갈 알맞은 답을 고르세요.

8 A: Your son Martin broke this chair. What would you do?
B: Excuse me. It ______________ by your daughter Irene!

(a) breaks   (b) is broken
(c) was broken   (d) has broken

＋ 수동태의 시제: be동사의 시제에 따라 변한다.

❶ 단순시제: be + 과거분사

Our army **protects** the city. 우리 군대가 그 도시를 지킨다.

➡ The city **is protected** by our army. 그 도시는 우리 군대에 의해 지켜진다.

Our army **protected** the city. 우리 군대가 그 도시를 지켰다.

➡ The city **was protected** by our army. 그 도시는 우리 군대에 의해 지켜졌다.

Our army **will protect** the city. 우리 군대가 그 도시를 지킬 것이다.

➡ The city **will be protected** by our army. 그 도시는 우리 군대에 의해 지켜질 것이다.

❷ 완료시제: has / have + been + 과거분사

Our army **has destroyed** the city. 우리의 군대가 그 도시를 파괴해 버렸다.

➡ The city **has been destroyed** by our army. 그 도시는 우리의 군대에 의해 파괴되어 버렸다.

Our army **had destroyed** the city. 우리의 군대가 그 도시를 파괴했었다.

➡ The city **had been destroyed** by our army. 그 도시는 우리의 군대에 의해 파괴되었었다.

Our army **will have destroyed** the city by tomorrow.
우리의 군대가 내일까지 그 도시를 파괴해 버릴 것이다.

➡ The city **will have been destroyed** by our army by tomorrow.
그 도시는 내일까지 우리의 군대에 의해 파괴되어 버릴 것이다.

❸ 진행시제: be + being + 과거분사

Our army **is destroying** the city. 우리의 군대가 그 도시를 파괴하고 있다.

➡ The city **is being destroyed** by our army. 그 도시는 우리의 군대에 의해 파괴되고 있다.

＋ 수동태로 쓰이지 않는 동사

have, let, resemble, cost, lack, become, suit 등

William **resembles** his mother perfectly.

➡ His mother is resembled perfectly by William. (✕)
윌리엄은 자신의 어머니를 그대로 닮았다.

Exercise 2

다음 각 문장의 태를 주어진 시제에 맞춰 바꿔 보세요.

1 The mayor of Philadelphia has just welcomed the foreign heads of state.

2 We will notify all successful applicants by e-mail.

3 They have never promoted him.

4 A doctor is treating her for minor burns.

5 Since then, my uncle has done the work.

6 The publisher will publish the new textbook next February.

7 A cement mixer is causing the noise.

8 By dawn tomorrow, the fire fighters will have extinguished the forest fire.

다음 대화문의 빈칸에 들어갈 알맞은 답을 고르세요.

9 A: Michael, you seem to be very familiar with this area.
B: Of course! I _______________ here.

(a) born and raised   (b) was born and raised
(c) was born and raising   (d) was born and was raising

➕ 목적어가 절인 경우

They say[believe, know, expect ...] that ...구문은 다음과 같은 방법으로 수동태로 전환한다.

People say that he is from New Zealand. 사람들은 그가 뉴질랜드 출신이라고 말한다.

➡ **It is said that** he is from New Zealand. / **He is said** to be from New Zealand (by people). 그는 뉴질랜드 출신이라고들 한다. / 그는 뉴질랜드 출신이라고 전해진다.

➕ 동사구나 조동사가 있는 경우

전치사나 조동사를 포함한 동사구를 하나의 덩어리로 보고 수동태로 전환한다.

We **spoke to** her on the issue. 우리는 그 문제에 대해 그녀에게 얘기했다.

➡ She **was spoken to** by us on the issue. 그녀는 그 문제에 대해 우리에게 들었다.

➕ IO(간접목적어)와 DO(직접목적어) 둘 다 수동태의 주어가 될 수 있는 경우

The president offered Sam a good package.
사장은 샘에게 좋은 계약 조건을 제시했다.

➡ **Sam** was offered a good package by the president.
샘은 사장으로부터 좋은 계약 조건을 제시받았다.

➡ **A good package** was offered to Sam by the president.
좋은 계약 조건이 사장에 의해 샘에게 제시되었다.

✚ DO만 주어가 되는 경우

buy, make, get, build, cook, choose 등

Tim bought me a slice of pizza. 팀은 내게 피자 한 조각을 사 주었다.

➜ **A slice of pizza** was bought for me (by Tim).
피자 한 조각이 팀에 의해 내게 사 주어졌다.

I made Tom a toy. 나는 탐에게 장난감을 만들어 주었다.

➜ **A toy** was made for Tom (by me).
장난감 하나가 나에 의해 탐에게 만들어 주어졌다.

Exercise 3

다음 문장의 빈칸에 들어갈 알맞은 답을 고르세요.

1 She's a charming girl, but she's not ＿＿＿＿＿＿ at home.

(a) any notice　　　　　　　(b) any notice of

(c) take any notice　　　　　(d) taken any notice of

2 In today's world, ＿＿＿＿＿＿ all men are created equal and that everyone has a right to do what he or she likes.

(a) it believes that　　　　　(b) they are believed that

(c) it is believed that　　　　(d) people are believed that

다음 대화문의 빈칸에 들어갈 알맞은 답을 고르세요.

3 A: What are you doing? That cabbage doll is mine.
B: What? This one ＿＿＿＿＿＿ by mom. Didn't you know that?

(a) was bought to me　　　　(b) was bought for me

(c) was bought me　　　　　(d) bought for me

➕ 기본형

They <u>have just appointed</u> **him** director of the publishing division.
그들은 그를 출판 부서장으로 임명했다.

→ **He** <u>has just been appointed</u> director of the publishing division.
그는 출판 부서장으로 임명되었다.

➕ 사역동사나 지각동사의 경우: 수동태가 되면 to + V를 보어로 취한다.

They <u>made</u> **me** <u>give</u> them details of my bank accounts.
그 사람들은 나로 하여금 내 은행계좌 정보를 그들에게 알려주도록 만들었다.

→ **I** <u>was made to give</u> them details of my bank accounts (by them).
나는 그 사람들에게 내 은행계좌 정보를 알려줘야 했다.

Her mom <u>let</u> **her** come with us.
그녀의 어머니는 그녀가 우리와 함께 가도록 허락했다.

→ **She** <u>was allowed to come</u> with us (by her mom).
그녀는 (그녀의 어머니에 의해) 우리와 함께 가도록 허락되었다.

They <u>saw</u> **the car** <u>stop</u> in front of his garage door.
그들은 그 차가 그의 차고 문 앞에서 멈추는 것을 목격했다.

→ **The car** <u>was seen to stop</u> in front of his garage door (by them).
그 차가 그의 차고 문 앞에서 멈추는 것이 목격되었다.

사역동사 have와 let이 쓰인 5형식 능동태 문장을 수동태로 전환할 때 동사는 각각 be asked to부정사, be allowed to부정사로 바뀌는 점에 주의해야 한다.

Exercise 4

다음 각 문장의 태를 바꿔 보세요.

1 My father made me go there.

2 Tom had the waiter bring him a cup of coffee.

3 My teacher let me do it.

4 I had the doorman carry my suitcase.

5 I heard the baby cry in the room.

6 My father bought me a computer yesterday.

7 I got James to clean my BMW.

8 They looked up to the doctor.

다음 문장의 빈칸에 들어갈 알맞은 답을 고르세요.

9 Kathy has never been heard _______________ bad things about others.

(a) to say　　　　　　　　　(b) said

(c) in saying　　　　　　　　(d) say

➕ **능동의 형태로 수동의 의미를 갖는 동사들**

sell(팔리다), cut(잘리다), open(열리다), peel(벗겨지다), need[want] V-ing(~될 필요가 있다), blame(나무라다, 비난하다) 등

This little blouse **sells** well. 이 작은 블라우스는 잘 팔린다.

These mangos **peel** easily. 이 망고는 껍질이 쉽게 벗겨진다.

My BMW **needs repairing**.(= to be repaired)
내 BMW는 수리를 필요로 한다.

➕ **전치사에 따라 의미가 달라지는 수동태**

❶ be made of/be made from

This building **is made of** concrete. 이 건물은 콘크리트로 지어져 있다.

Wine **is made from** grapes. 와인은 포도로 만들어진다.

❷ be concerned about/be concerned with

He **is concerned about** what others think of him.
그는 다른 사람들이 그를 어떻게 생각하는지에 대해 걱정하고 있다.

People **are** usually **concerned with** the issue of their individual happiness.
사람들은 보통 그들의 개인적 행복과 관련된 문제에 관심이 많다.

❸ be well known to/be well known for

This book **is well known to** everyone preparing for TEPS.
이 책은 텝스 시험을 준비하는 모든 사람에게 유명하다.

He **is well known for** his honesty.
그는 정직함으로 유명하다.

🔍 Focus 7 수동태 관용표현

➕ be + p.p. + at

be surprised at ~에 놀라다
be amazed at ~에 놀라다
be frightened at ~에 놀라다
be located at[in, on] ~에 위치하다

be astonished at ~에 놀라다
be startled at ~에 놀라다
be disappointed at ~에 실망하다

➕ be + p.p. + to

be married to ~와 결혼하다
be committed to ~에 헌신하다
be opposed to ~에 반대하다

be accustomed to ~에 익숙하다
be devoted to ~에 전념하다
be attributed to ~의 탓으로 돌려지다(= be ascribed to)

➕ be + p.p. + with

be filled[loaded] with ~으로 가득 차다
be crowded with ~으로 붐비다
be satisfied with ~에 만족하다
be pleased with ~으로 기뻐하다
be fed up with ~에 싫증나다

be covered with ~으로 덮이다
be surrounded with[by] ~으로 둘러싸이다
be acquainted with ~를 알다
be delighted with[at] ~으로 기뻐하다
be bored with ~에 싫증나다

➕ be + p.p. + in

be interested in ~에 흥미가 있다
be engaged in ~에 종사하다

be absorbed in ~에 몰두하다

➕ be + p.p. + of

be convinced of ~을 확신하다
be composed of ~으로 구성되다

be tired of[from] ~에 싫증나다
be comprised of ~으로 구성되다

Exercise 5

올바른 문장이 되도록 알맞은 것을 고르세요.

1 My father is very much interested (by/in) psychology.

2 That girl is well known (by/to) every student in her class.

3 I'm not (concerned/satisfied) with my score on the math test.

4 This door must have been broken (with/by) a hammer.

5 Mark is known (for/as) a statesman.

6 Kelly is known (as/for) her humor.

7 The tree is known (for/by) its fruit.

8 This book is known (as/to) everybody studying TEPS.

9 The room was filled (by/with) celebrities.

10 I am pleased (on/with) your success.

11 I was surprised (on/at) the news.

12 My friend James (married/got married) to a foreigner in 1995.

13 My brand new car needs (painting/being painted).

14 Butter is made (from/into) milk.

15 This house was made (from/of) stone.

다음 문장의 빈칸에 들어갈 알맞은 답을 고르세요.

16 The truck was loaded ＿＿＿＿＿＿＿ containers.

(a) by

(b) with

(c) of

(d) from

17 About a third of students ＿＿＿＿＿＿＿ their TEPS scores.

(a) is satisfied with

(b) are satisfied with

(c) are satisfied by

(d) is satisfied by

다음 대화문의 빈칸에 들어갈 알맞은 답을 고르세요.

18 A: John, how can I complete all my assignment?

B: Try making a list of all the work that needs ＿＿＿＿＿＿＿.

(a) doing

(b) to do

(c) being done

(d) done

19 A: Does your youngest son still live alone?

B: No. he ＿＿＿＿＿＿＿ about three years ago.

(a) has married

(b) married

(c) is married

(d) got married

20 A: Guess what. I just ＿＿＿＿＿＿＿ to my teacher's place for dinner.

B: That's fantastic!

(a) invited

(b) get invited

(c) got invited

(d) have invited

21 A: These mosquitoes are driving me crazy.

B: Me too, I ＿＿＿＿＿＿＿ a hundred times by them.

(a) bit

(b) am bitten

(c) have bitten

(d) have been bitten

Actual Test

1 A: It's raining cats and dogs outside! How come they didn't cancel the football game?

B: The game ______________ regardless of the weather.

(a) has been playing   (b) played

(c) has been played   (d) playing

2 A: I really like your garden, Jane. It seems that the flowers ______________.

B: Thanks. It took me a while to put it together.

(a) looked after carefully   (b) were looking after carefully

(c) were looked after carefully   (d) look after them carefully

3 A: Why the long face, Mark?

B: ______________ for a month because I flunked my math and physics final.

(a) I have grounded   (b) I had grounded

(c) I'm grounded   (d) I grounded

4 A: What do you know about Jackie Chan?

B: I think he ______________ his Hong Kong martial arts movies.

(a) is well known as   (b) is well known for

(c) is well known to   (d) was well known

5 Once you take this tablet, the pain ______________ in three hours.

(a) has gone   (b) will go

(c) will be going   (d) will be gone

6 Be careful of that surface. It _______________ insecticide.

    (a) has been sprayed by   (b) has been sprayed with

    (c) has sprayed with   (d) had sprayed with

7 People carrying any kind of disease _______________ enter the premises.

    (a) do not allow   (b) are not allowed to

    (c) is not allowed to   (d) have not allowed to

PART III Identify the option that contains an awkward expression or an error in grammar.

8 (a) A: You seem busy these days. I hardly see you at all.

    (b) B: Well, I have two businesses that need to take care of.

    (c) A: How are they going by the way?

    (d) B: It's hard because of the recession, but I'm not going to give up.

9 (a) A: Have you completed cleaning the house?

    (b) B: Pretty much, but the lawn needs to mow.

    (c) A: Do you need a hand? I've got plenty of time.

    (d) B: No, thanks. I think I can manage that.

PART IV Identify the option that contains an awkward expression or an error in grammar.

10 (a) It is no doubt that the Academy award is the most famous movie award not only in the U.S., but also around the world. (b) It is also called Oscar, and the award ceremonies watched on tube by approximately one hundred million viewers around the globe. (c) This award produces countless celebrities that many movie producers and directors are craving for. (d) However, not many people recognize that it is unpaid award and used as a method to fight against movie industry unions in the U.S.

Chapter 07 대명사

🔍 Focus 1 재귀대명사와 It

➕ 재귀 대명사의 기본 용법과 강조 용법

❶ 〈기본 용법〉 타동사의 주어와 목적어가 일치하는 경우, 목적어를 재귀대명사로 표현한다.

Max introduced **himself** to me. 맥스는 자신을 내게 소개했다.

She killed **herself**. 그녀는 자살했다.

❷ 〈강조 용법〉 명사, 대명사를 강조하기 위해 사용된다.

She rang the boss **herself**. 그녀는 직접 사장에게 전화했다.

➕ 재귀대명사를 이용한 관용표현

by oneself 혼자서   for oneself 혼자 힘으로, 스스로

to oneself 자기에게만   beside oneself 제정신을 잃고

in spite of oneself 저도 모르게   in itself 본래

between ourselves 우리끼리 얘긴데   absent oneself from ~에 결석하다

➕ It의 기본 용법

❶ 시간, 거리, 날씨 등을 나타내는 비인칭

It's getting late and it's still raining.
시간이 많이 늦었고, 여전히 비가 내리고 있어.

It's about thirty miles from here to that town.
여기서 그 마을까지는 약 30마일이야.

❷ 막연한 어떤 상황이나 사정을 나타낸다.

How is **it** going? 요즘 어때?

It's very dangerous here in Moscow. 여기 모스크바는 매우 위험해.

❸ 가주어, 가목적어

It is certain that he will come back. 그는 분명히 되돌아올 거야.

I make **it** a rule to get up at six. 나는 항상 아침 6시에 일어나.

Exercise 1

올바른 문장이 되도록 알맞은 것을 고르세요.

1 Jane, how far is (it, there) from your house to the park?

2 Yesterday I found (himself, him) lying in front of the hotel.

3 Jimmy bought a BMW for his wife and (him, himself).

4 He was (for, beside) himself with joy when he heard that his wife was pregnant.

다음 문장의 빈칸에 들어갈 알맞은 답을 고르세요.

5 Prof. Brown's choice of career was very fortunate, for _____________ as well as for our economy.

(a) itself   (b) themselves
(c) himself   (d) ourselves

✚ this/ that과 those의 주요 용법

❶ 문장을 받는 this와 that: this는 앞이나 뒤에 나오는 문장, that은 앞에 나온 문장만 받을 수 있다.

I'll say **this**: She has excellent talent in sales.
나는 이렇게 말할 것이다. 그녀는 판매에 탁월한 재능을 지녔다.

Jane came out top of her class in the test. **That** made her mother very happy.
제인은 그 시험에서 반에서 1등을 했다. 그것이 그녀의 엄마를 매우 기쁘게 만들었다.

❷ 앞에 나온 명사의 반복을 피하기 위한 that과 those

Her feelings were **those** of a little girl.
그녀의 감정은 어린 소녀의 감정이었다.

✚ So

❶ 그렇게, 그처럼

A: Will it rain tomorrow?   B: I hope **so**.
A: 내일 비가 올까?   B: 그러길 바래.

❷ So + do + S: S 또한 그렇다.

A: I want to go to the beach.   B: **So do** I.
A: 해변에 가고 싶어.   B: 나도 그래.

✚ Such

〈대명사〉 그러한 사람, 지금 말한 것
Such are the results. 결과는 지금 말한 것과 같다.

The teacher, as **such**, is entitled to be respected.
그러한 분으로서 선생님은 존경받을 자격이 있다.

〈형용사〉 그런, 그와 같은, 그만큼 ~한
Such weather is unusual here. 그런 날씨는 이곳에서는 이례적이다.

✚ Same

She ordered coffee, and I ordered the **same**.
그녀는 커피를 주문했고 나도 같은 것을 주문했다.

Exercise 2

올바른 문장이 되도록 알맞은 것을 고르세요.

1 The entire area of Russia is larger than (this, that) of Italy.

2 He is a good man and is known as (so, such).

3 William thinks his opinion is wrong, and (so, such) does John.

4 Peterson had made a mistake two days ago and made (the same, such) mistake today again.

다음 대화문의 빈칸에 알맞은 답을 고르세요.

5 A: What do you think is the difference between the German and French languages?
   B: First, the pronunciation of German is simple compared with ______________ of French.

(a) this　　　　　　　　　　(b) that
(c) so　　　　　　　　　　　(d) those

➕ Some /Any

'다소, 얼마간'이란 뜻이며, '수'를 나타내면 복수 취급, '양'을 나타내면 단수 취급한다. 원칙적으로 긍정문에는 some, 부정문 · 의문문 · 조건절에는 any를 쓴다.

Are there **any** seats left for the 10 o'clock show? 〈의문문〉
10시 쇼에 남은 좌석이 있나요?

Please lend me **some** cash if you have **any**. 〈조건절〉
혹시 있다면 내게 현금 좀 빌려 줘.

Could I have **some** more coffee? / Would you like **some** more coffee? 〈예외〉
커피를 좀 더 마실 수 있을까요? / 커피를 좀 더 마시겠어요?

➕ One/ the other/ another/ others

I have two dogs. **One** is white; **the other** is black.
나는 개 두 마리를 갖고 있다. 하나는 흰색이고 다른 하나는 검은색이다.

I have six dogs. **One** is white; **the others** are black.
나는 개 여섯 마리를 갖고 있다. 하나는 흰색이고 다른 것들은 검은색이다.

Could I have **another** piece of cake? (불특정한 또 하나의 다른 것[사람]은 another)
케이크 한 조각을 더 먹어도 될까요?

To **some** study means great pleasure, and to **others** it means suffering.
어떤 이들에게는 공부가 큰 기쁨을 의미하지만, 또 다른 이들에게는 고통을 의미한다.

➕ Each/ every

Each of us has his or her own duty. 〈대명사〉
우리 각자는 자신만의 의무를 지니고 있다.

Each child had a gift from Mr. Jameson. 〈형용사〉
각 어린이들은 제임슨 씨로부터 선물을 받았다.

These books cost 50 cents **each**. 〈부사〉
이 책들은 권당 50센트입니다.

Every of the participants has to pay for their own meal. (✕) 〈every는 형용사〉

Everyone of the participants has to pay for their own meal.
모든 참가자들은 자신의 밥값을 내야 한다.

The bus usually runs **every five minutes**. 〈매 ～마다〉 버스는 보통 매 5분 간격으로 운행한다.

She works out in the gym **every other day**. 그녀는 이틀마다 체육관에서 운동을 한다.

✚ Either

Either of the students may fail the exam. 〈대명사〉
그 학생들 중 어느 하나는 시험에 떨어질 것이다.

I don't like **either** of them. 〈대명사〉
나는 그들 중 어느 쪽도 맘에 들지 않는다.

Either day is OK. 〈형용사〉 아무 날이나 괜찮아.

Bill didn't come to the party, and Jack didn't **either**. 〈부사〉
빌은 파티에 오지 않았고 잭도 마찬가지였다.

✚ Neither

Neither of them came to the meeting. 〈대명사〉
그들 중 어느 누구도 모임에 오지 않았다.

Neither teacher is coming. 〈형용사〉
어떤 선생님도 오지 않을 것이다.

A: I don't like rap music.　　B: **Neither** do I. 〈부사〉
A: 난 랩 음악을 좋아하지 않아.　　B: 나도 그래.

✚ No + 단수 · 복수 명사

He is **no** fool. = He's not a fool at all. 그는 전혀 멍청하지 않다.
There are **no** clouds in the sky. 하늘에는 구름 한 점 없다.

✚ None

None of my friends are interested in the plan. 내 친구들 중 어느 누구도 그 계획에 관심이 없다.
None of my money was wasted. 내 돈은 조금도 낭비되지 않았다.

✚ body, -thing의 주요 용법

- somebody, anybody: (특히 사회적으로) 대단한[이름 있는] 사람
- nobody: (특히 사회적으로) 보잘것없는 사람
- or something: ~인지 무엇인지
- anything else: 그 밖에 또 무엇인가

Exercise 3

올바른 문장이 되도록 알맞은 것을 고르세요.

1 He goes to church (every, each) other Sunday.

2 I have two sisters. One is a professor and (the other, another) is a statesman.

3 A: How much are these skirts?
B: They are 20 dollars (every, each).

4 A: When will be convenient for you?
B: (Some, Any) time is all right.

다음 문장에서 잘못된 부분을 바르게 고치세요.

5 I don't like neither of the songs; they are only noise to me.

6 A: I'm not tired.   B: So am I.

다음 문장의 빈칸에 들어갈 알맞은 답을 고르세요.

7 We leave little Jimmy's clothes beside his bed, and he dresses ______________ .

(a) it   (b) his clothes
(c) himself   (d) them

8 Won't you let ______________ help you?

(a) I and my friend   (b) my friend and I
(c) my friend and me   (d) me and my friend

9 The three men, Bob, Joe and ______________ met at the river.

(a) my   (b) myself
(c) me   (d) I

다음 대화문의 빈칸에 들어갈 알맞은 답을 고르세요.

10 A: Charlie, can I have _______________ more roast beef?
B: Sure, help yourself.

(a) no
(b) any
(c) some
(d) another

11 A: Why are you so nervous, Frank?
B: I find _______________ to talk in front of many people.

(a) it quite embarrassed
(b) it quite embarrassing
(c) quite embarrassed
(d) quite embarrassing

12 A: Why are you putting all those books back in the shelf?
B: _______________ of them have the information that I'm looking for.

(a) Any
(b) None
(c) No one
(d) Nothing

13 A: John, have you got any cartoon books to lend me?
B: I've got some, but I'm sure that these _______________ are too childish for a serious person like you.

(a) that
(b) those
(c) one
(d) ones

14 A: Did the people get the money?
B: Yes, the police gave _______________.

(a) them to them
(b) one to them
(c) it to them
(d) them to it

Actual Test

PART I   Choose the best answer for the blank.

1   A: Do you think we will get a raise in our salary this year?
B: I'm afraid ______________.

(a) that
(b) it
(c) not
(d) too

2   A: Have you found the key that you lost yesterday?
B: Yes, I have found ______________.

(a) one
(b) the one
(c) it
(d) its

3   A: How about this green dress, ma'am?
B: It looks nice, can I ______________?

(a) try it on
(b) try on it
(c) try one on
(d) try on one

4   A: All the members of the club are going to the party except ______________.
B: Why? Do you guys have any previous appointment?

(a) he and I
(b) he and me
(c) him and I
(d) him and me

PART II   Choose the best answer for the blank.

5   The population of Italy is much larger than ______________ of Korea.

(a) this
(b) it
(c) that
(d) those

6 My idea is ______________.

    (a) the same as you   (b) same as you

    (c) the same as yours   (d) same as your

7 ______________ of the students was given a medal.

    (a) Each   (b) All

    (c) Every   (d) Both

8 He lent me a few books, and ______________ of them are easy to read.

    (a) neither   (b) one

    (c) all   (d) both

PART III Identify the option that contains an awkward expression or an error in grammar.

9 (a) A: Excuse me. How is this film rated?

    (b) B: Let me see. Oh, it's R.

    (c) A: How does the letter stand for?

    (d) B: It means children under 17 require accompanying parent or adult guardian.

PART IV Identify the option that contains an awkward expression or an error in grammar.

10 (a) The seven physicians who are Korean were making a ward round in a Los Angeles general hospital a couple of days ago. (b) What happened was that they examined a Korean patient who had been admitted unconscious. (c) The seven doctors asked he "Do you have any idea where you are?" in order to check his medical condition. (d) The man slightly stared at them and answered, "Umm... Korea?"

New TEPS MASTER 650

Vocabulary

Chapter 01 | Health 건강

상당수 미국인들이 fat이 많은 high calorie의 dietary life로 인해 obesity와 각종 chronic disease에 시달리고 있다. 그래서 에어로빅이나 조깅으로 in shape한 몸을 만들려는 사람들이 많다. 하지만 평소에 overwork을 피해서 몸에 fatigue가 쌓이지 않게 하는 것이 더 중요한 건강 관리법이다.

미국에선, 우리와 달리, 의사와 pharmacist의 분업이 철저해서 의사는 examination과 prescription만 해주고, 약사는 의사의 prescription에 따라서 약을 fill a prescription하게 되어 있다. 따라서 pharmacy에선 cough medicine이나 pain reliever 같은 소위 over-the-counter medication만 살 수 있다. take a medicine하기 전에 약의 side effect에 관한 내용을 꼭 확인해야 한다.

미국에서 생산되는 모든 식약품은 sanitary문제와 더불어 유해성 여부를 FDA에서 검사하여 시판을 승인한다. 만성 질환으로 계속 약이 필요한 환자는 약국에 자신의 medical prescription slip만 있으면 언제나 약을 지을 수 있다. 미국인들은 개인마다 home doctor가 있어 그의 clinic을 주로 이용하고 그곳에서 regular checkup도 받는다. close examination이 필요할 땐 general hospital에 가는데, symptom에 따라 surgeon이나 physician을 찾아간다. general hospital은 surgery, injection, administration 등을 제공한다. general hospital의 ward는 inpatient와 outpatient로 언제나 만원이므로 진찰을 받으려면 미리 예약을 해야 한다. acute disease로 emergency care를 받으려면 emergency service 911에 전화를 걸어 도움을 구한다.

Word Clinic

fat 지방

high calorie 고칼로리

dietary life 식생활

obesity 비만

chronic disease 만성 질환

in shape 좋은 몸매의

overwork 과로

fatigue 피로

pharmacist 제약사

examination 진찰

prescription 처방

fill a prescription (처방 약을) 조제하다

pharmacy 약국

cough medicine 기침약

pain reliever 진통제

over-the-counter medication
처방전 없이 살 수 있는 약

take a medicine 약을 복용하다

side effect 부작용

sanitary 위생적인

medical prescription slip 처방전

home doctor 주치의

clinic 개인 병원

regular checkup 기초 검진

close examination 정밀 검사

general hospital 종합병원

symptom 증상

surgeon 외과의

physician 내과의

surgery 수술

injection 주사

administration 진찰

ward 병동

inpatient 입원환자

outpatient 외래환자

acute disease 급성질환

emergency care 응급 치료

emergency service 응급 구조

더 알아 둘 관련 어휘

acute 통증이 격렬한

fitness 체력

migraine 편두통

surgeon 외과의

sore 아픈

diagnose 진단하다

fracture 골절, 좌상

contagious 전염성의

germ 세균

immune 면역

longevity 수명

corporal 신체의

Actual Test

PART I   Choose the best answer for the blank.

1   A: I think I'm too _____________. What do you think I should do to bulk up?
B: You should eat foods high in protein and do a lot of weight training.

(a) stocky
(b) rotund
(c) short
(d) skinny

2   A: I'd like to go swimming. Want to come for a dip?
B: I can't. If I swim right after eating, I might get _____________.

(a) cramps
(b) cuts
(c) redness
(d) rats

3   A: Companies should have an obligation to hire mentally _____________ people for simple and easy jobs.
B: I totally agree. Working for a living gives people with low mental ability independence and a sense of self worth.

(a) challenged
(b) sour
(c) startled
(d) smart

4   A: When do you experience these periods of shortness of _____________?
B: Whenever I stand up quickly or walk up stairs.

(a) heart
(b) pain
(c) tongue
(d) breath

5   A: Is Avian Influenza _____________ between chickens and humans?
B: It is, but only through direct contact with live chickens, not by eating chicken.

(a) conversable
(b) litigious
(c) communicable
(d) incredible

6 A: Why do you always eat so much?

B: My _______________ is very high, so I burn calories fast and I'm always hungry.

(a) metabolism   (b) stomach

(c) intestines   (d) periphery

PART II Choose the best answer for the blank.

7 Dentists recommend that you _______________ your teeth every day to reduce the chances of getting cavities.

(a) comb   (b) wash

(c) cover   (d) brush

8 The MRI revealed that there was a partial _______________ in the shoulder tendon.

(a) bacteria   (b) cure

(c) toll   (d) tear

9 People could get aspirins or sleeping pills _______________ in any pharmacy many years ago.

(a) under the counter   (b) diagnosed

(c) over the counter   (d) longevity

10 Often times, a patient with a _______________ illness will lose hope as there is no chance of recovery.

(a) terminal   (b) minor

(c) curable   (d) treatable

 **PLUS** 더 알아 둘 기출 예상 관용표현

의미에 맞게 적절한 동사를 쓰세요.

1 s_________ a pact/treaty 조약을 체결하다

2 s________ a demonstration/sit-in (연좌) 데모를 벌이다

3 h________ a strike/walkout 파업하다

4 s________ one's creativity 창의성을 말살시키다

5 s________ a balance between A and B A와 B 사이의 균형을 맞추다

6 t________ a party 파티를 열다

7 t________ one's patience 인내심을 시험하다

8 w________ war 전쟁을 하다

9 w________ a long beard/hair 수염을/머리를 길게 기르다

10 w________ a bright smile/sad look 밝은 미소를/슬픈 표정을 짓다

의미에 맞게 적절한 전치사를 괄호 안에 쓰세요.

11 Don't be too hard (　　　　) him. 그에게 너무 심하게 대하지 마.

12 You're getting (　　　　). 신경 건드리네.

13 Can I try this (　　　　)? 이거 한번 입어 봐도 되나요?

14 You're cut (　　　　) for the job. 넌 그 일에 적격이야.

15 Let's go (　　　　) it again. 다시 검토해 보자.

16 I'll put you (　　　　). 전화 연결해 드리겠습니다.

17 He's (　　　　) the weather now. 그는 지금 몸 상태가 안 좋아.

18 He came (　　　　) with a good idea. 그가 좋은 수를 생각해 냈어.

19 I'd like you guys to make (　　　　). 너희가 화해했으면 좋겠다.

정답　1. sign　2. stage　3. have　4. stifle　5. strike　6. throw　7. test　8. wage　9. wear　10. wear　11. on　12. on　13. on　14. out　15. over　16. through　17. under　18. up　19. up

Chapter 02 | Economy 경제

economic theory에 따르면, supplier가 goods를 oversupply하여 supply가 consumer의 demand를 지나치게 excess하면 price가 fall하고 deflation이 발생한다. 반대로 demand에 비해 supplier의 output이 부족해지면 price가 치솟고 inflation이 발생한다.

recession은 over consumption과 trade deficit 등의 복합적인 요인에서 비롯되는데, economic stagnation이 지속되면 개인의 consumption이 줄게 되고 자연히 판매 부진에 따른 income 감소로 기업들의 bankruptcy가 빈발하고 stock price가 plunge된다. 이때 정부는 sluggish한 경기를 stimulate하기 위해 기업에 낮은 이자의 capital 융자나 tax reduction 혜택을 주기도 한다.

경제적인 측면에서 볼 때, 일시적인 boom이나 갑작스런 slump 현상은 바람직하지 않다. 그러므로 fluctuate한 경기보다는 stable한 경기를 유지하도록 경제의 모든 sector가 함께 노력해야 한다. 경제를 stabilize시키려면 경기가 brisk할 때에도 소비자는 extravagant하는 습관을 버리고 thrifty하는 생활을 해야 한다. 또한 기업들은 설비 확충과 R&D에 지속적인 investment를 하여 competitive edge를 확보해야 한다. 정부는 국가의 infrastructure를 튼튼히 하여 기업의 production activity를 지원해야 한다.

Word Clinic

economic theory 경제학 이론

supplier 공급자

goods 상품

oversupply 과잉 공급

supply 공급

consumer 소비자

demand 수요

excess 초과

price 가격

fall 떨어지다

deflation 디플레이션

output 생산물

inflation 인플레이션

recession 불경기

over consumption 과잉 소비

trade deficit 무역수지 적자

economic stagnation 경기 침체

consumption 소비

income 수입

bankruptcy 파산

stock price 주가

plunge 폭락

sluggish 부진한

stimulate 활력을 가하다

capital 자본

tax reduction 감세

boom 증가

slump 침체

fluctuate 불안정한

stable 안정된

sector 분야

stabilize 안정시키다

brisk 활발

extravagant 낭비

thrifty 검약

R&D 연구개발

investment 투자

competitive edge 경쟁력

infrastructure 사회의 기본적인 시설, 기반

production activity 생산활동

더 알아 둘 관련 어휘

crisis 위기

recover 회복하다

overcome 극복하다

wasteful 낭비적인

commerce 상업

economical 경제적인, 절약이 되는

due 지불 기일이 된

manufacturer 제조업자

merchandise 제품, 상품

expenditure 지출, 지불

wholesale 도매의

retail 소매의

auction 경매

gross 총체의

fiscal 국고의, 재정상의

levy (세금 등을) 징수하다

expire 만기가 되다

creditor 채권자

PART I   **Choose the best answer for the blank.**

1   A: What do you think are the reasons that Mr. Kim's business has the largest market share?

B: I believe that his marketing and sales department has given him the ______________.

(a) competitive edge
(b) competitive razor
(c) starting point
(d) completion

2   A: Does anyone here know the difference between being in a recession and in a ______________?

B: If I remember correctly, the big difference is that a recession is shorter.

(a) low pressure
(b) glut
(c) depression
(d) reduction

3   A: Do I have to pay a ______________ on lumber when I import it to America?

B: Yes, about 20% of the total value of the shipment.

(a) tariff
(b) price
(c) list
(d) cost

4   A: I play Brahms' third symphony to the cows to increase their milk yield.

B: That's an interesting business technique. I always thought, even though he is a ______________, your livestock might prefer the Blues.

(a) classical composer
(b) classified composer
(c) classicism composer
(d) classic composer

PART II   Choose the best answer for the blank.

5   Due to my company's ______________ there were many changes, and I was let go.

(a) hiring

(b) pontificating

(c) relegating

(d) restructuring

6   A great way to spend less money and reduce ______________ is to do the work yourself.

(a) overheads

(b) resistance

(c) interest

(d) panic

7   There has been a ______________ in sales. Nobody wants to buy our products anymore.

(a) slump

(b) rocket

(c) outturn

(d) incline

8   Let me remind you that if you ______________ on your payments you will lose your house.

(a) break

(b) renege

(c) translate

(d) delete

9   The accountants spent a lot of time ______________ this third quarter report for the CFO.

(a) preparing

(b) eating

(c) rejecting

(d) spouting

10   William Anderson, CEO of California Oil Production, always ______________ a hard bargain with his suppliers.

(a) drove

(b) took

(c) engaged

(d) carried

Chapter 03

Education 교육

미국의 고등학생들은 university에 들어가기 위해서 우리의 수능 시험과 비슷한 SAT를 치러야 한다. Ivy League로부터 admission을 얻기는 까다로운 편이지만, 우리나라처럼 대학 입학 경쟁이 심하지 않아 미국 고등학생들은 SAT시험을 위해 밤낮 없이 공부하지는 않는다.

four-year-college에서는 1년을 2개의 semester로 나눈 학기 제도를 운영하는 곳이 많다. freshman들이 수강하는 lecture는 주로 auditorium에서 이루어지는데, liberal arts course가 많아 여러 학과의 학생들이 한곳에서 수업을 받는다. 물론, sophomore 이후부터는 자신의 major와 관련된 required course의 비중이 높아진다.

미국의 undergraduate들도 GPA에 신경을 쓰기는 마찬가지다. 학기마다 exam은 midterm과 final, 이렇게 두 번을 본다. 시험을 치른 뒤에 credit이 좋지 않은 course에 대해선 makeup을 보기도 한다. 그들은 freshman부터 junior까지 갖가지 assignment들로 바쁜 생활을 보내며 senior가 되면 graduate school이나 employment 같은 자신의 career에 신경을 쓰게 된다. State University에서는 nonresident와 resident로 구분해 tuition을 다르게 책정한다. 따라서 타 지역 학생의 경우에는 해당 지역 학생보다 비싼 tuition을 내야 한다. dormitory 시설은 대개 잘 갖추어져 있으며 비용도 저렴한 편이다. 많은 학생들이 점심을 cafeteria에서 해결하는데, 이곳은 간단한 식사를 하거나 assignment를 하려는 학생들로 항상 붐빈다.

Word Clinic

university 대학

SAT(= Scholastic Aptitude Test)
학습능력 적성시험

Ivy League 아이비리그

admission 입학 허가

four-year-college 4년제 대학

semester 학기

freshman 신입생

lecture 강의

auditorium 강당

liberal arts course 교양 과정

sophomore 2학년

major 전공

required course(= core requirement)
필수 과목

undergraduate 학부생

GPA(= Grade Point Average)
성적 평가점

midterm 중간고사

exam 시험

final 기말고사

credit 학점

course 수업

makeup 재시험, 추가 시험

freshman 신입생

junior 3학년

assignment 과제

senior 4학년

graduate school 대학원

employment 취업

career 이력

State University 주립 대학

nonresident 타 지역 학생

resident 지역 학생

tuition 수업료

dormitory 기숙사

cafeteria 구내 식당

더 알아 둘 관련 어휘

enrollment 등록, 재적자 수

alumni association 동창회

degree 학위

doctor of philosophy 박사 학위

coursework 교과 학습

research 조사

postgraduate 대학원생

bachelor degree 학사 학위

faculty 학부, 대학 직원

Actual Test

PART I   Choose the best answer for the blank.

1   A: A recent report on university _____________ in the U.S. shows that over 50% of
new students are female.
B: That's quite a change from a decade ago.

(a) attendance
(b) ranking
(c) regulation
(d) enrollment

2   A: I'm overloaded this semester. I don't know how I'm going to cope.
B: Why don't you _____________ one or two subjects?

(a) sign up for
(b) register
(c) engage
(d) drop

3   A: Daniel will be _____________ from school for 3 weeks.
B: Are you serious? Where did you get that news?

(a) aced
(b) suspected
(c) suspended
(d) crammed

4   A: I'm not sure I'll be able to continue my ph.D in this university.
B: Keep your chin up! How many people can say they went through
_____________ at MIT?

(a) graduate school
(b) post degree school
(c) undergraduate class
(d) student unions

5   A: How long have you been here at school?
B: I'm a _____________.

(a) first semester
(b) sophomore
(c) new community member
(d) senior period

6 A: I don't think the tuition fee difference in this university is fair.

B: I know. To be a ______________, studying in American universities is really tough.

(a) full citizen
(b) permanent resident
(c) non-resident
(d) green card holder

7 A: Hello, I'm a freshman starting this year and I need a room in a ______________.

B: I'm sorry, but you're too late. All the rooms are taken for the first semester.

(a) domain
(b) dormant
(c) dormitory
(d) boarding class

PART II Choose the best answer for the blank.

8 Cornell university attracts scholars from all parts of the world and prides itself on its multicultural ______________.

(a) student body
(b) teacher-student ratio
(c) faculty lounge
(d) subject analysis

9 A large part of the business school's curriculum these days covers the emerging area of ______________.

(a) intellectual fraud
(b) intellectual property
(c) intellect study
(d) intellect quota

10 ______________ may be flexible according to individual circumstances, so do not let the high bar keep you from applying.

(a) Application forms
(b) Deposit slips
(c) Permission slips
(d) Admission criteria

 **PLUS** 더 알아 둘 기출 예상 관용표현

표현에 알맞은 해석을 빈칸에 써 넣으세요.

〈(동)명사+명사〉

1 production schedule ______________

2 fringe benefit ______________

3 stationery store ______________

4 attendance record ______________

5 expiration date ______________

6 face value ______________

7 marketing strategy ______________

8 checking account ______________

9 shipping division ______________

10 existing equipment ______________

11 news conference ______________

12 customs official ______________

의미에 맞게 적절한 형용사를 쓰세요.

〈형용사+명사〉 collocation

13 b_____________ check 부도 수표

14 c_____________ remark 칭찬하는 말

15 c_____________ period 결정적 시기

16 p_____________ college 명문 대학

17 r_____________ career 보람 있는 직업

18 a_____________ version 개정판

19 r_____________ price 소매 가격

20 e_____________ family 대가족

21 d_____________ version 초안

22 u_____________ stomach 복통

23 l_____________ price 정찰 가격

24 f_____________ touch 마지막 손질

25 n_____________ enemy 천적

26 s_____________ throat 목이 따가운 통증

Listening Comprehension
Grammar
Vocabulary
Reading Comprehension

정답 1. 생산 일정 2. 후생 복지 급여 3. 문방구 4. 출석 기록 5. 만료일 6. 액면가 7. 마케팅 전략 8. 당좌예금 9. 선적부; 운송부 10. 기존 장비 11. 기자 회견 12. 세관 공무원 13. bounced 14. complimentary 15. crucial 16. prestigious 17. rewarding 18. amended 19. retail 20. extended 21. draft 22. upset 23. list/labeled 24. final 25. natural 26. sore.

Chapter 04

Environment 환경

요즘 우리 지구 ecosystem의 balance가 깨지고 있다는 지적이 많다. 그 이유는 의외로 간단한데, endangered species들이 인간들에 의해 extinction되어가고 있는 것과 preserve되어야 할 plant들까지 그 수가 줄어들고 있다는 사실이다. Antarctica에 있는 ice berg도 North Pole의 그것처럼 언제 melt될지 모르고, 그곳에 있는 ozone layer에는 벌써 큰 구멍이 있다는 것은 기정사실이다.

미국은 때때로 tornado가 나타나지만 아프리카 주요 국가에서는 지독한 drought로 인해 forest와 farmland가 계속 devastate되어가고 있는 실정이다. 호주인들의 경우 검지손가락의 3분의 1만한 hail들이 집 지붕에 bombing처럼 마구 떨어져 혼비백산하는 경우도 있다. 이 모든 것이 mother nature의 순리라고 믿는 사람들이 다수지만, 불과 100년도 되지 않은 기간 동안 인간들이 저지른 무분별한 ecosystem destruction에 대한 신의 처벌이라고 믿는 사람들도 많다.

acid rain, greenhouse effect, river contamination 등 우리가 해결해 나가야 할 환경적 과제들이 산적해 있다. 참고로, 한국은 northern hemisphere에 있는 반면, 호주나 뉴질랜드는 southern hemisphere에 있기 때문에 시간은 비슷하지만 계절은 정반대다.

Word Clinic

ecosystem 생태계

balance 균형

endangered species 멸종 위기에 처한 동식물의 종

extinction 멸종

preserve 보존

plant 식물

Antarctica 남극

ice berg 빙산

North Pole 북극

melt 녹다

ozone layer 오존층

tornado 토네이도

drought 가뭄

forest 삼림

farmland 농지

devastate 황폐화되다

hail 우박

bombing 폭탄 공격

mother nature 대자연

ecosystem destruction 환경 파괴

acid rain 산성비

greenhouse effect 온실 효과

river contamination 하천 오염

northern hemisphere 북반구

southern hemisphere 남반구

더 알아 둘 관련 어휘

ecology 생태학

conserve 보존하다

swamp 침수시키다

overflow 넘치다

wilderness 황무지, 황야

volcano 화산

earthquake 지진

overcast 구름으로 덮다

misty 안개가 짙은

drizzle 이슬비

downpour 호우

lightning 번개

thunderstorm 뇌우

sleet 진눈깨비

frost 서리

muggy 찌는 듯한

gust 질풍, 돌풍

chilly 쌀쌀한

bleak 차가운, 한랭한

damp 습기 찬

moist 축축한, 습한

humid 눅눅한

forecast 일기예보

temperature 온도

canal 운하

strait 해협

peninsula 반도

latitude 위도

longitude 경도

avalanche 눈사태

catastrophe 대참사, 파국

turbulence 난기류

Actual Test

1 A: Why is the flora on the rainforest floor not so dense?

B: That's because the trees form a(n) ______________ above, which blocks the sunlight.

(a) shield

(b) tent

(c) umbrella

(d) canopy

2 A: The meteorological office has just issued a severe ______________ warning for this area.

B: Ok, let's get inside and prepare for that.

(a) gale

(b) breeze

(c) satellite

(d) meteor

3 A: Insurance companies are complaining of a spike in claims from last month.

B: It's not surprising considering the ______________ we had. I bet lots of cars were damaged.

(a) sunshine

(b) drizzle

(c) sleet

(d) hail

4 A: I can't believe how terrible this fall has been.

B: I know. I just heard on the news that we've had record levels of ______________ this fall.

(a) perspiration

(b) respiration

(c) condensation

(d) precipitation

5 A: Can you check outside and see if we need umbrellas?

B: Well, looks alright to me. It's just ______________ right now, but it looks like rain later.

(a) overcast

(b) cast over

(c) castoff

(d) castigated

PART II Choose the best answer for the blank.

6 The weather was so hot and _______________ that her hair stuck to the back of her neck.

(a) damp

(b) sleety

(c) arid

(d) inclement

7 Australia's farming community is enduring the worst _______________ conditions since record keeping began.

(a) drought

(b) breeze

(c) cyclical

(d) pestilence

8 The crop failure was considered to be a _______________ for local farmers.

(a) calamary

(b) clash

(c) calamity

(d) calcification

9 The _______________ of a volcano can instantly cause thousands of deaths.

(a) erosion

(b) eruption

(c) avalanche

(d) evolution

10 The forecast suggested that if the snowfall continues overnight, there may be an _______________ of 20cm by morning.

(a) accumulation

(b) tidal wave

(c) tsunami

(d) landslide

Chapter

05 | Travel 여행

departure를 위해 airport에 도착하면 domestic line이나 international line의 boarding area를 찾아가야 한다. 먼저, 자신이 이용할 airline check-in counter로 가서 check-in을 해야 한다. airline ticket과 passport를 창구에 제시하면 좌석이 지정된 boarding pass를 issue받게 된다. 이때 window seat이나 aisle seat 등 원하는 좌석을 말해 준다. 다음에는 check-in baggage로 luggage를 부치고 claim check을 받는다. 그리고 출국 절차의 마지막 단계로 immigration을 받게 된다. 이때는 passport, boarding pass를 제시하고 embarkation card에 도장을 받아야 한다. 출국 절차를 마치고 나면 탑승권에 적힌 gate로 가면 된다. 시간 여유가 충분할 경우엔 공항 라운지의 duty-free shop을 이용할 수 있다. destination에 도착하게 되면 port of disembarkation의 공항 customs에서 immigration을 받게 된다. 소지품의 specification을 적은 customs declaration form을 여권, 비자와 함께 customs official에게 보여 주면, purpose of visit, duration of stay 등의 질문을 한 뒤 admission을 해준다. 하지만 동물, 식물 등의 특정 소지물이 있을 경우엔 quarantine을 거쳐야 한다. 입국 수속을 마치면 baggage claim area에서 짐을 찾고 공항 앞에서 택시나 limousine bus를 타고 행선지로 가면 된다.

Word Clinic

departure 출국	**immigration** 출입국 관리, 입국 심사
airport 공항	**embarkation card** 출국 카드
domestic line 국내선	**gate** 탑승구
international line 국제선	**duty-free shop** 면세점
boarding area 탑승 구역	**destination** 행선지
airline check-in counter 탑승 수속 카운터	**port of disembarkation** 입국지
check-in 탑승 수속	**customs** 세관
airline ticket 항공권	**specification** 목록
passport 여권	**customs declaration form** 세관 신고서
boarding pass 탑승권	**customs official** 세관원
issue 발급하다	**purpose of visit** 방문 목적
window seat 창가 쪽 좌석	**duration of stay** 체류 기간
aisle seat 통로 쪽 좌석	**admission** 입국 허가
check-in baggage 수화물	**quarantine** 검역소
luggage 짐	**baggage claim area** 수화물 찾는 곳
claim check 수화물 검사	**limousine bus** 공항버스 리무진

더 알아 둘 관련 어휘

carry-on baggage 기내 휴대용 수하물	**flight attendant** 승무원
detector 탐지기	**in-flight meals** 기내식
flight 비행	**travel agency** 여행사
one-way ticket 편도 티켓	**rebate** 환불하다
gratuity 팁	**portable** 휴대용의
round trip ticket 왕복 티켓	**souvenir** 기념품
captain 기장	**itinerary** 여행 일정
deplane 비행기에서 내리게 하다	**vendor** 행상인
complimentary service 무료 서비스	**excess baggage charge** 초과 수하물 요금

PART I   Choose the best answer for the blank.

1   A: Passport please. You are here ______________. Is that correct?

B: Yes, I'll be here visiting clients for about six weeks.

(a) by accident

(b) on business

(c) as an excuse

(d) to vacation

2   A: Pardon me. Are there any flights to New York early tomorrow morning?

B: Yes, but there is a ______________ in Paris.

(a) nonstop

(b) landing

(c) stopover

(d) return

3   A: Ms. Tylor, your room is ______________ upstairs. The number is 1205.

B: Thank you so much.

(a) evacuated

(b) taken

(c) charged

(d) ready

4   A: My dog had to be taken in ______________ for 15 days upon arriving back in Korea.

B: Oh, he must have been frustrated about it.

(a) quarantine

(b) vendor

(c) immigration

(d) window seat

5   A: Excuse me. Would I be able to get an extra towel?

B: Sure, sir. All ______________ are provided by the hotel at no extra charge.

(a) occupancy

(b) valet parking service

(c) Toiletries

(d) valuables

6 A: We should be at the airport three hours before our ______________.
B: That's too much I think. Two should be plenty.

(a) arrival (b) time
(c) schedule (d) departure

7 A: How are you dealing with your parents' divorce?
B: Not well. I was really upset for a while, so I started seeing a ______________.

(a) pediatrician (b) psychologist
(c) obstetrician (d) ophthalmologist

PART II Choose the best answer for the blank.

8 The airline company was widely criticized for increased international
______________ and substandard service.

(a) prices (b) charges
(c) fares (c) expenditures

9 I must do some shopping at the airport to buy ______________ from my trip.

(a) souvenirs (b) memorials
(c) itinerary (d) excursion

10 Our conference hall cannot ______________ such a large group.

(a) revenue (b) include
(c) accommodate (d) deposit

 **PLUS** 더 알아 둘 기출 예상 관용표현

의미에 맞는 2어 동사(two word verbs)를 골라 시제에 맞게 써보세요.

> **break away** 도망가다   **break down** 고장나다   **break in** 침입하다, 길들이다
> **break out** (전쟁 따위가) 발발하다   **break through** (어려움 등을) 극복하다
> **break up** 분리하다, 해산시키다, 헤어지다

1   James ___________ from the police.
제임스는 경찰에게서 달아났다.

2   My four-wheeler sedan ___________ in the middle of the intersection.
내 4륜 자동차가 교차로 한가운데서 고장났다.

3   It's sometimes difficult to ___________ cultural shock and adjust in a new
country. 문화적 충격을 이겨내고, 새로운 나라에 적응하는 것은 종종 어렵다.

> **call for** 요구하다   **call off** 취소하다   **call up** 전화하다
> **call on** 요구하다, 방문하다   **cut in** 끼어들다   **cut off** 자르다, 끊다

4   The city council is going to ___________ our electricity if we don't pay the bill.
우리가 요금을 납부하지 않으면 시의회에서 전기를 끊어버릴 것이다.

5   Why don't you ___________ Kelly ___________ and see if she wants to come
over? 켈리에게 전화해서 이리로 오고 싶어 하는지 물어보는 게 어때?

6   The baseball game had to be ___________ due to a inclement weather.
그 야구 경기는 악천후로 인해 취소되어야 했다.

표현에 알맞은 뜻을 빈칸에 써 넣으세요.

〈명사 + 명사〉

7 severance pay ______________

8 claim tag ______________ /

9 baggage claim area ______________

10 junk mail ______________

11 savings account ______________

12 utility rates ______________

13 draft-dodger ______________

Listening Comprehension

Grammar

Vocabulary

Reading Comprehension

정답 1. broke away 2. broke down 3. break through 4. cut off 5. call, up 6. called off 7. 퇴직 수당 8. 수화물 인환증 9. 수화물 찾는 곳 10. 광고 메일 11. 보통 예금 12. 공과금 13. 병역 기피자

Chapter 06 | Politics 정치

미국은 Democratic Political System을 원칙으로 하고 대통령을 내세우는 federation이다. 각 주마다 많은 autonomy를 갖고 있으며, 각 주에는 Federal law와 State law도 있다. 우리나라의 도지사 개념의 governor가 있는데 미국의 태생 자체가 federation으로서 각 주마다 authority가 큰 면이 있다.

영국은 Monarchy라는 제도를 채택하고 있고, 우리나라의 경우, 미국과 영국의 정치 제도의 절충안이라고 할 수 있다. Congress of the United States는 1789년의 The Constitution에 따라 수립되었다. Congress는 The Senate와 The House of Representatives으로 이루어져 있는데, The Senate는 주의 크기에 관계없이 각 주에서 2명씩 elect되고 The House of Representatives는 인구에 비례해 elect된다. The Constitution에 prescribe된 The Legislation의 authority로는 collecting and imposing tax, grant a credit, trade regulation, mintage, declaration of war, formation and operation of army, establishment of law 등이 있다. The Senate와 The House of Representatives는 대체로 분리되어 있지만 법률 제정에서 동등한 역할을 맡고 있으며, 의회 업무의 여러 가지 측면을 공유하고 있기 때문에 공동 보조가 필요하다.

대통령의 legislative function 가운데 가장 중요한 것은 의회가 제안한 법안을 approve하거나 refuse하는 것이다. 상하 양원에서 2/3가 찬성하면 대통령의 veto를 뒤엎을 수 있지만, 대통령의 잠재적 권한은 의회의 operation procedure에도 영향을 미칠 수 있다. 대통령은 bill에 대해 the refusal을 행사할 수 있기 때문에, 의회가 법안을 검토하고 그것이 refuse될 경우 어떤 amended bill을 present하면 받아들여질 것인가를 결정할 때 대통령의 영향을 어느 정도 받는다.

Congress는 government officials의 appointment에 대해 일반적인 통제력을 행사한다. 특히 고위 공직자의 임명에 consent하고 counsel할 수 있는 상원의 권한을 통해 정치적 통제력도 행사할 수 있다. 그러나 상원이나 하원 모두 행정부나 사법부 관리를 직접 임명하거나 선택할 수 있는 헌법상의 권한은 갖고 있지 않다. The Electoral College가 대통령과 Vice-President를 선출하지 못하는 예외적인 경우에는 상하 양원이 각각 대통령과 Vice-President를 선출하도록 되어 있다. 또한 의회는 공직자를 discharge하지 않는 것이 관례이지만 공직자를 impeach할 권한은 갖고 있다.

Word Clinic

Democratic Political System 민주주의

federation 연방

autonomy 자치권

Federal law 연방법

State law 주(州)의 법

governor 주지사

authority 권위

Monarchy 입헌 군주제

Congress of the United States 미국 의회

The Constitution 헌법

Congress 의회

The Senate 상원의원

The House of Representatives 하원의원

elect 선출하다

prescribe 규정하다

The Legislation 법률 제정

collecting and imposing tax 세금의 징수

grant a credit 차관 제공

trade regulation 무역 규제

mintage 화폐 주조

declaration of war 전쟁 선포

formation and operation of army 군대의 조직과 운용

establishment of law 법의 제정

legislative function 입법 역할

approve 승인하다

refuse 거부하다

veto 거부권

operation procedure 진행 절차

bill 법안

the refusal 거부권

amended bill 수정안

present 표명하다

government officials 공직자

appointment 임명

consent 승낙

counsel 권고

The Electoral College 선거인단

Vice-President 부통령

discharge 면직하다

impeach 탄핵하다

더 알아 둘 관련 어휘

regime 정권

conservative 보수적인(ex. Conservative 보수당의)

liberal 자유주의의(ex. Liberal 자유당의)

inauguration 취임식

Assembly 의회

referendum 국민투표

convention 집회

bureaucracy 관료주의

landslide (한 정당이나 후보자가) 압승을 거둔 선거

(the) electorate 유권자

ballot (비밀) 투표하다

popular suffrage 보통 선거권

absentee vote 부재자 투표

anarchy 무정부 상태

asylum 보호 시설

delegate 특파하다, 파견하다

dictatorship 독재권

executive (branch) 행정부

Actual Test

1   A: I have no idea who to choose in this election.
B: Well, I like the independent _______________ from the Action Party.

(a) ballot
(b) donor
(c) candidate
(d) president

2   A: Did you see Blake's policy to ban private cars from the entire city?
B: Wow! That's a _______________ idea. I'm not sure he'll get a single vote!

(a) rude
(b) conservative
(c) social
(d) radical

3   A: I never understood how a law in one state might not be a law in another.
B: It's because the U.S.A. is a _______________ of nominally independent bodies.

(a) hierarchy
(b) federation
(c) legislation
(d) conglomerate

4   A: Why are cultural products from Japan unwelcome in Korea?
B: It's complicated, but mainly due to Japan's prior violations of Korean _______________.

(a) sovereignty
(b) commonality
(c) culture
(d) politics

5   A: This law governing closing times for bars is archaic and should be _______________.

B: I disagree. The last thing we want is people getting drunk at all hours.

(a) discarded
(b) abandoned
(c) convened
(d) abolished

6 A: I see Barak Obama's Democratic ______________ will be here in fall.

B: I've never been to one of those. What are they like?

(a) meeting

(b) convection

(c) convention

(d) department

PART II **Choose the best answer for the blank.**

7 The issue of ______________ for Tibet is a hot issue given the upcoming Beijing Olympics.

(a) autonomy

(b) secession

(c) indolence

(d) automation

8 While the president's in the hospital, the vice president will be ______________ in his capacity.

(a) being

(b) acting

(c) voting

(d) policing

9 When I miss a shot on the golf course, I really should ______________ my language. Often there are minors around who can hear me.

(a) improve

(b) curb

(c) mulligan

(d) clip

10 People, especially medical practitioners, should be wary when considering ______________ for terminal patients.

(a) immunization

(b) rehabilitation

(c) euthanasia

(d) pathology

Chapter

07 | Occupation 직업

occupation이란 사회에서 생활하는 사람들이 **capability**와 **competence**에 따라 **engage in**하며, 정신적, 육체적 에너지의 소모에 따른 대가로서 **payment**를 받아 생활을 지속해 나가는 활동 양식이다. 이것은 **unearned income**이나 취미와는 구별된다.

활동의 지속성이 유지되기 위해서는 **capability, competence** 등이 합치되어야 하며 사회적으로 합법적인 것으로서 **social role**을 할 수 있어야 한다. **ancient society**에서도 **incantation, fortunetelling, exorcist** 등이 직업으로 존재하였으나, 주로 제사 참여를 중심으로 하는 **honorary post**의 신관(神官) 성격을 띠었다. 경제 수준이 낮은 시대에 직업의 **specialization**은 실제로는 일어나지 않았으며, 얼마간의 **expertness**나 **tool**을 가진 직인(職人)이 **raw material**을 갖고 오는 고객의 주문에 응하여 특정 물건을 생산하는 정도였다.

유럽에서도 14세기를 넘어서면서부터 **handicraftsman**에 의해 경영적 요소(원재료의 구입이나 작업장의 소유 등)가 가해지고, **fellow trader**간의 **guild** 결성이 성행함에 따라 **dexterity, home rule, occupational consciousness**가 고양되었고, 오늘날의 **occupation**과 가까운 개념이 형성되었다. 그러나 직업 선택의 자유는 허용되지 않았으며, 어떤 면에서는 **privilege**이면서도 **hereditary**적인 **binding**을 받지 않을 수 없었다. 산업혁명 이후, 상업의 번영과 함께 직업의 **diversification**이 진행되었는데, 동시에 **class differentiation**이 일어났고 기술·교육·정치·기타 문화가 **capitalism** 사회의 전개에 부응하여 발달하였으며, 형식상 직업의 자유가 **manual laborer**를 대량 발생시켰다.

occupation 직업	tool 도구
capability 능력	raw material 원자재
competence 재능	handicraftsman 수공업자
engage in ~에 종사하다	fellow trader 동업자
payment 보수	guild 길드
unearned income (= a windfall income) 불로 소득	dexterity 솜씨
social role 사회적인 역할	home rule 지방 자치
ancient society 고대 사회	occupational consciousness 직업의식
incantation 주술	privilege 특권
fortunetelling 점술	hereditary 유전적인
exorcist 퇴마사	binding 구속
honorary post 명예직	diversification 다양화
specialization 전문화	class differentiation 계급화
expertness 전문성	capitalism 자본주의
	manual laborer 육체 노동자

더 알아 둘 관련 어휘

pension 연금	minimum wage 최저 임금
unemployment 실직	full time job, regular employment 정규직
unemployment benefit 실업 수당	part-time job 비정규직
tycoon 실업계의 거물, 재벌	
payday 급료일	

Actual Test

PART I Choose the best answer for the blank.

1 A: William invested in real estate and stocks and made a tremendous amount of
_______________.

B: Well, he'll have to pay some tax for that.

(a) specialization   (b) unearned income
(c) dexterity   (d) expertness

2 A: Sorry for interrupting you, Bill, but I've got a _______________ with you.
B: Oh, what's the matter, Jenny?

(a) skull to collect   (b) something to pick
(c) bone to pick   (d) skeleton to pick

3 A: Do you think it's a good idea to leave that task with John?
B: We'll have to wait and see. No one doubts his _______________ as a
handicraftsman.

(a) competence   (b) compliance
(c) companion   (d) compliment

4 A: I've seen that guy in many movies but I can't remember his name.
B: Me neither. I think I know his name but it's on _______________!

(a) the end of my nose   (b) the nub of my thumb
(c) the tip of my tongue   (d) the top of my head

5 A: How should I pack my things to send back to the States?
B: Just make sure that each weighs 20kg or less and you send it all by
_______________.

(a) airplane mail   (b) plane mail
(c) shipping mail   (d) surface mail

6 A: I can't register here for a rental quote. I gave them our address but don't know
    our ______________ code.

B: I'm surprised you can't remember it. We've lived here over 5 years now!

(a) account   (b) tag

(c) zip   (d) house

7 A: For the busy season there's going to be an ______________ of the opening hours.

B: I don't know why we don't just standardize that schedule year round.

(a) extermination   (b) excision

(c) extremity   (d) extension

PART II Choose the best answer for the blank.

8 It is ______________ of him to make room for her at the party.

(a) considerate   (b) considerable

(c) convenient   (d) conglomerate

9 The purchase of alcohol by minors under the age of 20 years in the State of Texas is
strictly ______________.

(a) permitted   (b) illegal

(c) prohibited   (d) prevented

10 I ______________ James has a Master's degree in professional accounting.
He does not know anything about the figures.

(a) doubt   (b) suspect

(c) bet   (d) think

PLUS 더 알아 둘 기출 예상 관용표현

의미에 맞게 적절한 단어를 쓰세요.

1 We left no stone u____________. 우리는 모든 수단을 다 써보았다.

2 The contract still holds g____________. 그 계약은 아직 유효하다.

3 The company went b____________. 그 회사는 파산했다.

4 What k____________ you so busy? 왜 그렇게 바쁘니?

5 Could you give me a rough i____________ about it? 그것에 대해 대충 알려줄 수 있습니까?

6 You'd better t____________ my word for it. 내 말을 듣는 게 좋아.

7 Why didn't you give me a c____________? 왜 전화하지 않았니?

8 Let me give you a r____________ home. 집까지 태워다 줄게.

9 You won't get a____________ with this. 이런 일을 하고 무사하진 못할 것이다.

10 I've had e____________. 많이 먹었습니다.

11 I've been e____________ you. 당신을 기다리고 있었어요.

12 I used to stay u____________ till late at night. 밤늦게까지 자지 않곤 했다.

13 That's the w____________ to go. 그렇게 하는 거야.

14 We have no time to l____________. 우물쭈물할 시간이 없어.

15 Please have him r____________ my call. 전화해 달라고 전해 주세요.

16 She did n____________ but cry all day. 그녀는 하루 종일 울기만 했다

17 S____________ of the devil! 호랑이도 제 말하면 온다더니!

18 Let me give you a h____________. 제가 도와드릴게요.

19 Why don't you give it a t____________? 한번 해봐.

올바른 문장이 되도록 알맞은 것을 고르세요.

20 The choir stood in four rows according to their (respectable/respective) heights. 합창단은 그들의 각각의 키에 따라 4열로 섰다.

21 It was such a (delightful/delighted) evening. 너무나 기쁜 저녁이었다.

22 I think it (sorry/regrettable) that he could not pass the entrance exam.
그가 입학 시험에 합격하지 못하다니 유감이다.

23 During the period of inflation, the value of money drops as prices (rise/arise).
인플레이션 기간 동안, 화폐의 가치는 물가가 올라감에 따라 하락한다.

24 Could you (borrow/lend) me ten dollars?
10달러를 빌려 주시겠어요?

25 I greatly (thank/appreciate) your kindness.
친절에 깊이 감사드립니다.

26 The leader of the mob was (hanged/hung) at dawn.
폭도의 우두머리는 새벽에 교수형에 처해졌다.

27 Since capital punishment was (abolished/abandoned), the crime rate has increased. 사형 제도가 폐지된 이후로 범죄율이 증가했다.

28 He (felled/fell) several times yesterday when he was ice-skating.
그는 어제 스케이트를 타면서 여러 번 넘어졌다.

29 The scientists (founded/found) fossils of elm and maple trees there.
그 과학자들은 그곳에서 느릅나무와 단풍나무 화석을 발견했다

정답 1. unturned 2. good 3. broke 4. keeps 5. idea 6. take 7. call 8. ride 9. away 10. enough
11. excpecting 12. up 13. way 14. lose 15. return 16. nothing 17. Speak(ing) 18. hand 19. try
20. respective 21. delightful 22. regrettable 23. rise 24. lend 25. appreciate 26. hanged 27. abolished
28. fell 29. found

Vocabulary Bonus!

Q. What is a scientist who:

1 is interested in human development?
인류 진화에 관심이 있는 과학자는?

2 is a student of the heavens?
천체를 연구하는 과학자는?

3 explores the physical qualities of the earth?
지구의 물리적 특성을 연구하는 과학자는?

4 studies living matter?
생명체를 연구하는 과학자는?

5 is a student of plant life?
식물을 연구하는 과학자는?

6 is a student of the animal kingdom?
동물의 세계를 연구하는 과학자는?

7 is professionally interested in insects?
곤충에 전문적으로 관심이 있는 과학자는?

8 is a student of linguistics or the development of language?
언어학, 또는 언어의 발달을 연구하는 과학자는?

9 is a student of the psychological effects of words?
말의 심리학적 효과를 연구하는 과학자는?

10 is a student of the way in which people live together?
사람들이 함께 살아가는 방식을 연구하는 과학자는?

보기

❶ zoologist (동물학자)	❷ astronomer (천문학자)	❸ anthropologist (인류학자)
❹ semanticist (의미론 학자)	❺ philologist (언어학자)	❻ biologist (생물학자)
❼ entomologist (곤충학자)	❽ geologist (지질학자)	❾ sociologist (사회학자)
❿ botanist (식물학자)		

정답 1.❸ 2.❷ 3.❽ 4.❻ 5.❿ 6.❶ 7.❼ 8.❺ 9.❹ 10.❾

Q. What is a doctor who:

1 treats female ailments?
여성의 질병을 치료하는 의사는?

2 specializes in the treatment of childhood diseases?
아동 질병을 전문적으로 치료하는 의사는?

3 treats skin disorders?
피부 질환을 치료하는 의사는?

4 is an eye surgeon?
눈 수술을 하는 의사는?

5 is a specialist in heart ailments?
심장병 전문 의사는?

6 is a specialist in nerve disorders?
신경 질환 전문 의사는?

7 treats sick minds?
병든 마음을 치료하는 의사는?

보기

❶ pediatrician (소아과 전문의)   ❷ psychiatrist (정신과 의사)   ❸ oculist (안과 의사)
❹ cardiologist (심장 전문의)   ❺ gynecologist (부인과 의사)   ❻ neurologist (신경과 전문의)
❼ dermatologist (피부과 의사)

정답 1. ❺ 2. ❶ 3. ❼ 4. ❸ 5. ❹ 6. ❻ 7. ❷

New TEPS MASTER 650

Reading Comprehension

Chapter 01

TEPS 기초 독해 **Level 1**

1 It was above all on account of its freedom that England became so famous in the eighteenth century. Continental observers found in it both the model of a free state and the home of personal and individual ________________.

(a) liberty
(b) harmony
(c) wisdom
(d) responsibility

2 Today the real test of power is not the capacity to make war but the capacity ________________ it. In days gone by, power was measured solely by the ability to start and win wars; today though, the capacity to stop the war is the only true way to determine it.

(a) analyze
(b) launch
(c) encircle
(d) prevent

3 America is God's crucible, the great ________________ where all the races of Europe are mixing and re-forming — Germans and Frenchmen, Irishmen and Englishmen, Jews and Russians.

(a) melting pot
(b) salad bowl
(c) mosaic
(d) consomm

4 Despite abundant harvests in most of the world for the past two years, ________________ persist. More than half-a-billion people suffer from these two scourges. Half of them are children. Famine is part of their daily lives.

(a) wealth and happiness
(b) hunger and malnutrition
(c) illiteracy and superstition
(d) anarchy and war

5 Since the distant past, man has always been curious about his surroundings and has looked for lands to conquer. First he explored his cave, then the land, next the sea and eventually the air. Now, finally, he is exploring space and his dream of _______________ the Earth has come true.

(a) conquering

(b) leaving

(c) covering

(d) developing

Chapter

02 TEPS 기초 독해 Level 2

1 In the later eighteenth and early nineteenth centuries so many people were attracted by the apparent simplicity of banking and the high profits, that many mushroom banks started up and bankruptcies were frequent. Every bankruptcy meant not only the failure of the banker but also _________________ to the depositors and borrowers.

(a) prosperity

(b) hardship

(c) peace

(d) opportunity

2 The negative side-effects of caffeine are wide-reaching, ranging from heartburn to insomnia, anxiety and depression. However, these are only risks when the individual consumes a large amount of caffeine. Most health experts warn against both children and pregnant women consuming caffeine, because it is a known _________________, and therefore may hinder the growth of a child if the food the woman or child needs becomes less appealing.

(a) appetite stimulant

(b) appetite suppressant

(c) repellent

(d) nutritional supplements

3 Problems associated with household trash are becoming more serious nowadays. Each person in America produces approximately 1,000 kilograms of garbage every year, totaling 200 million tons collectively. Each year, an average European produces nearly 300 kilograms of household trash. The more money a country has, _________________ and, as a consequence, the amount of waste produced worldwide grows every year.

(a) the more garbage it produces

(b) the less garbage it produces

(c) the more the ozone layer deteriorates

(d) the cleaner the environment becomes

4 We all know that direct light from sunshine is very useful energy source. We can use sunlight for preparing a meal, heating the house, and generating electricity. Special fuel cells change sunlight into electricity. As a matter of fact, the first solar cells were expensive and inefficient. _________________, as the solar technology continues to improve, the latest solar cells generate electricity more efficiently and cheaply than ever before.

(a) Moreover

(b) Because

(c) Besides

(d) However

5 Being a police officer is a very exciting but sensitive choice. In order to be a police officer, you have to be a professional, and be able to sacrifice yourself because you are in a position to help others. You must be able to spend a lot of time with the public. You must be _________________. It is important to remember that a prospective police officer should not come to the job because of the money aspect of it. But once you love what you are doing, you will be a great public officer.

(a) very dedicated

(b) physically strong

(c) highly introspective

(d) amazingly intelligent

Chapter 03

TEPS 기초 독해 **Level 3**

1 If you subscribe to our plan using your credit card, we _______________ unless you choose to cancel the plan. Before your card is charged you will be issued a written reminder, detailing instructions of how to cancel the subscription should you wish to do so. If you cancel the subscription (by simply calling the toll-free number given) you will receive a full refund for those issues not yet mailed.

(a) will send you information about special offers and related publications
(b) will automatically renew your subscription at the same low rate
(c) hope to hear your comments and queries
(d) will enter your details onto our database

2 Japan chose not to react to the digital revolution, and instead coped with it in a(n) _______________. It was therefore beaten in the penetration rates of PCs and the Internet, all due to its traditionally held emphasis on closed economy and manufacturing.

(a) relatively passive manner
(b) aggressive demeanor
(c) assertive nature
(d) relatively confident manner

3 Dear Sam,
I am sure that you will be happy to hear that John and I _______________ next month September 15th. The ceremony will be at the community church at 11 o'clock and I am going to have two bridesmaids. John and I found a house at Frazer, downtown Philadelphia. Please understand that we are terribly busy. If you have any questions, please let us know in advance.

With all best wishes and love,
Katherine

(a) baptize our children

(b) set our wedding date for

(c) will have a housewarming party

(d) will deliver our first child

4 If you travel to any African countries, you would get to know that many rural Africans have a very healthy lifestyle including a vegetable-based diet and lots of outdoor activities. ________________, people in north American region generally have a lousy lifestyle and they get old before their time, suffering from age-related chronic disease such as obesity or diabetes. If they tried a low fat diet, they would avoid most of these diseases.

(a) In contrast   (b) In addition

(c) Even though   (d) To make things worse

5 According to the latest statistics, real estate in Stockholm is one of the most expensive among the world major cities. ________________ the global economic stagnation which is driven by America's Sub-Prime Mortgage, commercial rent levels in the capital have become higher and higher. Prime office space in Stockholm costs much more than other major cities, both in the US and Asian countries.

(a) Consequently   (b) Despite

(c) Although   (d) In case of

Chapter 04

TEPS 기초 독해 Level 4

1 Demographers have estimated that there were around 250 million people living on Earth at the time of Jesus Christ. The staggering rate of incline is well-documented: the world population reached one billion in 1830, two in 1930 and three in 1960. The birth rate is now thankfully declining, but so too _______________. Life spans have increased, and infant mortality is the lowest it has ever been, and life expectancy has increased by twenty years in the last thirty years. The question remains whether the world is capable of giving 12 billion people a good quality of life, as that is the figure projected for a century in the future.

(a) is economic development
(b) are population growth rates
(c) is medical science
(d) are death rates

2 One of the great drawing masterpieces that languished undiscovered in a castle in Southern England for over two hundred years has been sold to a Canadian businessman. Many British museums and galleries tried to obtain it but they failed to raise the fund to purchase it. After that, The Royal Wales Foundation attempted to acquire it _______________ the Canadian buyer after the British government refused to help fund its bid.

(a) and could manage to beat
(b) but failed to sell it
(c) but could not compete with
(d) and was able to purchase it from

3 Adolf Hitler, aided and abetted by Himmler, Heydrich and Eichmann, led the intended total eradication of European Jews between 1933 and 1935. World history refers to this mass murder of almost six million Jews as The Holocaust. The Holocaust still stands out as the only truly pragmatic and organized attempt by a modern government to annihilate an entire race of people, despite the fact that _______________, such as the Turks's mass killing of the Armenians.

(a) it was the common mistake of world history
(b) there were many other murders and crimes
(c) it was the only massive murder in history
(d) there was an example of massive murder

4 When we use the term *workaholic*, we are referring to people who are basically addicted to their job so much that they are married to their work. They may well have a prosperous career, but the price they pay may well be evident in their lack of sociability and dull characters. True success and happiness requires _______________ — factoring in time to enjoy relationships with friends and family and a satisfying job which encourages personal development.

(a) a balance between work and play
(b) ambition to succeed
(c) cultivating one's hobbies
(d) preparing for the future

5 The purchase of an extended warranty when buying expensive items is _______________, despite the assurances of salespeople. Any repair cost during the warranty's coverage will likely be similar to the cost of the extended warranty, and the fact is that most high-priced items are highly reliable anyway. As such, it can be considered a poor investment to purchase such warranties, at a cost of between sixty and three hundred dollars for three years.

(a) justifiable   (b) advisable
(c) optional   (d) superfluous

Chapter 05

TEPS 기초 독해 Level 5

1 Dubai, the city once acknowledged as the small sandy plain, is now experiencing a financial and cultural boom after languishing for the centuries. The government's policy of economic reform has allowed Dubai to restore its image as the smart, trendy, commercial heart of the Middle East. From the travel to the financial sector, Dubai is booming, attracting many international tourists and _________________ young businessmen who wish to commence a business there.

(a) luring

(b) expelling

(c) deporting

(d) banishing

2 The most serious environmental issue facing society today is undoubtedly global warming. The media simply adds to the hysteria, predicting that more frequent and fiercer hurricanes, more severe rainstorms and longer drought will occur. So what's the truth? According to one computer model, since 1979 the earth's temperature should have already increased by an easily detectable 0.3 to 0.4 degrees Celsius. Other satellite data, ____________________, shows that in this time the earth's temperature has actually cooled a little. In fact, the intensity of Atlantic hurricanes and their maximum wind speed have not increased over the past half-century, despite some seasonal variations.

(a) then

(b) however

(c) moreover

(d) thereby

3 A growing number of university students are learning PR techniques nowadays. PR, or Public relations, can be described as a method of drawing attention and forming public opinion. It utilizes advertising, press agents, public affairs forums, and other means to deliver various messages to the general public. However, some PR is targeted toward people within an organization. Many firms and organizations employ PR techniques _______________.

(a) to advertise their merchandises to customers

(b) to promote public issues such as global warming

(c) to awaken the desire for brand new products

(d) to enhance employee morale and commitment

4 James L. Anderson, the president at Anderson Consultation Service and a former member of the U.S. Commission on Immigration Reform, insists that certain U.S. visas are not as necessary as many businesses claim. Those visas give disadvantages to the alien workers because the visas are tied to the particular company that they are employed by. This means that those visa systems make the immigrants eventually indentured servants, because if the company lets them go, ________________.

(a) they have to submit another application to extend their visa

(b) they have to go back to their native country

(c) they will have to switch it to student visa

(d) they will get a promotion

5 I would like to share some stories with all of you regarding my personal experience back in 1970s. When I visited the People's Republic of China, during the Cultural Revolution, I saw something quite unique that are hard to be witnessed. Farmers and labors at work were transforming their lives, and all aspects of society were manipulated by the central government rather than individuals. I did not see any homelessness, female infanticide, drug addiction, etc. In those days, China ________________ by countries around the world, especially by poor countries. Was it a utopia?

(a) was often neglected   (b) was looked down upon

(c) was shunned   (d) was strongly envied

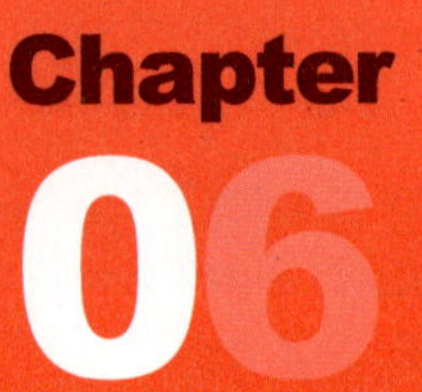

Chapter

06

TEPS 기초 독해 실전 문제

1 Don't get stuck with a lemon! Crash Test can provide you with a complete history on any previously registered vehicle. Get started today on our website by entering the VIN of the automobile you wish to investigate. For as little as $5 each, you can obtain information on crash history, odometer problems, flood damage and previous airbag deployment.

Q. What is being advertised here?

(a) A used car dealership (b) Potential used car problems
(c) A website for used car investigations (d) An easier way to register your vehicle

2 Every young baseball player dreams of being a pitcher in the major leagues, but starting early may be his worst enemy. Overuse of the elbows, shoulders and arms at a young age can cause serious injuries to children whose bodies have not yet fully developed. Since Little League pitchers typically throw nearly twice as many balls as professional players, overuse injuries are a significant risk. The most common problem is called Little League Elbow. This is a painful inflammation caused by the detachment of the growth plate from the elbow joint. It requires surgery to correct.

Q. What is the main topic of the passage?

(a) The dangers of pitching at a young age (b) How to pitch without getting injured
(c) The development of the arm joints (d) Common sports injuries in children

3 More and more college students are choosing to take online courses. As a result, online courses are now booming. When one university polled its students about their motives for enrolling online, more than half cited flexibility as their number one factor. Students who work during the day can take classes whenever their work schedule allows. However, there are some disadvantages of taking online classes. Since the supervisors are not there in person to push the students, they tend to procrastinate. Therefore, if you're not self-disciplined enough or if you are not the type of person who always finishes what you start, think again. There will be no one to remind you of the assignment deadlines or the exam date.

Q. What is the best title of the passage?

(a) Before You Enroll Online Classes
(b) Advantages of Taking Online Classes
(c) Different Types of Distance Learning Programs
(d) How to Motivate Yourself without Supervision

4 It is important to make academic pursuits a high priority. However, it is equally important to spend some time doing something that you find fun and relaxing. Serious students often maintain that they don't have time to spend on anything but homework and school-related activities. They feel that a hobby might take away from their study time. However, what they fail to realize is that an activity that allows you to take a break from major responsibilities for a while may actually boost your performance in school. Taking time to relax and enjoy a hobby reduces stress and makes it easier to focus when it's time to settle into a study session.

Q. Which of the following best summarizes the above passage?

(a) Pursuing activities outside of school helps academic performance.
(b) Many students today have too many responsibilities.
(c) It is often difficult to find time to pursue a hobby.
(d) What you do in your free time can affect your grades.

5 When we look at so called bilingual children, they turn out to be imperfect bilinguals, who can not use both languages with equal fluency and accuracy. Notwithstanding, this does not necessarily mean that their skills in either language are not as good as those of their monolingual peers. Along with their dominant language, they acquire a second language a lot faster than adult language learners do. As bilingual children are inevitably accustomed to difference, they are likely to be better at learning a third language as well, thus enabling themselves to assimilate into a different culture naturally.

Q. What is the main idea of the passage?

(a) Bilingual children benefit from their language ability.
(b) Only balanced bilinguals have bilingualism.
(c) Adults have difficulty learning a foreign language.
(d) Cultural problems keep bilingual children from bilingualism.

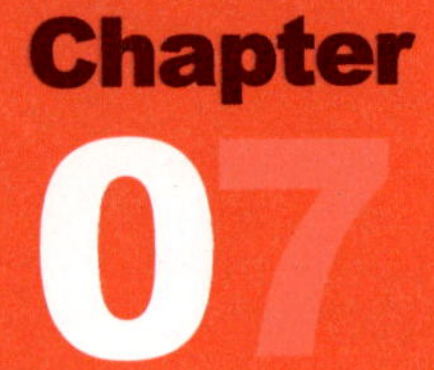

Chapter 07

TEPS 기초 독해 실전 문제

1 According to the Bureau of Labor Statistics, the fastest growing job sectors are in computer-related fields and health care, many of them requiring little training. Network systems and data communications analysts will find themselves in highest demand, followed closely by home health care aides. Of the top ten occupations, only three are outside of health or computer fields. Even more interesting, just half require formal education beyond an Associate's Degree.

Q. Which of the following is correct according to the passage?

(a) Medical assistants are in low demand.
(b) Most new jobs require a college education.
(c) There are many jobs for computer experts.
(d) The labor market is in a steady decline.

2 Over the last one hundred years, the Earth's average temperature has increased about 1F. There is still debate about the exact cause of global warming, but its effects are predictable. Climate changes will lead to an alteration in rainfall patterns and sea levels, which may, in turn, result in a range of impacts on humans and wildlife. Thankfully, there are several things you can do to help slow the rate of global warming.

Q. Which discussion is likely to immediately follow the passage?

(a) Worldwide efforts to reduce greenhouse gases
(b) Possible causes of global warming
(c) Steps one can take to reduce the temperature rise
(d) Ways to alter the impacts of global warming

3 History might have been different if Hitler had succeeded at his first attempted career: An artist on the streets of Vienna. Twice he took the entrance exam for the art academy, and twice, he failed, with unsatisfactory drawing skills. Hitler persisted, drawing postcard views of the city for tourists. His work was somewhat unskilled, but promising, and might have made him a living had he received the instruction he desired. Hitler did not enter politics until he abandoned his dream of supporting himself as a painter.

Q. What can be inferred from the passage?

(a) Hitler finally got accepted to the art academy after two failed attempts.
(b) Not many people know that Hitler received formal art training.
(c) Hitler was a sucessful street artist before he became interested in politics.
(d) People at the academy didn't believe that Hitler had a potential.

4 Across the board, the incidences of cancer have dropped in the United States, and survival rates are increasing. In the last fifteen years alone, the number of new cancer diagnoses has been down by 6,300 cases. Also, even though one in four deaths is due to cancer, the cancer mortality figures are down by 16% if lung cancer is excluded. Especially encouraging are the cure rates for children. A diagnosis of childhood cancer in the 1960s was almost a sure death sentence. But today, there is a five-year survival rate of 75%.

Q. Which of the following is correct according to the passage?

(a) There are fewer cancer cases, but they are more deadly.
(b) The occurrence of cancer has been dropping steadily.
(c) The mortality rate of lung cancer decreased by 16%.
(d) The survival rate in young cancer patients is still low.

5 Organized religion does not seem to be a priority for many Western Europeans, a recent survey shows. There are fewer ordained priests than ever before and the number of young people who decide to dedicate their lives to service within the Christian church is dwindling. Church attendance in Ireland, which is still among the highest in Europe, has fallen from about 85% in 1975 to just 60% in 2009. The drop is even more dramatic in countries such as France, Sweden, and the Netherlands where attendance has plunged to below 10%. Experts believe that Europe's bloody history of religious wars as well as unprecedented wealth and a growing schism between church and state have all contributed to the trend.

Q. Which of the following can be inferred from the newspaper article?

(a) Candidates for the priesthood are becoming older each year.
(b) Other faiths are experiencing a growth in the number of believers.
(c) Christianity was once an important force in European society.
(d) Sweden is one of the wealthiest countries in Western Europe.

Chapter

08   TEPS 기초 독해 실전 문제

1 Seasonal Affective Disorder, or SAD, is a mood disorder that affects as much as 6% of the world's population. (a) Countries farther from the equator may have rates as high as 20%, leading to the hypothesis that the sun's rays are directly linked to emotional stability. (b) The sun plays a role in increasing Vitamin D in the blood as well. (c) Also known as Winter Depression, SAD refers to the general depressive symptoms experienced during seasonally reduced hours of sunlight. (d) These may include fatigue, decreased appetite and irritability.

2 (a) New laws requiring drivers to use hands-free devices are intended to reduce the number of fatal crashes related to cell phone use. (b) As of 2007, 82% of Americans subscribe to a cell-phone service. (c) Yet in recent years, dozens of studies have shown that employing hands-free devices while driving do not measurably impact safety on the road. Why? (d) Because the danger is not that hands are unavailable for controlling the vehicle, but that the brain's attention is diverted by the conversation.

3 More than 15,000 cases in which the fetus and mother have different blood types are reported every year. (a) There is an insufficient number of doctors who specialize in this because the government does not sufficiently subsidize the pertinent researching activities. (b) This can develop into a very dangerous situation where mother's immune system may be activated to protect the body. (c) As a result, fetal anemia may occur in the baby's body when the red blood cells are attacked. (d) Doctors and researchers are devising a new method of screening for this condition to ensure the well-being of the fetus.

4 I'd like you all to wholeheartedly welcome our new project manager tonight. (a) Mr. Yu Sheng-Chang. He's been personally working on the effects of successful project development at the University of Montana and was also the vice president of Goldworth Company. (b) I am not sure of why he had to leave Goldworth but it seems there must have been some disagreement with the management about his instructions and directions. (c) Besides, he has participated in many of the well-known companies' software development projects and played an important role. (d) Now, Mr. Yu will hopefully share some of his most exciting work experience with us here.

5 Main Street will be closed between Ann and Queen streets from 4 am to 6 pm on Friday 29 September because of the next stage in the re-paving of the roads in Brunsville. (a) The streets intersecting Main street at any point will not be affected. (b) Drivers are advised to note that Main Street will be closed during the hours indicated. (c) Cars with fewer than four passengers are not allowed to be driven into the city center to promote the nation wide energy saving campaign. (d) The roadwork is expected to be completed within the time frame without further disrupting traffic. We apologize for any inconvenience that might be caused while improvements are in progress.

Listening Comprehension

Grammar

Vocabulary

Reading Comprehension

TEPS 4대 영역을 한 권에 아우르는 점수대별 전략서

New
TEPS MASTER 650

Answer Book

사람in
saram in com

New TEPS MASTER 650

정답 및 해설

Chapter 01 의문사 있는 의문문

Warming up

1　**해석**　W: 오늘 밤 네 파트너 누구니?
　　　　M: 금발머리에 빨간 드레스 입은 애야.
　　정답　Who is, The one

2　**해석**　M: 오늘 밤 내 친구들 보러 오는 게 어떠니?
　　　　W: 좋아.
　　정답　Why don't you, Sounds

3　**해석**　M: 왜 그렇게 늦었니?
　　　　W: 차가 밀려서요.
　　정답　Why were you, bumper to bumper

4　**해석**　W: 어디 있었던 거니, 잭?
　　　　M: 스케이트장에 있었어.
　　정답　Where have you, at the ice link

5　**해석**　M: 주말 어떻게 보냈어, 제인?
　　　　W: 아주 좋았어. 캠핑 갔었어.
　　정답　How was, Pretty good

Actual Test

1　**해석**　M: 오늘 저녁에 뭐 할 거야?
　　　　W: ＿＿＿＿＿＿＿＿＿＿＿＿
　　　　(a) 응, 영화 봤어.
　　　　(b) 외식할 거야.
　　　　(c) 우리 이미 늦지 않았니?
　　　　(d) 할머니 뵈러 갔었어.
　　해설　여자에게 뭘 할 건지 묻고 있으므로 계획을 말한 (b)가
　　　　알맞다.
　　정답　(b)

2　**해석**　W: 너 또 떠나나 보구나. 이번엔 어디로 가?
　　　　M: ＿＿＿＿＿＿＿＿＿＿＿＿
　　　　(a) 은행 옆, 왼편에 있어.
　　　　(b) 편두통 때문에 진통제가 필요해.

　　　　(c) 걔는 정말 골칫거리야.
　　　　(d) 하와이. 해변에서 2주를 보낼 거야!
　　해설　남자에게 어디로 떠나는지를 묻고 있으므로 행선지를
　　　　밝힌 (d)가 가장 알맞다.
　　정답　(d)

3　**해석**　M: 우리 내일 소개팅 있는데 함께 갈래?
　　　　W: ＿＿＿＿＿＿＿＿＿＿＿＿
　　　　(a) 알다시피, 사랑은 눈먼 장님이야.
　　　　(b) 두 도로는 여기서 합쳐져.
　　　　(c) 절대 그런 일은 없을 거야!
　　　　(d) 테이블을 하나 갖다 줄게.
　　해설　Why don't you ...?는 상대방에게 뭔가를 제안하거
　　　　나 권유할 때 쓸 수 있는 표현이다. 따라서 제안에 대
　　　　한 승낙이나 거절의 응답이 담긴 선택지를 골라야 하
　　　　므로 정답은 (c)다. (a)와 (b)는 남자의 대사에 나온 단
　　　　어를 이용한 오답 함정이다.
　　정답　(c)

4　**해석**　M: 이번주쯤에 집에 들러도 될까?
　　　　W: 물론이지. 대환영이야.
　　　　M: 몇 시가 가장 좋겠니?
　　　　W: ＿＿＿＿＿＿＿＿＿＿＿＿
　　　　(a) 네 정장 아주 맘에 들어. 너무 잘 어울린다.
　　　　(b) 요점을 말해 줄게.
　　　　(c) 두 정거장밖에 안 남았어.
　　　　(d) 아무 때나 들러.
　　해설　남자가 여자에게 방문하기에 가장 적합한 시간을 묻고
　　　　있으므로 구체적인 시각이나 아무 때나 들러도 좋다는
　　　　식의 응답이 이어지는 것이 자연스럽다. 따라서 정답
　　　　은 (d)가 된다.
　　정답　(d)

5　**해석**　W: 안녕하세요. 〈Becomes a Better You〉라는 책
　　　　있나요?
　　　　M: 매우 잘나가는 책이죠. 하지만 유감스럽게도 다 팔
　　　　리고 없습니다.
　　　　W: 언제쯤 살 수 있을까요?
　　　　M: ＿＿＿＿＿＿＿＿＿＿＿＿
　　　　(a) 좀 더 빨리 오셨어야 했어요.
　　　　(b) 학교 도서관에서 복사본을 구할 수 있습니다.
　　　　(c) 1주일 정도 후에 다시 들러 보세요.
　　　　(d) 다음주엔 기분이 나아질 거예요.

Chapter 02 의문사 없는 의문문

Warming up

1 해석 M: 가장 가까운 버스 정류장으로 가는 길 좀 알려주시
겠습니까?
W: 곧장 쭉 가시면 왼편에 있습니다.

정답 Can you tell me, Go straight

2 해석 M: 콘서트가 몇 시에 시작하는지 아세요?
W: 매표소에 한번 물어보세요.

정답 Do you know, Try asking

3 해석 M: 학교 끝나고 볼링 치러 갈래?
W: 그래, 그거 괜찮겠다.

정답 Would you like to, that'll be

4 해석 M: 요즘 브라이언이 뭐 하며 지내는지 아니?
W: 아니, 교외로 이사 갔다는 소식을 들은 게 마지막
이었어.

정답 Have you heard, the last thing I heard

5 해석 M: 내일 알렌 교수님 특강 들을 거니?
W: 사실, 지금은 잘 모르겠어.

정답 Are you going to attend, I'm not sure

Actual Test

1 해석 M: 뉴욕 센트럴 파크에 가본 적 있니?
W: ＿＿＿＿＿＿＿＿＿＿＿＿＿＿
(a) 응, 우리에겐 큰 주차장이 있어.
(b) 어딜 갔다 왔다고?
(c) 물론이지. 네가 생각하는 것보다 훨씬 커.
(d) 아니, 나도 가지 않았어.

해설 어떤 장소에 가본 경험이 있는지 묻고 있으므로 이에
직접적으로 응답한 (c)가 정답이다.

정답 (c)

2 해석 W: 커피를 더 마셔도 될까요?
M: ＿＿＿＿＿＿＿＿＿＿＿＿＿＿
(a) 예, 제 겁니다.
(b) 고맙습니다만, 전 됐습니다.
(c) 물론이죠. 어서 드세요.

(d) 안 돼요, 어서 드세요.

해설 여자가 커피를 좀 더 마셔도 되는지 묻고 있으므로 허락이나 거절의 응답을 고르면 된다. 한 가지 주의할 점은 Would[Do] you mind로 시작되는 요청문의 경우, 부정어 not 등이 들어간 부정적인 답변이 수락하는 응답이고, yes나 sure, of course 등의 긍정적인 답변이 거절하는 응답이다. 따라서 정답은 (c)가 된다.

정답 (c)

3 **해석** M: 실례합니다. 이 자리 주인 있습니까?

W: ___________________________

(a) 네, 죄송합니다. 하지만 저쪽에 다른 자리가 있네요.

(b) 아니요. 제 친구가 잠시 후에 돌아올 겁니다.

(c) 괜찮습니다. 다음번에요.

(d) 확실해요? 앉으세요.

해설 빈자리에 임자가 있는지 물어봤으므로 있다고 응답한 (a)가 정답이다. (b)는 No라고 해놓고 좀 있다 친구가 돌아올 거라고 했으므로 내용상 모순된다.

정답 (a)

4 **해석** W: 제이슨. 네 여동생 제인이 몇 해 전에 결혼했다고 들었어.

M: 응, 그랬지. 지금 호주에 살고 있어.

W: 네 여동생과 그녀의 남편이 서로 잘 어울리는 거 같니?

M: ___________________________

(a) 아니, 그들의 사업이 잘 안 되고 있어.

(b) 아니, 이웃이랑 사귀는 데 어려움을 겪고 있어.

(c) 응, 걔들은 결혼 궁합이 좋아.

(d) 응, 걔들은 호주를 무척 맘에 들어 해.

해설 여자가 남자의 여동생 부부가 서로 잘 어울리는지 묻고 있으므로 긍정의 응답과 함께 두 사람의 결혼 궁합이 좋다고 덧붙인 (c)가 가장 알맞다.

정답 (c)

5 **해석** M: 실례합니다. 오늘 밤 묵을 1인실 있나요?

W: 물론입니다. 7층에 1인실이 많이 있습니다.

M: 전망은 좋나요?

W: ___________________________

(a) 개인 전용 스파가 딸린 1인실 숙박료는 하룻밤에 70달러입니다.

(b) 유감스럽지만 좋지 않습니다. 상가 건물과 마주하고 있습니다.

(c) 물론입니다. 아침과 인터넷 접속이 포함돼 있습니다.

(d) 물론이죠. 공간이 넓습니다.

해설 have a good view가 무슨 뜻인지 알면 금방 해결할 수 있는 문제다. 남자가 자신이 투숙하게 될 방의 전망이 좋냐고 물어봤으므로 이에 응답한 (b)가 정답이다.

정답 (b)

Warming up

1 해석 W: 와서 도와 줘서 고마워.

  M: 천만에.

  정답 It was sweet of, mention

2 해석 W: 나 시험 망쳤어. 더 열심히 공부했어야 했는데.

  M: 다음번에 더 잘할 수 있을 거야.

  정답 I bombed, You'll be better

3 해석 M: 시험이 며칠 안 남았어.

  W: 함께 공부하는 게 어때?

  정답 around the corner, Why don't we

4 해석 M: 조심해! 바닥이 미끄러워.

  W: 일깨워 줘서 고마워.

  정답 Watch out, reminding me

5 해석 M: 오랜만이야.

  W: 응, 오랜만이다.

  정답 ages, a while

Actual Test

1 해석 M: 쟤을 더 이상 봐줄 수가 없어. 내 신경을 무지 거
      스르게 해.

  W: ____________________________

  (a) 정말 그래. 걔는 정말 짜증나는 인간이야.

  (b) 맞아. 모두가 그를 무척 좋아해.

  (c) 걱정하지 마. 넌 잘해낼 거야.

  (d) 앉는 게 어때?

  해설 남자가 여자에게 제 3의 인물 쟤에 대해서 불만을 토
      로하고 있으므로 남자의 의견에 동조나 반대를 하는
      응답을 골라야 한다. 따라서 정답은 동조를 하고 있는
      (a)다. (b)는 That's right.과 Everyone loves him.
      이 내용상 모순되므로 답이 될 수 없다.

  정답 (a)

2 해석 M: 정말 기분 최고야.

  W: ____________________________

  (a) 미안, 네게 돈을 빌려 줄 수 없어.

  (b) 정말 고마워.

  (c) 그건 쉽지. 은행에 가자.

  (d) 왜 그렇게 기분이 좋은 거야?

  해설 feel like a million bucks의 뜻을 알면 쉽게 풀 수
      있는 문제다. feel like a million bucks는 '기분이
      정말 좋다'는 뜻이므로, 기분이 좋은 이유를 되묻는
      (d)가 가장 알맞은 응답이다. (a)는 million bucks의
      연상 어휘 money를, (b)는 million을 이용한 오답
      함정이다.

  정답 (d)

3 해석 W: 이번 학기에 수강하는 과목이 너무 많아.

  M: ____________________________

  (a) 한 과목 더 듣지 그래?

  (b) 그 과목들 중 하나를 포기하는 게 어때?

  (c) 잃어버린 시간을 만회하는 것이 어때?

  (d) 일자리를 하나 더 구해 보는 게 어때?

  해설 여자가 너무 많은 과목을 수강한 걸 후회하고 있으므
      로 조언이나 위로의 응답이 이어지는 것이 자연스럽
      다. 선택지 4개가 모두 조언을 해주는 응답이지만, 여
      자가 처한 상황에 가장 적절한 조언은 (b)다.

  정답 (b)

4 해석 M: 대한 항공에 전화 주셔서 감사합니다.

  W: 안녕하세요. 내선 번호 351번 부탁드립니다.

  M: 잠시만요. 죄송합니다. 아무도 전화를 받지 않는
      군요.

  W: ____________________________

  (a) 통화 중입니다.

  (b) 자동 응답기가 있습니다.

  (c) 좋아요. 창가 쪽 좌석도 괜찮습니다.

  (d) 알겠습니다. 다시 전화할게요. 감사합니다.

  해설 여자가 항공사 안내데스크 직원인 남자랑 전화 통화를
      하고 있다. 남자가 내선 번호 351번으로 전화 연결을
      했지만, 아무도 전화를 받지 않는다고 했으므로 나중
      에 다시 걸겠다는 (d)가 가장 적절하다.

  정답 (d)

5 해석 W: 몸이 안 좋아 보여. 잠을 제대로 못 잤니?

  M: 실은 인터넷 사용법을 익히느라 밤을 샜어.

  W: 그랬구나. 인터넷에 익숙해지려면 시간이 좀 걸릴
      거야.

  M: ____________________________

(a) 몇몇 사이트에 접속하는 법 좀 가르쳐 줄래?

(b) 난 우리 옆집에 새로 이사 온 이웃과 친해.

(c) 작년 판매 실적 보고서가 어디에 보관돼 있는지 아
    니?

(d) 알아. 이 불면증에서 벗어나고 싶어.

해설 인터넷 사용법을 익히느라 밤을 샜다는 남자에게 익숙
해지려면 시간이 좀 걸린다고 말한 걸로 봐서, 여자는
인터넷 사용법을 잘 알고 있음을 짐작할 수 있다. 따
라서 여자에게 몇몇 사이트에 접속하는 법을 알려 달
라고 한 (a)가 가장 적절하다.

정답 (a)

Warming up

1 An analysis of over 300 interviews found that TV
ads are responsible for children eating too much
sugar, fat and salt.

해석 300건 이상의 인터뷰를 분석한 결과, TV 광고로 인
해 아이들이 지나친 당분, 지방, 그리고 소금을 섭취하
는 것으로 밝혀졌다.

(a) TV가 아이들에게 끼칠 수 있는 해악

(b) 아이들에게 나쁜 영향을 미치는 패스트푸드 광고

해설 들려준 문장의 키워드는 TV가 아니라 TV 광고이며,
이것이 아이들의 건강에 나쁜 영향을 미친다는 내용이
므로 (b)가 정답이다.

정답 (b)

2 You need to use extra caution when you are
riding a motorcycle.

해석 오토바이를 탈 때는 각별히 주의해야 한다.

(a) 오토바이 타는 사람들에게 해주는 안전에 대한 충
    고

(b) 오토바이 규정 검토

해설 오토바이 타는 사람들에게 안전에 주의하라고 충고하
는 문장이므로 (a)가 정답이다.

정답 (a)

3 Lies damage our capacity to think truthfully; they
damage trust; they cut us off from other people.

해석 거짓말은 우리의 진실되게 사고할 수 있는 능력을 해
치며, 거짓말은 신뢰를 무너뜨리고, 다른 사람들로부터
우리를 소외시킨다.

(a) 거짓말의 사회적 기능

(b) 거짓말이 인간의 마음을 해치는 방법

해설 거짓말이 어떻게 인간의 마음에 나쁜 영향을 미치는지
그 예를 구체적으로 나열하고 있으므로 (b)가 정답이다.

정답 (b)

Actual Test

1 **해석** M: 제니퍼, 기분이 썩 좋아 보이지 않구나. 괜찮니?

W: 최악이야.

M: 저런, 무슨 일이지 나한테 얘기해 주겠니?

W: 스프레드시트를 늦게 제출해서 우리 사장한테 엄청 야단맞았어.

M: 정말? 언제까지 내라고 했는데?

W: 어젯밤, 하지만 일의 양이 너무 많아서 마감일을 연장해야 했어.

M: 그럼 지금은 끝난 거니? 아님, 아직도 작업 중이니?

W: 아직 작업 중인데 언제 끝낼 수 있을지 모르겠어.

Q. 화자들은 주로 무엇에 대해 얘기하고 있는가?

(a) 여자가 사무실에 늦은 이유

(b) 여자가 다른 일자리를 찾고 있는 이유

(c) 여자가 어려움을 겪고 있는 이유

(d) 여자가 그녀의 일을 그만둬야 했던 이유

해설 여자가 사장한테 스프레드시트를 늦게 제출해서 혼났고, 일의 양이 많아 아직도 작업 중이라고 하는 걸로 봐서, 여자가 힘든 시간을 보내고 있음을 알 수 있으므로 정답은 (c)가 된다.

정답 (c)

2 해석 M: 밀라노 관광 안내소에 오신 걸 환영합니다. 오늘 무엇을 도와 드릴까요?

W: 아, 안녕하세요. 이 도시에서 어디를 관광하면 좋을지 알려주시겠습니까?

M: 물론입니다. 우선 왜 밀라노를 방문하고 싶으신지 말씀해 주세요.

W: 음, 고대의 건물들을 구경하고 음식을 즐기고 싶어요.

M: 멋지군요. 하지만 브레라 미술관은 꼭 가보세요. 이탈리아 북부에서 가장 큰 박물관 중 하나입니다.

W: 거기에 어떻게 가죠?

M: 근처에 셔틀버스가 있어서 가기가 매우 쉽습니다.

Q. 이 대화에서 일어나고 있는 것은?

(a) 여자가 밀라노에 있는 한 호텔을 예약하고 있다.

(b) 여자가 밀라노의 관광 정보를 얻으려고 하고 있다.

(c) 여자가 밀라노로 패키지 관광을 하고 있다.

(d) 여자가 이탈리아 북부의 관광지로 가는 길을 묻고 있다.

해설 대화 초반부를 통해 여자가 이탈리아 밀라노의 관광 안내소에 들렀으며, 그곳 관광 정보를 얻으려고 하고 있음을 알 수 있으므로 정답은 (b)다.

정답 (b)

3 해석 동경 나리타 공항에서 오후 4시 50분에 출발 예정인 884기편으로 LA에 가시는 모든 승객 여러분들께 알려드립니다. 서울발 연결 항공편이 짙은 안개로 인해 지연된 관계로, 승객 여러분의 비행편이 지연되었습니다. 이제 884기편은 24번 게이트에서 새로운 출발 시각인 오후 6시 20분에 출발 예정입니다. 자세한 사항을 알아보시고 싶으시면, 탑승 수속대에 연락해 보시기 바랍니다. 델타 항공에서는 승객 여러분들께 불편을 끼쳐 드린 점을 사과드리며, 즐거운 여행이 되시길 바랍니다.

Q. 안내 방송의 목적은 무엇인가?

(a) 승객들에게 비행편의 지연을 알리기 위해

(b) 새로운 출발 옵션을 알리기 위해

(c) 연결 항공편을 준비하기 위해

(d) 884기편이 예정대로 출발할 것이라는 걸 확인하기 위해

해설 이런 안내 방송은 특성상 초반부에 그 목적이 언급되는 것이 보통이다. 두 번째 문장을 통해 884기편의 출발이 지연됨을 알리기 위한 방송임을 알 수 있다.

정답 (a)

4 해석 연료 비용 문제와 차량의 가솔린 연소에 의해 야기되는 환경오염 문제로 인해 소비자들과 제조업자들이 점점 새로운 대체 에너지원을 찾고 있습니다. 우리는 이미 도로에서 전기와 수소 에너지의 혼합 에너지를 사용하는 하이브리드 연료 전지 차량을 보는 데 익숙해져 있습니다. 바이오 디젤 차량 역시 싸고 환경 친화적인 대안 차량으로 시장에 진입하고 있습니다. 이 방법은 사용된 식용유를 이용하기 때문에 비용 효율이 매우 높은 것으로 밝혀졌으며, 유해 배기물을 배출하지 않습니다.

Q. 이 뉴스의 주제는 무엇인가?

(a) 도로의 하이브리드 연료 전지 차량

(b) 가솔린 연소로 야기되는 배기물에 대한 대안들

(c) 너무 많은 차를 구매하는 소비자들

(d) 치솟는 기름값

해설 대부분의 뉴스 기사가 그렇듯 첫머리에 주제가 제시돼 있다. 가솔린 연소로 인한 환경오염 문제란 자동차 배기물에 의한 오염을 뜻한다고 볼 수 있다. 또 이를 줄이기 위한 대안으로 하이브리드 연료 전지 차량과 바이오 디젤 차량이 언급되었으므로 정답은 (b)가 된다.

(a)는 지문에 언급은 되었지만 일부 내용에 해당하므
로 주제로는 부적합하다.

정답 (b)

Warming up

1 According to the long-term weather forecast, temperatures of 100 degrees Fahrenheit does not seem to be getting any better.

해석 장기 일기예보에 따르면, 화씨 100도의 기온이 호전될 기미가 전혀 보이지 않는다.

(a) 무더위가 언제 끝날지 알 수 없다.

(b) 더운 날씨에는 바다를 멀리해야 한다.

해설 화씨 100도의 기온이면 더운 날씨임을 알 수 있다. 따라서 100도의 기온이 호전될 기미가 안 보인다는 말은 더위가 끝날 것 같지 않다는 말과 일맥상통하므로 정답은 (a)다.

정답 (a)

2 The latter group who were not given a proper breakfast scored considerably lower than their counterparts.

해석 적절한 아침 식사를 제공받지 못한 뒤의 그룹이 아침 식사를 제공받은 앞선 그룹보다 훨씬 낮은 점수를 받았다.

(a) 성장을 위해 아침을 많이 먹는 것이 적극 권장된다.

(b) 적절한 아침 식사는 아이들의 학업 성적에 영향을 미친다.

해설 scored considerably lower 부분을 통해, 아침 식사가 학업 성적에 영향을 미친다는 것을 시사하는 내용임을 짐작할 수 있으므로 정답은 (b)가 된다.

정답 (b)

3 A group of British psychologists have recently shown that the youngest children in class are more sensitive to stress at school than their older classmates.

해석 최근 한 영국 심리학자 단체에 따르면, 학급에서 가장 어린 아이들이 그들보다 나이가 많은 동급생들보다 학교에서의 스트레스에 보다 민감하다고 밝혀졌다.

(a) 가장 어린 학생들이 겪는 스트레스의 정도는 심각했다.

(b) 학생들의 연령이 스트레스의 정도에 중요한 역할을 한다.

해설 키워드인 stress, youngest children, more sensitive stress, older classmates를 놓치지 않고 들으면 쉽게 답을 찾을 수 있다. 나이가 어린 학생

일수록 학교에서 스트레스를 더 많이 받는다는 내용이
므로 정답은 (b)가 된다.

정답 (b)

Actual Test

1 **해석** M: 유리창에 붙어 있는 몇몇 흥미로운 아파트 광고들
을 봤는데요. 한두 개 볼 수 있을까요?

W: 물론이죠, 자리에 앉으세요. 정확히 어떤 아파트를
찾고 계신가요?

M: 침실이 적어도 두 개 있는 아파트를 찾고 있어요.

W: 아파트나 타운 하우스 중 어떤 것을 더 선호하세
요?

M: 전 아파트가 더 좋습니다. 제 생각엔 아파트가 좀
더 편리한 것 같아요.

W: 맞습니다, 선생님. 가격은 어느 정도 생각하고 계
시나요?

M: 음, 월 2천 달러 이하였으면 좋겠습니다.

W: 이 지역에서 그 가격으로 쉽지는 않을 것 같습니다
만, 한번 찾아보겠습니다.

Q. **대화에 따르면 맞는 것은?**

(a) 남자는 월 2천 달러 넘게 사용하는 것을 도와 주
고 싶어 한다.

(b) 여자는 남자가 원하는 아파트를 살 수 있을지 확
신이 서지 않는다.

(c) 타운 하우스가 아파트보다 더 편리하다.

(d) 남자는 오랫동안 거주할 목적으로 다른 곳을 찾고
있다.

해설 여자의 마지막 대사에서 남자가 원하는 가격대의 아파
트를 구하기 어렵다고 언급하고 있으므로 (b)가 정답
이다.

정답 (b)

2 **해석** M: 안녕, 수. 오랜만이구나!

W: 안녕, 제이크. 그래, 정말 오랜만이다. 어떻게 지내
니?

M: 아주 잘 지내고 있어. 난 지난 2년 동안 한국에 배
치돼 있었어.

W: 네가 군인인 줄 전혀 생각지 못했는걸, 제이크. 난
네가 네 아버지 사업을 거들고 있다고 생각했어.

M: 아니, 난 육군에 입대했고 나한테 잘 맞는 것 같아.

넌 어때?

W: 난 얼마 전에 약혼했어.

M: 정말? 잘됐다! 그 운 좋은 남자는 누구니?

W: 네가 알지 모르겠는데, 크리스라고 매우 멋진 사람
이야.

Q. **대화에 따르면 맞는 것은?**

(a) 남자와 여자는 서로 모르는 사이이다.

(b) 여자는 결혼한 지 2년째이다.

(c) 남자는 지난 2년 동안 군 복무를 했다.

(d) 남자가 여자에게 청혼을 했다.

해설 대화 첫 부분에서 Long time no see!라고 인사한
걸로 보아 둘은 아는 사이라고 볼 수 있다. 또 여자는
결혼을 한 것이 아니라 약혼한 상태이고, 여자와 약혼
한 사람은 대화 중인 남자가 아니라 제 3의 인물이므
로, 정답은 남자의 두 번째 대사를 통해 알 수 있는
(c)가 된다.

정답 (c)

3 **해석** 복지 제도는, 종종 사회 보험으로도 알려져 있는데, 효
과적으로 기능하기 위해 기부와 수령의 시스템에 의존
한다. 봉급을 받는 근로자가 자신의 수입의 일부를 중
앙 기금 관리 공단에 내고 나서 어떤 이유에서건 실직
을 하게 될 경우 같은 액수의 기금을 되돌려 받을 수
있게 된다. 그러나 만약 어떤 한 사람이 실직한 기간
이 늘어나서 기부 금액이 고갈되면 문제가 발생할 수
있다. 이 경우 더 이상 지원을 받을 수 없으며, 최후의
수단으로 식권을 발부받게 된다.

Q. **복지 제도에 관해 맞는 것은?**

(a) 실업자들을 위한 불분명한 자금 공급원이다.

(b) 일시적인 실직 기간 동안 사람들이 대처해 나가도
록 도와준다.

(c) 주로 봉급을 받는 근로자들을 원조하기 위한 것이
다.

(d) 휴가 휴양지에서 식비를 지불해 준다.

해설 실직한 기간이 연장되어 기금이 고갈될 경우엔 더 이
상 지원을 받을 수 없다고 언급되어 있으므로, 일시적
인 실직 기간에 한하여 지원해 주는 제도로 볼 수 있
다. 따라서 정답은 (b)가 된다.

정답 (b)

4 **해석** 오토바이 소유자들은 자신들의 교통수단이 다른 사람

들의 교통수단보다 더 뛰어나다고 확신한다. 오토바이
는 자동차나 트럭보다 가격이 쌀 뿐만 아니라 보험료
도 더 저렴하다. 많은 도시에서 오토바이는 차선을 나
눠 쓸 수 있는데, 이는 오토바이가 교통이 정체되어
있을 때 자동차들 사이로 지나갈 수 있다는 것을 의미
한다. 오토바이가 일반 자동차보다 연비가 더 좋다는
것은 말할 것도 없다.

Q. 오토바이를 타는 것의 이점으로 언급되지 않은 것
은?

(a) 초기에 구입하는 것이 비용이 덜 든다.

(b) 보험료를 많이 지불하지 않아도 된다.

(c) 자동차보다 연료 효율이 더 좋다.

(d) 더 빠르고 환경 친화적이다.

해설 오토바이가 다른 교통수단에 비해 구입 가격이 싸고,
보험료가 더 저렴하고, 자동차보다 연비가 뛰어나다는
언급은 있지만, 더 빠르고 환경 친화적이라는 것은 언
급돼 있지 않다. 따라서 정답은 (d)다.

정답 (d)

Chapter 06 Social Life

Warming up

1 해석 W: 안녕, 잭. 그동안 뭐하고 지냈니?

M: 특별한 거 없었어.

정답 What have you been, Nothing special

2 해석 W: 브라운 씨를 소개할게요.

M: 만나서 반갑습니다. 브라운 씨.

정답 May I introduce, Pleased to meet you

3 해석 M: 나랑 영화 보러 갈래?

W: 그러고 싶어.

정답 Would you like to go, I'd love to

4 해석 W: 신입사원 어떻게 생겼어?

M: 그의 아버지를 빼다 박았어.

정답 What is the newcomer, a carbon copy

5 What do you say to going shopping this afternoon?

해석 오늘 오후에 쇼핑 가는 게 어때?

정답 O

6 How come your daughter is looking at me?

해석 당신 딸이 왜 절 쳐다보는 거죠?

정답 O

7 I really had a great sleep last night.

해석 어젯밤에 정말 잘 잤어.

정답 X

Actual Test

1 해석 W: 마크, 오랜만이다. 어떻게 지냈어?

M: ___________________________

(a) 만나서 반가워.

(b) 버스 타고 갔어.

(c) 천만에.

(d) 좋아.

해설 안부를 물었으므로 이에 응답한 (d)가 정답이다.
Can't complain.은 직역하자면, '불평할 수 없다'란
뜻으로, '좋다', '그럭저럭 잘 지내고 있다' 정도의 뉘

앙스를 주는 표현이다.

정답 (d)

2 **해석** M: 그것에 대해 정말 죄송합니다, 고의가 아니었습니다.

W: ________________________

(a) 제 기쁨입니다.

(b) 천만에요.

(c) 괜찮아요.

(d) 문제 있나요?

해설 사과를 하고 있으므로 이를 받아들이는 (c)가 정답이다. 사과에 대한 응답으로는, That's okay[all right], No problem, Never mind. 등이 대표적이다. (a)와 (b)는 감사에 대한 응답이다.

정답 (c)

3 **해석** M: 무슨 일이니, 레베카?

W: 일 때문에 눈코 뜰 새 없이 바빠. 넌 어때?

M: 지금은 특별한 거 없어. 우리 간단하게 뭐 좀 먹지 않을래?

W: ________________________

(a) 그것에 대해 사과하고 싶어.

(b) 미안한데, 다음 기회로 하면 안 될까?

(c) 나도 모기한테 물렸어.

(d) 고마워. 멋진 식사였어.

해설 남자가 간단하게 간식을 먹으러 가자고 제안하고 있으므로 이를 수락하거나 거절하는 응답이 적절하다. 따라서 다음 기회로 미루자는 (b)가 가장 자연스럽다.

정답 (b)

4 **해석** M: 있잖아! 제키가 토요일 저녁 식사에 우리를 초대했어.

W: 멋지다! 그녀를 위해 와인 한 병과 스낵들을 가져가도록 상기시켜 줘.

M: 그럴게. 개를 데려가도 될까?

W: ________________________

(a) 내 생각엔 와인과 스낵들만으로도 충분할 거야.

(b) 그녀에게 전화해서 물어봐.

(c) 그녀가 매우 친절하다는 거 알아.

(d) 네가 선물을 가져오길 그녀가 바랄 거라고 생각지 않아.

해설 남자가 그들을 초대한 제키 집에 개를 데려가도 그녀가 괜찮다고 할지 여자에게 의견을 묻고 있으므로, 제

키에게 전화해서 물어보라고 제시한 (b)가 가장 적절한 응답이다. (a)는 여자의 첫 번째 대사에 나온 말을 이용한 오답 함정이다.

정답 (b)

5 **해석** W: 왜 그렇게 시무룩하니, 제임스?

M: 넌 믿지 않겠지만, 캐시, 나 운전면허 시험에 또 떨어졌어.

W: 농담하니? 이번엔 뭐가 잘못된 거야?

M: 글쎄, 시험관이 말하길 코너를 돌 때 차선을 위반했대.

W: 이번엔 교습을 충분히 받았다고 생각했는데.

M: 그랬지, 근데 잠깐 자제력을 잃어서 실수하고 말았어.

W: 그럼 다시 응시할 수는 있는 거야?

M: 아니, 6개월 동안은 응시할 수 없대!

Q. 남자는 왜 운전 시험에 떨어졌는가?

(a) 차가 막혔다.

(b) 코너를 잘못 돌았다.

(c) 시험관이 면허를 내주지 않았다.

(d) 두 번째 코너를 정확히 돌지 못했다.

해설 남자의 두 번째 대사에 코너를 돌 때 차선을 위반했다고 언급되어 있으므로 정답은 (b)가 된다. (d)는 남자의 세 번째 대사에 나오는 another의 연상 어휘인 second를 이용한 오답 함정이다.

정답 (b)

Warming up

1 May I speak to Ann Brown, please?
정답 3

2 Sorry, the lines are massed up right now.
정답 5

3 Would you like to leave a message?
정답 2

4 I'm afraid that the line is engaged.
정답 1

5 You must have the wrong number.
정답 4

Actual Test

1 해석 W: 여보세요, 크리스나 단과 통화할 수 있을까요?
   M: _______________________
   (a) 메모를 남겨도 될까요?
   (b) 우린 서로 안면이 있어요.
   (c) 죄송하지만, 둘 다 자리에 없는데요.
   (d) 당신과 대화하게 되어 영광입니다.
해설 크리스나 단을 바꿔 달라고 부탁하고 있으므로 둘 다
   자리에 없다고 응답한 (c)가 정답이다.
정답 (c)

2 해석 M: 안녕하세요. 제 이름은 존 윌리엄스이고, 뉴욕에
   계시는 저의 아빠께 수신자 요금 부담 전화 통화를
   하고 싶습니다.
   W: _______________________
   (a) 죄송합니다만, 앤더슨 씨는 사무실에 안 계십니다.
   (b) 아버지 성함과 전화번호가 어떻게 되죠?
   (c) 교환원의 도움이 필요하세요?
   (d) 문제없어요, 어서 하세요.
해설 남자가 수신자 요금 부담 전화 통화를 원하고 있다.
   여자는 교환원이라고 볼 수 있으므로 전화 받을 사람
   의 이름과 전화번호를 물어볼 것임을 예상할 수 있다.

따라서 정답은 (b)다. (d)는 수신자 부담 전화는 교환
원이 연결해 줘야 가능한데 go ahead라는 표현이
들어가서 어색하다.
정답 (b)

3 해석 M: 여보세요, 파머 씨랑 통화하고 싶은데요. 그분 통
   화 가능한가요?
   W: 지금 회의 중이십니다. 전할 말씀 있으신가요?
   M: 네, 전 그레그 마틴입니다. 저한테 전화 좀 해달라
   고 전해 주세요.
   W: _______________________
   (a) 죄송합니다. 파머 씨는 지금 전화를 받을 수 없습
   니다.
   (b) 그의 휴대폰으로 걸어보셨나요?
   (c) 제가 늦어서 그러는데 나중에 얘기해도 될까요?
   (d) 물론이죠. 파머 씨가 전화할 수 있도록 전화번호를
   알려주시겠어요?
해설 남자가 여자에게 파머 씨에게 전화를 해달라고 전해
   줄 것을 요청하고 있으므로 이를 수락한 (d)가 정답이
   다.
정답 (d)

4 해석 M: 오렌지 네트워크의 앤드류입니다. 무엇을 도와 드
   릴까요?
   W: 저희 집에 유선 전화를 설치하고 싶습니다.
   M: 좋습니다, 다른 서비스와 관련하여 저희 계정을 갖
   고 계신 게 있으신가요?
   W: 네, 휴대폰 계정을 갖고 있어요.
   M: 알겠습니다, 제가 고객님의 휴대폰 번호를 찾아 지
   금 그 계정 정보를 보고 있습니다.
   W: 그럼 수요일 4시쯤에 사람을 보내 주시겠어요?
   M: 네, 스케줄이 잡히는 대로 고객님의 휴대폰으로 확
   인 전화 드리겠습니다.

   Q. 무엇에 관한 대화인가?
   (a) 여자가 보유하고 있는 두 개의 계정
   (b) 회사가 여자에게 신용을 연장해 줄 기회
   (c) 여자가 설치하고 싶어 하는 전화 모델
   (d) 여자의 새로운 전화 설치를 위한 시간 약속
해설 여자가 유선 전화 설치를 위해 전화 회사 직원과 약속
   시간을 잡고 있으므로 정답은 (d)다.
정답 (d)

5 **해석** 그리피스 대학 골드 코스트 캠퍼스에 전화 주셔서 감
사합니다. 통화를 원하시는 학과의 내선 번호를 알고
계시면, 전화번호를 입력한 후 우물 정자를 눌러 주십
시오. 내선 번호를 모르시면, 끊지 말고 기다려 주십시
오. 상담원과 곧 연결될 것입니다. 15분 정도의 대기
시간이 소요될 것으로 예상됩니다. 전화가 걸려 온 순
서대로 답변을 드리므로 전화를 끊지 마십시오.

Q. 메시지에 따르면 맞는 것은?

  (a) 그리피스 대학 골드 코스트 캠퍼스는 주말에 문을
     열지 않는다.

  (b) 내선 번호를 모르면 전화를 끊어야 한다.

  (c) 우물 정자를 누르면 학과로 연결될 것이다.

  (d) 끊지 않고 기다리면 진짜 사람과 연결될 것이다.

해설 한 대학의 자동 응답기에 녹음된 메시지를 듣고 진위
를 파악하는 문제. 세 번째 문장에 언급된 내용으로
보아 정답은 (d)다. (b)는 메시지의 내용과 정반대되는
내용이며, (c)는 우물 정자만 눌러서 원하는 학과에 연
결되는 것이 아니라, 내선 번호를 누르고 난 후 우물
정자를 눌러야 하므로 역시 오답이다.

정답 (d)

Chapter 08
Shopping/Restaurant/Hotel/Travel

Warming up

1 Excuse me, but are you being served?
  해석 실례합니다만, 도와 드릴까요?
  정답 (b)

2 I'm looking for a pet for my daughter.
  해석 딸에게 줄 애완동물을 찾고 있습니다.
  정답 (a)

3 That's a rip-off!
  해석 완전 바가지야!
  정답 (a)

4 Sorry, this restaurant is closed for the day.
  해석 죄송합니다. 이 식당은 오늘 휴무입니다.
  정답 (b)

5 We will go fifty-fifty on our meal.
  해석 밥값을 반반씩 낼 겁니다.
  정답 (a)

Actual Test

1 **해석** W: 실례합니다, 남성 세미 정장을 찾고 있는데요.
    M: ___________________________
    (a) 네, 부인. 현재는 재고가 없습니다.
    (b) 네, 부인. 이쪽에 많은 세미 정장들이 있습니다.
    (c) 저희 남성 정장은 이번 달에 할인됩니다.
    (d) 문제없습니다. 그냥 계산대에서 지불하세요.
  해설 여자가 남성용 세미 정장을 찾고 있다고 말했으므로,
세미 정장들이 있는 쪽으로 안내하는 (b)가 적절한 응
답이다. men's suits 때문에 (c)를 정답으로 착각할
수 있으나 여자가 원하는 것은 semi-formal men's
suit이기 때문에 맞지 않다.
  정답 (b)

2 **해석** M: 스테이크를 어떻게 요리해 드릴까요?
    W: ___________________________
    (a) 접시에 피가 묻을 정도로 설익힌 건 싫습니다.

(b) 배고프니 가능한 빨리 좀 해주세요.

(c) 이번엔 중간 정도로 익혀 주세요. 저번엔 좀 질겼어요.

(d) 네, 저는 여기 스테이크를 정말 좋아합니다.

해설 스테이크를 얼마나 익혀 주길 원하는지 묻고 있으므로 중간 정도로 익혀 달라고 응답한 (c)가 정답이다.

정답 (c)

3 **해석** M: 안녕하세요, 고객 서비스 센터 담당 직원과 통화하고 싶습니다.

W: 네, 고객님. 전화하신 곳이 고객 서비스 센터이고, 저는 레이첼입니다. 무엇을 도와 드릴까요?

M: 지난주에 MP3 플레이어를 샀는데 충전할 때마다 자료가 지워져요.

W: ___________________________

(a) 알겠습니다, 고객님. 교환 상품을 이미 받으셨습니까?

(b) 수리비가 얼마 정도 나올까요?

(c) 끝나면 여기로 오셔야 할 겁니다.

(d) 알겠습니다, 고객님. 인적사항에 대해 알려주시면 저희가 점검해 보겠습니다.

해설 남자가 자신이 구입한 MP3 플레이어의 결함이 무엇인지를 구체적으로 밝혔으므로 점검, 수리, 환불, 교환 등과 관련된 내용의 응답이 이어져야 적절하다. 따라서 정답은 (d)가 된다.

정답 (d)

4 **해석** W: 안녕하세요. 이번 주말에 쓸 방을 하나 예약하고 싶습니다.

M: 네, 손님. 일행이 몇 분이십니까?

W: 네 명이요. 가족입니다.

M: 좋습니다. 방은 몇 개가 필요하시죠?

W: 아이들이 어려서 함께 지내려고 합니다.

M: 2인용 침대 두 개가 있는 큰 방 하나가 어떻겠습니까?

W: 그거 좋군요. 아, 방에서 인터넷 되나요?

M: 네, 손님. 물론 무료입니다. 손님 성함만 알려주시면 모든 준비가 다 끝납니다.

Q. 대화에 따르면 맞는 것은?

(a) 남자는 예약을 하고 있다.

(b) 남자와 여자가 어디에 투숙할지 얘기를 하고 있다.

(c) 남자는 방 두 개를 권하고 있다.

(d) 여자는 인터넷 사용에 대해 추가 요금을 지불할 필요가 없다.

해설 남자는 호텔 직원이고, 여자는 방을 예약하려는 손님이다. 남자의 마지막 대사에 나오는 complimentary라는 단어를 통해 방에서의 인터넷 사용이 무료임을 알 수 있으므로 정답은 (d)다. (c)는 남자는 2인용 침대가 두 개인 큰 방 하나를 권하고 있으므로 맞지 않다. 또 남자와 여자가 얘기하고 있는 것은 어떤 방을 몇 개 예약할지에 대한 것이지, 어디에 투숙할 것인지에 대한 것이 아니므로 (b) 역시 오답이다.

정답 (d)

5 **해석** SS 머메이드 호에 승선하신 것을 환영합니다. 선실을 찾으신 후 짐을 푸시기 바랍니다. 항구를 떠나기 전에 탈출 통로와 안전 출구를 포함한 갑판과 선실에서의 모든 안전 예방책들을 유념해 주십시오. 특히, 구명조끼의 위치를 알고 있는 것이 중요합니다. 그리고 나서 위쪽의 갑판으로 올라가셔서 구명정에 타는 시범을 관람하십시오.

Q. 이 안내 방송의 주요 목적은 무엇인가?

(a) SS 머메이드 호의 역사에 대한 발표를 하기 위해

(b) 승객들에게 비상시에 필요한 정보를 제공하기 위해

(c) 승객들이 구명조끼를 입고 있도록 설득하기 위해

(d) 승객들에게 안전 출구 찾는 법을 보여 주기 위해

해설 배 위에서의 안전 예방책에 주의를 기울일 것을 부탁하고 있고, 탈출 통로와 구명조끼의 위치 파악, 위쪽 갑판에 올라가서 구명정에 타는 시범을 관람할 것 등이 언급된 점으로 보아 (b)가 정답임을 알 수 있다.

정답 (b)

Warming up

1 You look pale this morning. How come?
해석 오늘 아침 안색이 안 좋아 보여. 왜 그래?
　　　(a) 지난밤에 한숨도 못 잤어요.
　　　(b) 제가 잘못 판단했어요.
정답 (a)

2 I feel under the weather.
해석 몸이 좋지 않아.
　　　(a) 곧 회복되길 바래.
　　　(b) 오늘 날씨가 나빠 보여.
정답 (a)

3 You seem to have lost a lot of weight.
해석 너 살이 많이 빠진 것 같아.
　　　(a) 좋아, 널 기다릴게.
　　　(b) 매일 운동을 하고 있어.
정답 (b)

4 The baby's choking!
해석 아기가 사레가 들었어!
　　　(a) 오 맙소사! 소아과 의사를 부를게.
　　　(b) 곧 회복되길 바래.
정답 (a)

5 I'm coming down with something today.
해석 오늘 왠지 몸이 좋지 않아.
　　　(a) 그 얘기를 들으니 기쁘다.
　　　(b) 병원에 가봐.
정답 (b)

Actual Test

1 **해석** M: 쉬! 너 참 건강해 보여. 어떻게 건강을 유지하니?
　　　　　W: ______________________________
　　　　　(a) 응, 그걸 끝내려고 열심히 노력하고 있어.
　　　　　(b) 매일 운동하고, 먹는 것에 주의하고 있지.
　　　　　(c) 고마워. 명심할게.
　　　　　(d) 맞아. 아름다운 광장이야.
　　　해설 남자가 여자에게 건강해 보인다고 칭찬을 하면서 건강

을 유지하는 비결을 묻고 있으므로 그 비결을 말한
(b)가 정답이다.
정답 (b)

2 **해석** M: 나 요즘 몸이 너무 안 좋은 거 같아.
　　　　　W: ______________________________
　　　　　(a) 잠을 푹 자도록 해봐.
　　　　　(b) 여기 내 우산 가져가. 여분이야.
　　　　　(c) 그 같은 스트레스를 받는 건 쉽지 않아.
　　　　　(d) 맞아, 날씨가 맑을 거라고 예보했어.
　　　해설 남자가 몸이 너무 안 좋다고 말했으므로 잠을 푹 자보
라고 충고하는 (a)가 정답이다. 나머지 선택지들은 모
두 남자의 대사에 나온 단어들을 이용한 오답 함정이
다.
정답 (a)

3 **해석** W: 내 생각에 당신은 콜레스테롤 섭취를 줄여야 해요.
　　　　　M: 무슨 소리에요. 이건 단지 버터크림 도넛이라구요.
　　　　　W: 가끔은 괜찮지만, 당신은 먹는 것에 신경 써야 해
요.
　　　　　M: ______________________________
　　　　　(a) 도넛을 좀 먹어 봐요.
　　　　　(b) 알았어요. 당신 아이들을 봐 드릴게요.
　　　　　(c) 걱정해 줘서 고맙지만, 나도 먹는 것에 주의하고
있거든요.
　　　　　(d) 채식주의자가 되기 전에 난 콜레스테롤 수치가 높
았어요.
　　　해설 여자가 도넛을 먹고 있는 남자에게 다이어트에 신경
쓰라고 충고하고 있다. 따라서 이에 대한 긍정 또는
부정의 응답이 이어져야 자연스럽다. 정답은 (c)로, 여
자의 충고를 잔소리로 받아들여 신경질적인 반응을 보
이고 있다.
정답 (c)

4 **해석** M: 제인, 네 엄마에 대해 의사가 뭐라고 그래?
　　　　　W: 엄마가 유방암 진단을 받으셨대.
　　　　　M: 오, 이런! 너 어쩔 거니?
　　　　　W: ______________________________
　　　　　(a) 응, 긴 수술을 받으셨어.
　　　　　(b) 다른 의사의 의견을 물어볼 거야.
　　　　　(c) 피부암은 미국에서 가장 심각한 암이야.
　　　　　(d) 의사말로는 내가 위암에 걸렸대.
　　　해설 어머니가 유방암 진단을 받은 여자에게 남자가 어떻게

할 것인지를 묻고 있다. 따라서 다른 의사의 의견을
물어볼 거라고 응답한 (b)가 가장 적절하다.

정답 (b)

5 **해석** M: 안녕 신디, 너희 어머니가 수술을 받으셨다고 들었
　　　어. 좀 어떠시니?
　　W: 오, 안녕 잭. 지금은 회복 중이셔서 좀 더 두고 봐
　　　야 해.
　　M: 상태가 심각하지 않았으면 좋겠다.
　　W: 다행히 상태가 꽤 좋으셔. 하지만 오랜 마취로 힘
　　　드셨나 봐.
　　M: 걱정 마. 어머니께 행운을 빌어줄게.
　　W: 고마워. 좋아지시면 전화할게.

　Q. 화자들은 무엇에 대해 이야기하고 있는가?
　　(a) 여자의 엄마의 장기 투약
　　(b) 의사가 여자의 어머니에게 준 약의 부작용
　　(c) 환자의 현재 상태 하에서의 수술의 어려움
　　(d) 수술 이후 여자의 엄마의 건강 상태
해설 대화 첫 부분을 놓치지 않고 잘 들으면 답을 쉽게 찾
　　을 수 있다. 여자 어머니의 수술 후 상태에 대한 얘기
　　를 나누고 있으므로 정답은 (d)다.

정답 (d)

Chapter 10　Weather and News

Warming up

1 **해석** 최근 연구를 보면, 멕시코인 거의 90%가 카페인에 중
　　독되어 있다고 합니다.
　정답 The latest study shows, are addicted to

2 **해석** 연해의 오염이 더욱더 심각해지고 있습니다.
　정답 The pollution of the coastal water

3 **해석** 주간 일기예보에 따르면 주말 내내 대체로 맑은 날씨
　　가 계속될 것입니다.
　정답 extended forecast

4 **해석** 캐나다의 남동부 지역은 최근 심한 폭풍우가 몰아치고
　　있습니다.
　정답 heavy thunderstorms

5 **해석** 십대 비만은 요즘 영국에서 큰 문제가 되고 있습니다.
　정답 Teenage obsession with weight

Actual Test

1 **해석** M: 축하해요! 첫 아이를 갖게 되어 기쁘시겠어요.
　　W: _______________________
　　(a) 걱정하지 마세요. 그렇게 심각해 보이진 않아요.
　　(b) 그들에게 그 소식을 전할 건가요?
　　(c) 고마워요. 내년 1월에 출산 예정이에요.
　　(d) 고마워요. 저도 승진하게 되어 기뻐요.
해설 여자가 첫 아이를 임신한 것에 대해 남자가 축하를 해
　　주고 있으므로 이에 답례하며 출산 예정일을 말해 주는
　　(c)가 정답이다.

정답 (c)

2 **해석** W: 들었니? 많은 회사들이 사람들을 정리 해고할 거래.
　　M: _______________________
　　(a) 응, 경제 성장의 징후인 것 같아.
　　(b) 응, 곧 더 많은 노동자들이 해고될 거야.
　　(c) 내겐 좋은 소식이군.
　　(d) 왜 나한테 말하지 않았니?

해설 많은 회사들이 노동자들을 정리 해고할 거라는 소식에 대한 남자의 적절한 응답을 고르는 문제로, 곧 더 많은 노동자들이 해고될 거라고 말한 (b)가 가장 자연스럽다. 이런 평서문에 대한 응답은 간접 응답이 너무나 다양하기 때문에, 정형화된 답을 예상하기보다는 선택지를 주의 깊게 들으면서 하나씩 소거해 나가는 것이 요령이다.

정답 (b)

3 해석 M: 주말에 톰에게 무슨 일이 있었는지 들으면 놀랄걸.
W: 듣고 있어, 말해 봐.
M: 주(州) 복권에서 1등에 당첨됐어.
W: ___________________________
(a) 그가 왜 그랬을까? 궁금해.
(b) 뿌린 대로 거둔 거지.
(c) 농담 아니야, 그가 정말 그랬다니까.
(d) 와, 그럼 충격에 빠질걸.

해설 It couldn't have happened to a nicer[better] guy.는 주로 좋은 일에 대해 축하할 때 사용하는 표현이다. 직역하자면 '그런 일이 탐보다 더 좋은 사람에게 일어날 수는 없었을 것이다' 정도의 뜻으로, 탐이 복권에 당첨된 것은 어쩌면 당연한 것이고, 당첨될 자격이 충분하다는 뜻을 우회적으로 표현한 응답이다. 좀 더 쉬운 표현으로 '그는 그럴 만한 자격이 있어'라는 뜻의 He deserves it.도 자주 쓰인다.

정답 (b)

4 해석 M: 정말 꿀꿀한 날이군. 한 주가 이렇게 시작되는 게 싫어.
W: 무슨 말인지 알아. 더군다나 그렇게 멋진 주말 다음엔 말이지.
M: 일기예보를 봤는데 이번 주말쯤엔 날씨가 화창 거래.
W: ___________________________
(a) 응, 다음주가 더 나을 거야.
(b) 응, 나 몸이 안 좋아.
(c) 지난 주말에도 계획을 세웠었지.
(d) 다행이네, 그렇지 않니?

해설 주말쯤엔 날씨가 좋을 거라는 일기예보를 들었다는 남자의 말에 이어질 적절한 응답을 고르는 문제다. 날씨가 좋을 거라는 예보는 이 두 남녀에게 다행이고, 좋은 소식이므로 (d)가 가장 알맞다.

정답 (d)

5 해석 멕시코만 지역의 기상 예보관들은 주민들이 때 이른 폭풍 시즌에 대비해야 한다고 제안하고 있습니다. 모든 지표들에 따르면 기상 조건이 허리케인이 발생하기에 최적인 상황입니다. 이 지표들은 현재까지 지속되는 평균 이상의 기온을 수반한 대기 중의 저기압을 포함하고 있습니다. 열대성 공기가 들어옴에 따라, 다음 주부터 시작하여 이번 여름에는 최대 15건의 열대성 폭풍이 예상됩니다.

Q. 방송 보도에 따르면 맞는 것은?
(a) 기상 예보관들은 눈보라 칠 것이라고 생각한다.
(b) 허리케인은 예측 불가능하다.
(c) 폭풍 시즌이 보통 때보다 일찍 시작될 수 있다.
(d) 올해는 열대성 폭풍이 발생할 가능성이 없다.

해설 폭풍 시즌이 예년보다 일찍 시작될 것으로 예상된다고 말했으므로 정답은 (c)다. 지문에 언급된 저기압과 평균보다 높은 기온은 허리케인이 발생하기 쉬운 기상 조건들에 해당되므로 (b)는 정답이 될 수 없다.

정답 (c)

Grammar

Chapter 01 시제

Exercise 1

1 해석 나는 내일 미국으로 떠난다.

해설 미래를 나타내는 부사 tomorrow와 어울리는 시제를 골라야 한다. 개인의 일정은 현재진행형으로 미래를 나타낼 수 있다.

정답 am leaving

2 해석 이 연속극은 다음주 금요일에 끝난다.

해설 부사 next Friday로 보아 미래시제를 골라야 한다. 사회적 약속, 일정, 시간표 등은 현재시제로 미래를 나타낼 수 있다.

정답 ends

3 해석 죠셉이 돌아오면, 난 그를 보러 갈 것이다.

해설 시간 부사절에서는 미래의 일일지라도 현재형으로 표현한다.

정답 comes

4 해석 10년 후에 한국이 어떻게 될지 누가 알겠는가?

what 이하의 절은 동사 know의 목적어로 쓰인 명사절이다. 명사절에서는 현재형이 미래를 대신하지 않으므로 will become이 알맞다.

정답 will become

5 해석 선생님께서는 지구가 태양 주위를 돈다고 우리에게 말씀하셨다.

해설 진리나 일반적인 사실은 시제 일치의 예외로, 주절 동사의 시제와 상관없이 현재형으로 쓴다.

정답 goes

6 해석 머지않아 곧 봄이 올 것이다.

해설 접속사 before가 이끄는 시간 부사절이므로 현재형이 미래를 대신한다.

정답 comes

7 해석 너 아빠가 집에 돌아오실 때까지 식사를 마치는 게 좋을 거야.

해설 접속사 by the time 역시 시간 부사절을 이끄므로 정

답은 (b)다.

정답 (b)

8 해석 A: 제 형제들을 만날 수 있나요?

B: 예상치 못한 사고가 없는 한, 내일쯤 만날 수 있을 거예요.

해설 접속사구 As long as는 조건 부사절을 이끈다. 조건 부사절에서도 현재형이 미래를 대신하므로 정답은 (a)다.

정답 (a)

Exercise 2

1 해석 대부분의 사람들은 보통 그 시절에는 어린 나이에 결혼을 했다.

해설 시간 부사구 in those days가 있으므로 과거형이 알맞다.

정답 married

2 해석 그들은 지금 거리에서 싸우고 있다.

해설 부사구 at the moment는 now와 같은 의미로, 현재진행형과 어울린다.

정답 are fighting

3 해석 이 집은 나의 것이다.

해설 소유나 소속을 뜻하는 동사는 진행형을 쓸 수 없다.

정답 belongs

4 해석 실례합니다. 접착제 있나요?

해설 have가 '가지다' 라는 소유의 뜻으로 쓰인 경우엔 상태 동사로 간주되기 때문에 진행형을 쓸 수 없다.

정답 do you have

5 해석 나는 캐서린이 지금 뭘 하고 있는지 알고 있다.

해설 know는 상태 동사로 진행형을 쓸 수 없다.

정답 know

6 해석 누군가가 문에 노크를 하고 있어. 누가 왔는지 나가 볼래?

해설 두 번째 문장을 통해 누군가가 현재 문을 두드리고 있음을 알 수 있으므로 현재진행형이 알맞다.

정답 is knocking

7 해석 우리는 다음주에 런던으로 떠난다.

해설 next week은 미래 부사이므로 미래시제가 알맞다. 개인의 일정은 현재진행형으로 미래를 나타낼 수 있다.

정답 are leaving

8 해석 엄마가 전화 통화를 하는 동안, 아이들이 울기 시작했다.

해설 과거의 두 동작 중 긴 동작은 과거진행형으로, 짧은 동작은 단순 과거형으로 쓴다. 엄마가 전화 통화를 하는 동작과 아이가 울기 시작한 동작 중에서, 전화 통화가 아이가 울기 시작한 동작보다 더 일찍 시작되었고, 더 긴 동작이자 배경이 되는 사건이므로 과거진행형을 써야 하고, 아이들이 울기 시작한 동작은 짧은 동작이므로 과거형으로 나타낸다.

정답 was talking, started

9 해석 오두막 뒤에 토끼 한 마리가 보여. 지금 풀을 먹고 있어.

해설 동사 see가 의지와는 상관없이 '~가 보이다'로 해석될 경우엔 진행형으로 쓰지 않는다. 따라서 현재 풀을 먹고 있는 것이 보이는 것이므로 see가 알맞다.

정답 (a)

Exercise 3

1 해석 이 일을 끝내자마자, 우리는 집에 갈 것이다.

해설 접속사구 as soon as는 시간 부사절을 이끌며, 시간 부사절에서는 현재시제가 미래시제를 대신하므로 finish가 알맞다.

정답 finish

2 해석 파머는 오늘 이기적이다. 그는 평소에는 그렇지 않다.

해설 늘 그런 것이 아니라, 일시적인 상태를 표현할 경우엔 「be being + 형용사」 형태를 사용한다. Palmer is selfish.라고 하면 '항상 이기적이다'라는 뜻이 된다.

정답 is being

3 해석 네일이 학교에 도착했을 때쯤 발표는 이미 시작된 상태였다.

해설 네일이 학교에 도착한 것보다 발표가 시작된 것이 먼저이므로 과거완료형이 알맞다.

정답 had already begun

4 해석 내가 제니를 만났을 때, 그녀는 아픈 지 3일째였다.

해설 과거의 특정 시점(met)을 기준으로 그 이전부터 그 시점까지 있었던 상태(ill)의 지속기간(for three days)을 강조하고 있으므로 과거완료형을 쓴다.

정답 had been

5 해석 여보, 당신이 장시간 운전을 했으니까, 이제 내가 잠깐 운전할게요.

해설 과거에 시작해서 지금까지 진행된 동작의 지속기간(for many hours now)을 강조하고 있으므로 현재완료진행형을 쓴다.

정답 have been driving

6 해석 윌리엄 씨는 내가 지금껏 만났던 선생님들 중 최고의 선생님이다.

해설 관계대명사절의 수식을 받는 선행사가 최상급에 의해 수식을 받는 경우 관계사절의 동사는 과거로부터 현재까지 누적된 결과를 표현하는 것이므로 현재완료형을 쓴다.

정답 have ever met

7 해석 난 여기에 오기 전에 적어도 10년 동안 한국에서 공부를 했었어.

해설 과거의 특정 시점(came here)을 기준으로 그 시점 이전에 시작된 동작(study)이 그 특정 시점까지의 지속기간(for ten years)을 강조하고 있으므로 과거완료진행형을 쓴다.

정답 had been studying

8 해석 파리행 비행기가 아직 도착하지 않았다. 나는 그 비행기가 언제 도착할지 궁금하다.

해설 접속사 when이 무조건 시간 부사절만 이끄는 것은 아니다. 여기서 when 이하는 동사 wonder의 목적어에 해당되므로 부사절이 아니라 의문 명사절이다. 명사절에서는 「will + 동사원형」으로 미래를 나타낸다.

정답 will come

9 해석 언제 그녀를 공원에서 만났니?

해설 의문부사 when은 현재완료형과 함께 쓸 수 없다.

정답 did you meet

10 **해석** 그녀는 여기 온 이래로 새 아파트로 세 번 이사했다.

해설 과거의 특정 시점 이후로 지금까지의 동작이 누적된 횟수를 표현하는 시제는 현재완료. 특히 since가 '~ 이래로'의 뜻을 가진 전치사나 접속사로 사용된 경우 주절의 동사 형태는 현재완료나 현재완료진행형이 오는 것이 보통이다.

정답 (c)

11 **해석** 영국 사람들은 아침 식사 때 거의 말을 하지 않는다고 들었다.

해설 주절의 동사가 was told로 과거형일 경우엔 that 종속절의 동사 형태도 시제 일치의 원칙에 따라 과거나 과거완료형이 오는 것이 일반적이지만, 불변의 진리나 사실, 습관 등은 시제 일치의 예외로 현재형을 쓴다. 참고로, 과거에는 존재했지만 더 이상 존재하지 않거나 유효하지 않는 사실, 습관은 과거형을 사용하기도 한다.

정답 (a)

12 **해석** A: 오늘 뭐 할 거니?
B: 집에서 쉬고 싶어. 어제 막 도착했거든.

해설 yesterday가 명백한 과거 부사이므로 단순 과거형이 알맞다.

정답 (d)

13 **해석** A: 신디를 하루 종일 찾고 있는데 못 찾겠어.
B: 도서관에 갔을 거야. 중간고사가 곧 시작되잖아.

해설 과거에서 현재까지 이어진 동작의 지속기간(all day)을 강조하므로 현재완료진행형이 알맞다.

정답 (d)

14 **해석** A: 오늘 밤에 뭐 계획 있니?
B: 설거지 끝내고 나서 쇼핑 갈 거야.

해설 접속사 after가 시간 부사절을 이끄므로 현재형이 알맞다.

정답 (a)

15 **해석** A: 난 지금 즉시 이 서류의 사본이 필요해.
B: 복사기가 지금 수리 중이야. 수리 작업이 거의 끝났어.

해설 B의 the work은 문맥상 복사기 수리 작업이다. The work is almost finished.에서 복사기 수리가 끝난 게 아니라 진행 중임을 알 수 있으므로 시제는 진행형

이 알맞고, 복사기는 수리되는 것이므로 수동형이 되어야 한다. 따라서 진행형 수동태(be being p.p.)인 (d)가 정답이다.

정답 (d)

Actual Test

1 **해석** A: 이 반지 어떠니? 밥이 사 준 건데.
B: 와, 지금껏 내가 본 것들 중에서 가장 아름다운 다이아몬드야.

해설 앞에 서수, 최상급이 수식하는 선행사 뒤의 관계사절은 과거로부터 지금까지의 누적된 결과를 말하므로 현재완료시제가 알맞다.

정답 (c)

2 **해석** A: 루크, 너 일자리 바꿨니?
B: 응, 영업부로 옮겼어.

해설 영업부로 옮긴 것은 대화 시점 이전의 상황이므로 현재완료나 단순 과거가 가능하지만, 문맥상 현재 영업부로 옮겨서 영업부 소속임을 강조하는 현재완료시제가 알맞다.

어휘 sales department 영업부; 판매부

정답 (a)

3 **해석** A: 안녕, 앨빈. 오늘 밤 몇 시에 경기가 시작되는지 아니?
B: 일정은 확인 못했지만, 9시쯤 시작할 것 같아.

해설 시간 조건 부사절이 아니더라도 비행기, 열차, 버스 등의 출발과 도착 시간, 공연이나 스포츠 경기 시간 등 사회적 약속, 시간표, 일정 등은 단순 현재형으로 미래를 나타낼 수 있다.

정답 (b)

4 **해석** A: 제니퍼가 기타 연주하는 거 봤어? 아주 잘해.
B: 알고 있어. 그녀는 7살 때부터 기타 연주를 했어.

해설 과거에 시작해서 지금까지 계속된 동작의 지속기간(since she was 7 years old)을 강조하고 있으므로 현재완료진행형을 취한 (c)가 정답이다.

정답 (c)

5 **해석** A: 정부가 술에 대해 새로운 세금을 부과한다면 사람들이 술을 덜 마실 거야.

B: 맞아.

해설 시간, 조건 부사절에서는 내용상 미래일지라도 단순 현재형을 쓴다. 정부가 술에 대해 새로운 세금을 부과하는 것은 미래에 발생할 일이지만, 접속사 if가 이끄는 조건 부사절이므로 현재형을 취해야 알맞다.

어휘 impose 부과하다

정답 (c)

6 **해석** 전에 그 영화를 본 적이 있었기 때문에 우리는 둘 다 그 영화를 재미있게 보지 않았다.

해설 영화를 즐긴 것보다 그 이전에 영화를 한번 본 것이 먼저 있었던 사건이므로 과거완료형이 알맞다.

정답 (c)

7 **해석** 줄리아는 퇴원하면 도로시 아주머니를 방문할 것이다.

해설 종속 접속사 when이 이끄는 시간 부사절에서는 단순 현재형으로 미래를 나타낸다. 줄리아가 병원에서 퇴원하는 것은 미래에 발생할 일이지만 시간 부사절이므로 현재형이 알맞다.

정답 (c)

8 **해석** 도중에 차가 막혔어. 그래서 경기장에 도착했을 때, 경기는 이미 시작해 있었지.

해설 경기장에 도착한 시점보다 경기가 시작한 것이 먼저이므로 과거완료시제가 알맞다.

어휘 get caught in traffic 교통체증에 걸리다; 차가 밀리다

정답 (d)

9 **해석** (a) A: 하와이에 1주일쯤 다시 다녀오는 게 어때?
    (b) B: 하와이? 됐거든. 또다시 그렇게 오래 비행기를 타진 않을 거야.
    (c) A: 지난번엔 좋은 시간을 보낸 걸로 알고 있는데.
    (d) B: 아니. 여태껏 최악의 여행이었어.

해설 (c)에서 last time은 명백한 과거를 나타내는 부사구이므로 단순 과거시제를 써야 한다.

정답 (c) you've had ➡ you had

10 **해석** (a) A: 15일 3시로 약속을 하는 건 어떠세요?
    (b) B: 죄송합니다. 그날 오후 내내 약속이 있어요.
    (c) A: 그럼 언제 만날까요?
    (d) B: 생각 좀 해보고 내일 전화 드릴게요.

해설 (c)에서 A가 언제 만나는 것이 좋겠냐고 의견을 물어

보는 것이므로, 조동사 will을 제안의 의미를 가진 조동사 shall이나 should로 바꿔야 한다.

어휘 book 예약하다   sleep on it 숙고하다

정답 (c) will ➡ shall/should

Exercise 1

1
 해석 그가 한 말은 사실일 리가 없어. 믿을 수가 없어!
 해설 믿겨지지 않는다고 했으므로 사실일 리가 없다는 내용이 문맥상 알맞다. 강한 부정의 추측은 조동사 cannot으로 나타낸다.
 정답 cannot

2
 해석 그거 맘에 드니? 이 책 원하면 가져도 좋아.
 해설 허락의 의미를 가진 조동사는 can 또는 may다.
 정답 may

3
 해석 그거 아니? 난 네가 원하는 만큼의 돈을 원해.
 해설 일반동사 현재형 want를 대신 받는 대동사는 do다.
 정답 do

4
 해석 난 곧 그가 회복되길 바래.
 해설 일반동사 현재형 hope을 강조해 주는 조동사는 do다.
 정답 do

5
 해석 차 좀 갖다 줄까?
 해설 문맥상 허락 또는 제안의 의미를 가진 조동사 can이 적절하다.
 정답 Can

6
 해석 아직 밖에 나가면 안 돼. 너무 추워.
 해설 바깥이 너무 춥다고 했으므로 금지를 나타내는 조동사 can't가 적절하다. 참고로, 부사 yet은 주로 부정문에 사용된다.
 정답 can't

7
 해석 그가 그렇게 말했을 리가 없어. 난 그를 믿어.
 해설 문법적으로는 둘 다 가능하지만, 두 번째 문장에서 그를 믿는다고 했으므로 강한 추측을 나타내는 cannot have said 가 알맞다.
 정답 cannot have said

8
 해석 공지: 12세 이하 어린이는 이 사이트에 들어올 수 없음.
 해설 문맥상 부정어 not과 함께 쓰여 금지를 나타내는 조동사가 필요하므로 may가 알맞다.
 정답 may

9
 해석 A: 캐서린은 뚱뚱해. 걘 나보다 많이 먹어.
 B: 그거 놀라운데.
 해설 본동사인 eats를 대신 받는 동사가 필요하다. 주어가 3인칭 단수일 경우엔 does, 3인칭 단수가 아닌 경우엔 do를 사용한다.
 정답 (b)

Exercise 2

1
 해석 그녀는 지난밤에 그녀가 한 일을 내게 얘기하지 않으려 했다.
 해설 주로 부정어 not과 함께 과거의 주어의 고집을 나타내는 조동사는 would다.
 정답 would

2
 해석 제임스는 오로지 시험 날짜가 다가올 때만 공부한다.
 해설 평소 제임스의 공부 습관을 말하고 있으므로 will study가 알맞다.
 정답 will study

3
 해석 작은 야자수가 여기에 있었지만, 지금은 없다.
 해설 현재 지속되지 않지만, 과거에 있었던 규칙적인 상태를 나타내는 조동사는 used to다. would는 과거의 습관적인 동작이나 행위에만 사용한다.
 정답 used to

4
 해석 나는 지금은 담배를 안 피운다. 하지만 한때 골초였다.
 해설 현재 지속되지 않는 과거의 습관이나 상태를 나타내는 조동사는 used to다.
 정답 used to

5
 해석 그 당시에, 빌은 그녀의 어떤 말도 들으려 하지 않았다.
 해설 주어의 과거의 고집을 나타내는 조동사는 would다.
 정답 would

6
 해석 한땐 돈 얘기를 하는 것이 나쁜 것이라고 여겨졌다.
 해설 현재 지속되지 않는 과거의 상태를 나타내는 것은 조동사 used to다.
 정답 used to

7 해석 네가 그에게 진실을 말하지 않으려 한다면, 내가 할 거야.

해설 주어의 현재의 고집을 나타내는 조동사는 won't다.

정답 won't

8 해석 그 시절에 우린 종종 거리에서 축구를 하곤 했다.

해설 과거의 습관적인 동작이나 행위를 나타내는 조동사는 used to나 would 둘 다 가능하다. 하지만 부사 often과 함께 쓸 수 있는 조동사는 would다.

정답 would

9 해석 A: 앤디에게 사과했어?

　　　 B: 응, 사과했는데 내 말을 들으려 하지 않았어.

해설 문맥상 '그가 내 말을 들으려 하지 않았다'는 뜻이 돼야 하므로, 주어의 과거의 고집을 나타내는 조동사 would가 알맞다.

정답 (c)

Exercise 3

1 해석 샘은 어리니 네가 그를 도와줘야 해.

해설 문맥상 의무를 나타내는 조동사 should가 알맞다.

정답 should

2 해석 도서관에서는 큰 소리로 얘기해선 안 된다.

해설 문맥상 강한 금지를 나타내는 조동사가 필요하므로 must가 알맞다.

정답 must

3 해석 이 편지를 다시 타이핑 쳐야 하나요?

해설 문맥상 '~할 필요가 있다'의 뜻을 가진 조동사 need가 알맞다. 참고로, Will I ...로 시작하는 문장 형태는 거의 쓰이지 않는다.

정답 Need

4 해석 그녀의 억양으로 볼 때, 텍사스 출신임이 틀림없어.

해설 문맥상 강한 추측의 조동사가 필요하므로 must가 알맞다.

정답 must

5 해석 그것은 조심스럽게 다뤄져야 한다.

해설 조동사 need는 뒤에 동사원형이 이어져야 하며, 긍정

문에서는 쓰일 수 없으므로 일반동사로 쓰인 needs가 정답이다.

정답 needs

6 해석 그는 여기에 올 필요가 없어. 내가 이미 그 일을 끝내 버렸어.

해설 뒤에 not과 동사원형이 이어지고 있으므로 조동사 need가 알맞다. 참고로, 이 문장을 일반동사 need를 이용해 표현하면, He doesn't need to come here.가 된다.

정답 need

7 해석 국세청장은 뇌물 수수에 대해 처벌받아야 한다.

해설 문맥상 의무나 당위를 표현하는 조동사 should가 알맞다.

정답 (c)

8 해석 A: 당신의 텝스 점수가 이 자리에 지원하기에 충분하지 않다는 게 문제입니다.

　　　 B: 알겠습니다. 우선 저의 영어 실력을 향상시켜야겠군요.

해설 문맥상 빈칸은 의무나 필요성을 나타내는 동사가 들어가야 하므로 (a), (c), (d)를 답으로 생각해 볼 수 있다. 하지만 빈칸 뒤에 to부정사가 이어지므로 조동사로만 쓰이는 (a)와 (d)는 답이 될 수 없다. 따라서 본동사로 쓰일 경우 뒤에 to부정사가 뒤따르는 need가 정답이다.

정답 (c)

Exercise 4

1 해석 제게 많은 도움을 주신 모든 분들에게 진심으로 감사 드리고 싶습니다.

해설 from the bottom of my heart는 삽입구다. 따라서 빈칸 뒤가 to부정사로 이어지고 있으므로 would like가 정답이다.

정답 (d)

2 해석 윌리엄은 제시간에 오겠다던 그의 약속을 잊지 말았어야 했어. 우리는 회의를 진행할 수가 없었어.

해설 문맥에 알맞은 조동사 조합을 고르는 문제다. 그가 제시간에 오지 않아서 회의를 진행할 수 없었다는 내용

이 이어지고 있으므로, 과거 사실에 대한 후회나 아쉬움을 나타내는 (b)가 들어가야 알맞다.

정답 (b)

3 **해석** A: 김 목사는 50만 명의 사람들 앞에서 설교를 했어요.

　　 B: 이야! 청중이 엄청났네요. 긴장했겠어요.

해설 문맥상 과거 사실에 대한 강한 추측을 나타내는 의미가 돼야 하므로 정답은 (d)다.

정답 (d)

4 **해석** A: 탐이 뭐라고 했니?

　　 B: 미국을 떠나는 게 낫겠다고 말했어.

해설 had better는 조동사다. 따라서 뒤에 동사원형이 이어져야 하므로 정답은 (c)다.

정답 (c)

Actual Test

1 **해석** A: 제인이 수학시험에서 A를 받을 줄은 몰랐어.

　　 B: 나도 몰랐어.

해설 상대방의 말에 동의하거나 맞장구치는 표현을 할 때 반복을 피하기 위한 도치구문을 많이 쓰는데, 긍정문에 대해 동의를 표현할 때는 「So+조동사/be동사+주어」, 부정문에 대해서는 「Neither/Nor+조동사/be동사+주어」 형태를 사용한다. 이 문제에서는 맞장구치는 문장이 부정문이므로 neither나 nor가 되어야 하며, 과거형 문장이므로 조동사는 did를 써야 한다.

어휘 ace the test 시험에서 A를 받다; 시험을 잘보다

정답 (c)

2 **해석** A: 그거 아세요? 전 대학에서 겨우 2, 3분 거리에 살고 있어요.

　　 B: 와, 편리하겠네요.

해설 문맥의 의미에 알맞은 조동사를 고르는 문제다. A가 대학에서 단지 2~3분 거리에 살고 있다는 정황이 주어졌기 때문에, 현재 사실에 대한 강한 추측의 조동사 must가 알맞다. ought to는 미래에 대한 추측은 가능하지만, 현재에 대한 추측을 나타낼 경우엔 쓸 수 없다.

정답 (b)

3 **해석** A: 오늘 밤 할머니 댁에 들르자. 한동안 할머니를 못 뵈었어.

　　 B: 전화를 먼저 드리는 게 좋겠어. 일찍 주무시고 계실지도 모르니까.

해설 문맥상 판단이나 추측의 근거가 없는 약한 추측이 알맞으므로 (b)가 정답이다. must는 강한 주관적인 판단의 근거가 제시된 경우에 쓰는 조동사이므로 적절치 않다.

어휘 for ages 오랫동안

　　 give ... a ring ~에게 전화하다

　　 have an early night (평소보다) 일찍 잠자리에 들다

정답 (b)

4 **해석** A: 안녕, 제리. 나 오늘 밤 밤샘해서 그 보고서를 끝내면 어떨까?

　　 B: 천천히 해, 짐. 지금 당장 끝낼 필요는 없어.

해설 need는 조동사로 쓰이기도 하고 일반동사로도 쓰이기도 하는데, 조동사로는 부정문과 의문문에서만 쓰일 수 있다. need가 조동사로 쓰인 경우 부정어 not은 조동사 뒤에 와야 하므로 정답은 (a)다.

어휘 stay (up) late 늦게까지 자지 않고 있다; 밤샘하다

　　 take one's time 천천히 하다; 서두르지 않다

정답 (a)

5 **해석** A: 들었니? 제인과 프랭크가 헤어졌대.

　　 B: 정말? 두 사람 멋진 커플이었는데, 그렇지 않니?

해설 과거에는 존재했지만 더 이상 존재하지 않는 습관이나 상태를 표현할 때 사용하는 조동사는 used to다.

어휘 break up 헤어지다

정답 (a)

6 **해석** 존, 내 말 잘 들어. 그걸 거기에 둬선 안 돼. 너무 위험해.

해설 마지막 문장 It's too dangerous.가 단서다. 문맥상 금지를 나타내는 조동사가 와야 하므로 must not이나 cannot이 알맞다.

정답 (d)

7 **해석** 이 파이 정말 맛있다. 아무도 먹지 않는다면, 내가 먹어도 될까?

해설 문맥상 허락을 의미하는 조동사가 필요하므로 정답은 (c)다.

정답 (c)

8 해석 지난주 차 사고로 차가 너무 많이 손상돼서 지미는 차라리 새 차를 사는 게 나아.

해설 빈칸 뒤의 as well이 단서다. '차라리 ~하는 편이 낫다'는 뜻을 가진 조동사의 관용적 표현은 「might[may] as well+동사원형」으로 나타낸다. 참고로, 'A하는 것보다 차라리 B하는 편이 더 낫다'는 의미로 쓰이는 might[may] as well A as B, 또는 had better A than B도 함께 알아 두자.

어휘 damage 피해

정답 (a)

9 해석 (a) A: 뭐가 문제니, 폴? 괜찮은 거야?
(b) B: 차에 뭔가 이상이 생겼어. 하지만 차를 직장에 가져가야 해.
(c) A: 지금 당장 출발하는 게 좋을 거야. 벌써 8시야.
(d) B: 알아, 하지만 차가 시동이 안 걸려.

해설 현재의 주어의 고집을 나타내는 조동사로는 will을 사용하는데, 주로 부정어 not과 함께 쓰인다. (d)에서 '차가 시동이 걸리려 하지 않는다'는 의미가 문맥상 알맞으므로 won't가 돼야 한다.

정답 (d) shouldn't ➡ won't

10 해석 (a) 윌리엄 앤 앤더슨 컨설팅사에서는 높은 학력을 소지한 운영 책임자를 모집하고 있습니다. (b) 지원자는 회사의 시황 (市況)과 더불어 재무제표를 분석하게 될 것입니다. (c) 지원자들은 대학 학위를 소지하고 있어야 하며, 평점 4.5 이상의 성적, 뛰어난 운영 및 대인 관계 기술과, 관련 직종에서 최소 3년 이상의 (실무) 경력을 가지고 있어야 합니다. (d) 신청 마감일은 12월 5일이며, 자세한 사항을 알고 싶으시면 www.wacs.com을 방문하십시오.

해설 구인 광고 글로, 지원자가 맡게 될 업무와 지원 자격요건을 기술하고 있다. (c)는 지원 자격요건에 해당되는데, 일반적으로 자격요건이란 선택사항이 아니라 필수요건을 의미하는 것이므로, 조동사 could를 should나 must로 바꿔야 자연스럽다.

어휘 administrative 운영의, 관리의, 행정의
academic background 학력
analyze 분석하다
financial statement 재무제표
market condition 시황
degree 학위
relevant 관련 있는
work experience (실무) 경력
details 세부사항

정답 (c)

Exercise 1

1 해석 수잔 윌리엄스는 돈을 많이 벌었다.
해설 money는 불가산 명사이므로 many를 much로 고쳐야 한다.
정답 many ➡ much

2 해석 많은 시간이 허비되었다.
해설 time이 '시간'이라는 추상적 의미의 불가산 명사로 사용되었으므로 many를 much로 수정해야 한다.
정답 Many ➡ Much

3 해석 경찰이 지난밤에 도둑을 잡았다.
해설 집합명사 police는 복수형이 없으며, 단수형으로 항상 복수 취급하며, 앞에 정관사가 붙어야 한다.
정답 A ➡ The

4 해석 그 가축들은 풀을 뜯어먹고 산다.
해설 집합명사 cattle은 복수형이 없으며, 단수형으로 항상 복수 취급하므로 lives를 live로 고쳐야 한다.
정답 lives ➡ live

5 해석 모든 직원 분들은 식비와 출장비용 영수증을 1주일 이내에 제출하시기 바랍니다.
해설 personnel은 단수형으로 복수 취급하는 집합명사이다. 따라서 personnels를 personnel로 고쳐야 한다.
정답 personnels ➡ personnel

6 해석 네게 알려줄 몇 가지 좋은 소식이 있어.
해설 news 형태가 복수형 어미(-s)로 끝났지만 불가산 명사이므로, 복수 가산 명사 앞에만 쓰는 a few를 a little이나 some으로 바꿔야 한다.
정답 a few ➡ a little/some

7 해석 모든 가구가 먼지로 뒤덮여 있었다.
해설 furniture는 집합적 물질 명사로서 불가산 명사이므로 복수형 어미 -s를 붙일 수 없다.
정답 furnitures ➡ furniture

8 해석 공항에서 수화물을 검사하는 것은 표준적인 관행이 아니다.

해설 luggage는 집합적 물질명사로서 불가산 명사이므로 복수형 어미 -s를 빼야 한다.
정답 luggages ➡ luggage

Exercise 2

1 해석 짐과 샌디의 어머니는 아름답고 현명하시다.
해설 짐과 샌디의 공동의 어머니로 동일인인 한 명을 가리키므로 단수 동사가 적절하다. 만일 Jim's and Sandy's mother라면 짐의 어머니와 샘의 어머니 두 명을 가리키므로 이땐 복수 취급한다.
정답 is

2 해석 나는 연필 두 다스를 샀다.
해설 「수사＋단위 명사」가 또 다른 하나의 명사를 수식하는 형용사 역할을 할 경우, 수사 다음의 단위 명사는 반드시 단수형을 써야 한다.
정답 dozen

3 해석 세관은 인천 공항 근처에 위치해 있다.
해설 custom은 단수형과 복수형의 의미가 달라질 수 있는 명사로, customs가 '세관'의 뜻으로 쓰일 경우엔 형태는 복수지만, 단수 취급해서 단수 동사를 취한다.
정답 is

4 해석 내 여동생은 17세 소녀이다.
해설 「수사＋단위 명사」가 다른 명사 앞에서 그 명사를 수식하는 형용사 역할을 할 경우, 단위 명사는 복수형을 쓸 수 없으므로 seventeen-year-old가 알맞다.
정답 seventeen-year-old

5 해석 저 반바지 얼마예요?
해설 shorts, pants, shoes, socks 등의 짝이 있는 의류는 항상 복수 형태를 취하며 복수 동사를 써야 한다.
정답 are

6 해석 그가 죽은 지 3년이 지났다.
해설 「시간」, 「거리」, 「금액」, 「중량」은 하나의 덩어리로 취급하여 형태는 복수형이되 단수 동사를 쓰지만, 시간의 경과를 나타내는 경우엔 복수 취급하므로 복수 동사를 써야 한다.
정답 have

7 해석 10개월은 그 일을 하기에 너무 짧은 기간이었다.

해설 「시간」, 「거리」, 「금액」, 「중량」을 한 덩어리로 취급할 때는 단수 취급하여 단수 동사를 쓴다.

정답 was

8 해석 대부분의 그 동물들은 그 추운 겨울을 이겨냈다.

해설 「most of+명사」 형태의 수는 of 뒤의 명사가 결정한다. 단수 명사나 불가산 명사가 오면 단수 동사를, 복수 명사가 오면 복수 동사를 쓴다.

정답 have

9 해석 회원의 과반 수 이상이 어제 회의에 참석했다.

해설 「half of+명사」 형태 역시 of 뒤에 어떤 명사가 오는지에 따라 수가 정해진다. 복수 명사 members가 왔으므로 복수 동사를 써야 한다.

정답 were

10 해석 15킬로미터는 걸어가기에 먼 길이지만, 우리는 선택의 여지가 없다.

해설 kilometer는 거리를 나타내는 단위 명사로, 복수 형태라도 한 덩어리로 취급하여 단수 동사를 취한다.

정답 is

Actual Test

1 해석 A: 뭘 좀 먹어야겠어. 저녁 먹으러 어디로 갈래?

B: 난 이탈리아 요리가 좋아, 바로 근처의 리틀 밀라노 식당에서 파스타나 먹자.

해설 일반적 의미의 식사명 앞에는 무관사가 원칙이므로 (b)가 정답이다. 참고로, 형용사의 수식을 받는 특정한 식사에는 관사가 붙을 수 있다. *ex)* I had a big breakfast.

어휘 cuisine 요리

정답 (b)

2 해석 A: 샘, 미국 사람들의 93퍼센트가 하나님을 믿고 있다는 거 알고 있었니?

B: 응, 알고 있어. 사실 통계에 따르면, 거의 87퍼센트의 미국 시민들이 기독교인이래.

해설 percent에는 복수형 어미 -s를 붙이지 않으며, 「분수/percent of+명사」 형태의 수는 명사의 종류에 따라 결정된다. 명사가 복수 가산 명사이면 복수 취급해서 복수 동사를 쓰며, 단수 가산 명사나 불가산 명사인 경우에는 단수 취급하여 단수 동사를 쓴다. U.S. citizens는 복수 가산 명사이므로 정답은 (b)가 된다.

정답 (b)

3 해석 A: 빌은 타고난 부자처럼 보여. 그의 손목시계 좀 봐봐. 분명 거금이 들었을 거야.

B: 네 말이 맞는 거 같아. 그는 돈이 많아.

해설 money는 불가산 명사이므로 정답은 (b)다. many, a few, a couple of는 가산 명사만을 수식하는 수량 형용사이며, lots of는 가산 명사, 불가산 명사 둘 다 수식할 수 있다.

어휘 born with a silver spoon in one's mouth 부유하게 태어나다

cost a fortune 많은 돈이 들다

(= cost an arm and a leg)

정답 (b)

4 해석 A: 존. 학교 도서실에서 왜 그토록 오랜 시간을 보냈던 거니?

B: 기말 보고서를 쓰기 위해 많은 자료들을 구해야 했거든요.

해설 명사의 올바른 형태를 묻는 문제. 모두 다 복수형 어미 -s가 붙어 있지만, 가산 명사는 facts밖에 없다. advice, information, knowledge는 집합적 물질 명사로 불가산 명사이므로 복수형 어미 -s를 붙일 수 없다.

어휘 term paper 기말 페이퍼; 기말 보고서

advice 충고 *cf.* an advice/advices 통지문

정답 (b)

5 해석 A: 기말시험 대비해 벼락치기하느라 밤을 꼬박 새서 너무 피곤해.

B: 안됐구나. 지금 당장 두 세 시간 잠을 자면 좋아질 거야.

해설 수량 형용사 a couple of 뒤에는 가산 명사 복수 형태만 가능하므로 정답은 (c)와 (d) 중 하나인데, 문맥상 '두세 시간의 수면'의 뜻이 돼야 하므로, 소유격인 (d)가 정답이다. 복수형 어미 -s로 끝나는 명사의 소유격은 어포스트로피(')만 붙여 주면 된다.

어휘 cram for 벼락치기를 하다

do ... good ~에게 좋다

정답 (d)

6 **해석** A: 엄마, 저 부르셨어요? 샤워하고 있었어요.

B: 그래, 얘야. 심부름 좀 하나 해주겠니? 치즈가 다 떨어졌어.

해설 빈칸은 명사 cheese를 수식하는 형용사가 들어갈 자리다. no one은 사람을 가리키는 부정 대명사이며, none 역시 부정 대명사로만 쓰인다. some은 부정문에는 쓸 수 없다. 따라서 부정문과 의문문에서 사용되는 any가 정답이다.

어휘 run an errand 심부름하다

정답 (a)

7 **해석** A: 탈옥한 죄수에 대해 뭐 새로운 소식 들은 거 있니?

B: 없어. 경찰이 아직 추적 중이라는 걸로 알고 있어.

해설 the police는 형태는 단수지만, 항상 복수 취급을 하는 집합명사다. 또 빈칸 뒤의 부사 still로 미루어 볼 때, 현재에도 추적 중으로 보는 것이 자연스러우므로 정답은 (b)가 된다.

어휘 convict 죄수

escape 탈출하다

as far as I know 내가 아는 한

search for 찾다; 수색하다

정답 (b)

8 **해석** 멋진 날이었다. 모든 직원들이 여름 야유회에 초대되었다.

해설 명사 personnel은 집합명사로 복수형 어미 –s를 붙일 수 없지만, 항상 복수 취급하여 복수 동사를 취한다. 또 과거시제가 돼야 하므로 정답은 (b)가 된다.

정답 (b)

9 **해석** 심각한 경제 침체는 실업자들이 새로운 일자리를 찾는 데 어려움을 겪고 있다는 걸 의미한다.

해설 「the＋형용사/분사」 형태가 복수 보통명사화될 경우엔 복수 취급한다. 따라서 '실업자들'이라는 뜻으로 복수 취급하여 복수 동사가 이어져야 하므로 정답은 (c)가 된다.

어휘 stagnation 경기 침체

the unemployed 실업자

정답 (c)

10 **해석** (a) A: 마크, 수의 소송에 대해 뭐 새로운 소식 있니?

(b) B: 음, 그녀는 자신의 주장을 뒷받침할 증거가 많지 않기 때문에 이길 확률이 없어.

(c) A: 저런. 그녀는 어떻게 될까?

(d) B: 모르겠어. 기다려 보는 수밖에.

해설 evidence는 불가산 명사로 복수형 어미 –s를 붙일 수 없다. 따라서 many의 수식 역시 받을 수 없으므로, (b)의 many evidences를 much evidence로 고쳐야 한다.

어휘 case 소송, 사건

evidence 증거

back up 지지하다; 뒷받침하다

wait and see 두고 보다

정답 (b) many evidences ➡ much evidence

Exercise 1

1 해석 모든 지원자는 학사 학위를 소지하고 있어야 합니다.

해설 부정관사 a와 an의 구분은 철자가 아니라 발음이다. university는 발음이 반모음 '유'[j]로 시작되는데, 반모음은 자음으로 간주하기 때문에 an이 아니라 a가 붙어야 한다.

정답 an ➡ a

2 해석 나는 하버드 대학에서 MBA(경영학 석사) 과정을 공부하고 있다.

해설 MBA는 철자는 자음으로 시작되지만 발음이 모음 [em]으로 시작되므로, a가 아니라 an이 붙어야 한다.

정답 a ➡ an

3 해석 여러분은 도서관에서 한번에 3권의 책을 빌릴 수 있습니다.

해설 time은 가산 명사로도 쓰이고 불가산 명사로도 쓰인다. 우리말로 추상적이고 물질적 개념의 '시간'의 의미일 때는 불가산 명사지만, '한때, 시기, 번(횟수)' 등의 구체적이고 좁은 의미로 쓰일 경우엔 개체로 봐 줄 수 있기 때문에 가산 명사로 간주해 부정관사 a나 복수형 어미 -s가 붙을 수 있다. 따라서 의미상 후자의 의미로 쓰였으므로 a가 필요하다.

정답 at time ➡ at a time

4 해석 내가 거짓말쟁이라는 거니?

해설 liar는 가산 명사로 a가 필요하다.

정답 liar ➡ a liar

5 해석 내 이웃은 일주일에 한 번씩 와서 물고기에게 먹이를 준다.

해설 week은 가산 명사로, per(~당)의 뜻을 가진 부정관사 a가 필요하다.

정답 once week ➡ once a week

6 해석 그는 작년에 BMW를 샀다.

해설 BMW는 차를 뜻하므로 부정관사 a가 필요하다. 고유명사라도 작품이나 제품을 뜻할 경우에는 부정관사 a가 붙을 수 있다.

정답 BMW ➡ a BMW

7 해석 그의 과학적 천재성에 있어서 그는 완전히 아인슈타인 같은 사람이다.

해설 그가 아인슈타인이라는 뜻이 아니라, 아인슈타인과 같은 훌륭한 과학자라는 뜻이므로 부정관사 an이 필요하다. 유명한 사람 앞에 부정관사를 붙이면, '~처럼 훌륭한 사람', 또는 '그 유명인의 작품'을 뜻한다. 예를 들어 I bought a Monet.이라고 하면, '모네의 그림 한 점을 샀다'는 뜻이 된다.

정답 Einstein ➡ an Einstein

8 해석 스티븐슨 양이라고 하는 어떤 사람이 당신을 만나려고 기다리고 있습니다.

해설 '스티븐스 양이라고 하는 어떤 사람'이라는 뜻이므로 부정관사 a가 붙어야 한다. '~라고 하는 어떤 사람'의 뜻일 때는 고유명사 앞이라도 부정관사 a가 붙을 수 있다.

정답 the ➡ a

Exercise 2

1 해석 네 뒤에 흰 고양이가 있다.

해설 불특정 단수 가산 명사에는 부정관사 a가 필요하다.

정답 white cat ➡ a white cat

2 해석 그녀의 차가 나무를 박았다. 그 나무에 자국이 아직 보일 것이다.

해설 앞에서 언급된 바로 그 명사를 다시 가리킬 땐 정관사 the를 써야 하므로 두 번째 a tree를 the tree로 고쳐야 한다.

정답 a tree ➡ the tree

3 해석 어제 우리가 점심으로 먹은 닭고기는 맛이 좋았다.

해설 chicken이 '닭고기'를 뜻할 때는 불가산 명사다. 일반적인 의미로 쓰인 불가산 명사 앞에는 관사가 필요 없지만, 특정한 불가산 명사 앞에는 정관사 the가 붙어야 한다. 즉, 우리가 어제 먹은 그 닭고기를 의미하므로 Chicken 앞에 정관사 the를 붙여야 한다.

정답 Chicken ➡ The chicken

4 해석 (그와) 똑같은 뜻을 가진 또 다른 단어는 없나요?

해설 same 앞에는 항상 정관사 the가 붙는다. 「the same+명사」나 「the very+명사」 형태에서 same

과 very는 앞에서 이미 언급된 명사의 의미를 강조해 주는 역할을 하는 것뿐이다. '똑같은 명사'라는 것은 앞에서 이미 언급된 어떤 명사와 똑같은 명사라는 뜻이므로 논리적으로 정해진 명사라고 볼 수 있다.

정답 same → the same

5 해석 부자들은 더 부유해지고, 가난한 사람들은 더욱 가난해지고 있다.

해설 rich와 poor는 형용사이므로 앞에 부정관사가 붙을 수 없다. 문맥상 '부자들'과 '가난한 사람들'이라는 뜻이 알맞으므로, 부정관사 a를 정관사 the로 고쳐야 한다. 「the+형용사」는 복수 보통명사가 되거나 추상명사가 된다.

정답 A rich → The rich, a poor → the poor

6 해석 우리는 시급으로 돈을 받는다.

해설 '~당'이라고 표현할 때 「by+the+단위 명사」 형태로 써야 한다. '주당'은 by the week, '일당'은 by the day, '파운드당'은 by the pound, '초당'은 by the second로 표현한다.

정답 by hour → by the hour

7 해석 이 디지털 책이 맘에 들면 한 권당 15달러를 내고 다운로드 받을 수 있어.

해설 부정관사 a/an은 '~마다'(per)의 의미를 가질 수 있다. 또 책은 셀 수 있으므로 copy 앞에 a가 필요하다.

정답 copy → a copy

8 해석 그 두 소녀 모두 내 여동생이다.

해설 both, all, double, half는 전치 한정사로서 관사보다 앞에 위치해야 한다.

정답 The both → Both the

9 해석 난 에디슨보다 워렌버핏 같은 사람이 되고 싶다.

해설 부정관사로 '~와 같은 인물'이라는 의미를 표현할 수 있다. 따라서 Warren Buffet과 Edison이라는 고유명사 앞에 각각 a와 an을 붙여 주어야만 '에디슨과 같은 사람', '워렌버핏 같은 사람'의 의미가 성립된다.

정답 Warren Buffet → a Warren Buffet
　　　 Edison → a Edison

10 해석 제발 현관문 좀 닫아 줄래요?

해설 상황에 따라 그것이라고 알 수 있는 것을 가리킬 때

정관사 the를 사용한다. 이 문장에서도 화자나 청자 모두가 어떤 현관문인지 알고 있음을 나타내므로 front 앞에 the를 붙여야 적절하다.

정답 a front door → the front door

11 해석 이것은 지난주에 내가 본 영화이다.

해설 형용사구나 형용사절에 의해 명사가 한정된 경우에는 정관사 the가 적절하다. 따라서 movie 앞의 a를 the로 고쳐야 한다.

정답 a movie → the movie

Exercise 3

1 해석 클린턴 대통령은 그의 첫 번째 임기 이후에 재당선되었다.

해설 직책, 관직명, 호칭 앞에는 관사를 붙이지 않으므로 President 앞의 정관사 the를 빼야 한다.

정답 The President → President

2 해석 아침 식사가 별도의 추가 요금 없이 객실에 제공될 수도 있습니다.

해설 일반적 의미의 식사명 앞에는 관사를 붙이지 않는다.

정답 A breakfast → Breakfast

3 해석 흉부 감염이 폐렴으로 발전했다.

해설 일반적 의미의 병명 앞에는 관사를 붙이지 않으므로 pneumonia 앞의 부정관사 a를 빼야 한다.

정답 a pneumonia → pneumonia

4 해석 너무 열심히 공부하면 난 항상 두통이 생긴다.

해설 두통, 치통, 복통, 열, 감기 등의 자주 걸리는 가벼운 병명 앞에는 부정관사 a가 붙는다.

정답 headache → a headache

5 해석 그녀는 수학과 화학에서 모두 A학점을 받았다.

해설 학과명, 학문명 앞에는 관사를 붙이지 않는다.

정답 the math → math
　　　 the chemistry → chemistry

6 해석 나는 불어를 잘 못하지만, 의사소통은 가능하다.

해설 불어, 영어, 일본어, 한국어 등의 언어 이름 앞에는 관사를 붙이지 않는다. 단, 언어 이름 다음에 명사

language가 있으면 정관사 the가 붙어야 한다.
ex) the Korean language

정답 the French ➡ French

7 해석 골프에 대한 관심이 지난 10년 동안에 급속히 늘어났다.
해설 운동 경기 이름 앞에는 관사를 붙이지 않는다.
정답 a golf ➡ golf

8 해석 고기는 파운드로 판매된다.
해설 정관사 the의 관용적 용법을 묻는 문제로 pound 앞의 부정관사 a를 정관사 the로 고쳐야 한다. '~당'이라는 의미를 표현할 때 「by+the+단위 명사」 형태를 사용한다.
정답 a pound ➡ the pound

9 해석 내 친구 제인은 시인이자 피아니스트이다.
해설 시인과 피아니스트는 가산 명사이므로 부정관사 a가 필요하다. 단, 시인과 피아니스트는 동일인인 한 명이므로 poet 앞에만 부정관사를 붙인다.
정답 poet and pianist ➡ a poet and pianist

10 해석 지하철로 이동하는 것이 빠르고 편리하고 싸다.
해설 「by+교통수단」 형태에서, 교통수단 앞에는 관사를 붙이지 않으므로 subway 앞의 부정관사 a를 빼야 한다.
정답 by a subway ➡ by subway

Actual Test

1 해석 A: 손님, 특별히 찾으시는 거 있으신가요? 아니면 그냥 둘러보시는 건가요?
　　　　B: 딸에게 사 줄 생일선물로 MP3 플레이어를 찾고 있어요.
해설 빈칸 뒤에 단수 가산 명사가 이어지고 있으므로 (a)와 (b) 중 하나가 와야 한다. MP3는 철자 상으로는 자음(M)으로 시작되지만 발음은 모음으로 시작되므로 부정관사 an이 알맞다.
어휘 browse 둘러보다, 이리저리 뒤지다, 검색하다
정답 (b)

2 해석 A: 여보, 지난주에 산 골프화 어디 있는지 봤어?
　　　　B: 오늘 아침에 봤어요. 세탁실에 가서 찾아보세요.

해설 문맥상 빈칸에는 A가 찾는 골프화를 받아 주는 대명사가 필요하다. pants(바지), shorts(반바지), jeans(청바지), trousers(바지), scissors(가위), glasses(안경), socks(양말) 등 두 개가 쌍으로 이뤄진 명사는 항상 복수 취급하므로 복수 대명사 them이 알맞다. these는 문법적으로는 가능하지만 눈앞에 보이는 복수 명사를 가리키는 지시대명사로 문맥에 맞지 않다.
정답 (b)

3 해석 A: 새 직장에서 봉급은 얼마나 받나요?
　　　　B: 주급으로 1,000달러 받고 있어요.
해설 by the day(하루당), by the week(주당) 등과 같이 단위 명사 앞에는 정관사 the를 붙여야 한다.
어휘 get paid 급료를 받다
정답 (d)

4 해석 A: 실례합니다. 이 연필들 가격이 얼마예요?
　　　　B: 한 다스에 50달러입니다.
해설 '~당'의 의미를 나타낼 땐 「by+the+단위 명사」 형태로 써야 하므로 정답은 (b)다.
정답 (b)

5 해석 A: 저 길로 정상에 올라간다면, 점심시간 전에 도착할 수 있을 텐데.
　　　　B: 농담해? 내 나이에 저런 급경사는 불가능하단 말이야!
해설 out of the question은 '불가능한', out of question은 '의심할 여지가 없는'의 뜻을 나타내는데, 문맥상 전자의 의미가 적절하므로 정답은 (d)가 된다.
어휘 grade (길, 도로 등의) 경사도; 비탈
정답 (d)

6 해석 이 6페이지 분량의 서류를 양면 복사해 주셨으면 합니다.
해설 paper는 물질명사로는 '종이', '용지'의 뜻이고, 보통 명사화된 a paper나 papers는 '문서'나 '신문'을 뜻한다. 따라서 신문이나 서류의 양면에 복사할 일은 없으므로 (b), (c)는 답에서 제외되며, (a)는 문법적으로는 가능하지만, 일반적 의미의 복사 용지 전체를 가리키므로 문맥상 어울리지 않는다. 화자나 청자 둘 다 알고 있는 특정한 복사 용지를 가리키므로 정답은 (d)

가 된다.

어휘 copy on both sides of paper 양면 복사를
하다

정답 (d)

7 해석 그는 자신의 아버지가 왜 화를 내는지 이해할 수 없었
다. 그에게 있어서 그건 별일 아니었기 때문이다.

해설 관사의 위치를 묻는 문제다. 일반적으로 a very big
deal처럼 「관사+부사+형용사+명사」 어순이 원칙이
지만, 형용사를 수식하는 부사 자리에 지시부사 that
이 오게 되면, 부사가 형용사를 데리고 관사 앞으로
튀어나오게 된다. 즉, 「부사(that)+형용사(big)+관
사(a)+명사(deal)」의 어순이 돼야 하므로 정답은 (b)
가 된다.

어휘 hit the roof 화를 많이 내다
big deal 중요한 일; 큰일

정답 (b)

8 해석 그 식당은 너무나 맛있는 음식을 제공하기 때문에 모
든 사람이 즐겨 찾는다.

해설 so와 such가 접속사 that과 연결되어 '너무도 …해
서 ～하다'라는 결과 부사절을 이끌 때 such와 so 뒤
에 이어지는 품사들의 어순을 묻는 문제다. so와 that
사이에는 주로 형용사나 부사가 온다. 또 such와
that 사이에는 반드시 명사가 와야 하는데, 「such+
관사+형용사+명사」의 어순을 취하며, 명사의 종류에
따라 관사를 쓰기도 하고 쓰지 않기도 한다. 예를 들
어 such와 that 사이에 단수 가산 명사가 오면 부정
관사 a를 반드시 써야 하며, 복수 가산 명사나 불가산
명사가 이어지면 a를 쓸 수 없다. 문제에서 food는
불가산 명사로 쓰였다고 볼 수 있으므로 정답은 (a)가
된다. 참고로, so 뒤에는 불가산 명사나 복수 가산 명
사가 이어질 수 없다.

정답 (a)

9 해석 개막날 밤에 그 극장의 모든 좌석이 사람들로 꽉 들어
찼다.

해설 every one of the seats에서 주어는 seats가 아니
라 every one이다. everyone은 사람만을 가리키지
만, every one은 사람과 사물 모두를 가리킬 수 있
다. 제시된 문제에서는 every seat의 의미로 쓰였다.
따라서 「every+단수 명사」는 단수 취급하므로 단수
동사를 써야 한다.

어휘 opening night 개막 밤

정답 (a)

10 해석 (a) 나는 오후 일찍 퇴근해서 내 아들이 다니는 시내의
유치원에 들렀다. (b) 나는 아들을 차에 태우고 옷을
갈아입기 위해 집으로 돌아왔다. (c) 아들과 나는 저녁
8시에 시작하는 영화 〈토이 스토리 II〉를 보기 위해 저
녁 6시에 집을 나섰다. (d) 우리는 영화가 시작하기 1
시간 전에 존스 부부를 만나서 함께 저녁 식사를 하
기로 되어 있었다.

해설 breakfast, lunch, dinner 등의 일반적 의미의 식사
명 앞에는 관사를 붙이지 않으므로 (d)의 a dinner를
dinner로 고쳐야 한다.

어휘 drop by 들르다; 방문하다
pick up 차에 태우다
change 옷을 갈아입다

정답 (d) a dinner ➡ dinner

Exercise 1

1 해석 제임스는 선생님이 되었다. (2형식)
정답 c(우유가 상했다. (2형식))

2 해석 그녀는 내게 클럽의 규칙을 알려줬다. (3형식)
정답 b(그녀는 나를 내 사촌으로 착각했다. (3형식))

3 해석 우리는 계란을 반숙으로 익혔다. (5형식)
정답 a(우리는 그를 우리 회사의 사장으로 선언했다. (5형식))

4 해석 그는 샌디에게 멋진 정장을 사 줬다. (4형식)
정답 d(그는 수잔에게 케이크 한 조각을 남겨 주었다. (4형식))

5 해석 상원위원 윌슨의 비서는 상사가 사무실로 들어오자 자리에서 일어났다.
해설 rise는 자동사이고, raise는 타동사이다. 또 자동사 rise의 과거형은 rose이며, 타동사 raise의 과거형은 raised이다. 빈칸 뒤에 목적어인 명사(구)가 없으므로 빈칸에는 자동사가 들어가야 하며, 기준 시점이 '그의 사장이 사무실에 들어왔을 때'이므로 시제는 과거가 돼야 한다. 따라서 정답은 (d)가 된다.
정답 (d)

Exercise 2

1 해석 어렸을 때 부모로부터 사랑을 받고 자란 어머니는 자기 자식에게도 똑같이 사랑을 베풀 가능성이 더 크다.
해설 문장 구조상 빈칸은 동사 자리이기 때문에, (a)와 (b)는 답이 될 수 없다. 전체 문장의 주어는 3인칭 단수인 A mother이므로 정답은 (c)다.
정답 (c)

2 해석 A: 존에게 아스피린 줬니?
B: 응, 두 알을 줬는데 아무 효과가 없었어.
해설 '약이 듣다', '효과가 있다'는 의미를 가진 1형식 동사는 work다. 따라서 정답은 (b)가 된다.
정답 (b)

3 해석 A: 내 성경책을 어디서 찾았니?

B: 펼쳐진 채로 책상 위에 놓여 있었어.
해설 lay는 상태유지 동사 lie의 과거형이며, 빈칸에는 주어 the book을 설명해 주는 주격 보어가 필요하므로 정답은 (a)다.
정답 (a)

4 해석 A: 메리, 새해 결심이 뭐니?
B: 우선, 죠셉과 결혼할 거야. 그는 너무 멋진 사람이야.
해설 marry는 자동사로 착각해서 전치사 with를 쓰기 쉬운 동사인데, 사실은 완전 타동사다. 따라서 정답은 (a)가 된다.
정답 (a)

Exercise 3

1 해석 책 두세 권만 빌려 주시겠습니까?
해설 수여동사 lend는 4형식을 3형식으로 전환할 때 간접목적어 앞에 전치사 to를 취한다.
정답 Could you lend a couple of books to me?

2 해석 나는 그에게 좋은 아내를 찾아 줄 것이다.
해설 수여동사 find는 4형식을 3형식으로 전환할 때 간접목적어 앞에 전치사 for를 취한다.
정답 I will find a good wife for him.

3 해석 내 발이 젖었다.
해설 문맥상 wet은 형용사로 쓰였다. 「get+목적어+형용사」 형태가 알맞으므로 wet이 정답이다.
정답 wet

4 해석 나는 누군가가 사무실에 들어오는 것을 느꼈다.
해설 목적격 보어로 동사원형을 취했으므로 지각동사 felt가 알맞다. 동사 order는 목적격 보어로 to부정사를 취한다.
정답 felt

5 해석 문이 닫히지 않게 잡고 있어야 한다.
해설 door의 상태를 설명하는 목적격 보어 자리이므로 형용사인 open이 알맞다.
정답 open

6 해석 당신의 손톱을 청결한 상태로 유지해야 한다.

해설 「keep+목적어+형용사」 형태가 돼야 하므로 clean
이 알맞다.

정답 clean

7 **해석** A: 한 학생에게 바닥을 걸레질시켰어.

B: 정말? 그래서 그가 잘 했니?

해설 사역동사 make는 목적어와 목적격 보어가 능동 관계
일 때 원형부정사를 목적격 보어로 취하므로 (a)가 정
답이다.

정답 (a)

8 **해석** A: 두 남자가 건물을 지나가는 거 못 봤니?

B: 아니, 못 봤어. 무슨 일이야?

해설 지각동사 see는 목적어와 목적격 보어의 주술 관계가
능동 관계일 때 목적격 보어 자리에 원형부정사나 현
재분사를 취하므로 정답은 (d)가 된다.

정답 (d)

9 **해석** A: 애플파이 좀 만들어 줄래?

B: 좋아, 그럴게.

해설 동사 make가 「~에게 …를 만들어 주다」는 의미의
수여동사로 쓰일 경우, 「주어+동사+직목+간목」 형
태의 4형식과 「주어+동사+직목+전치사+간목」 형태
의 3형식의 두 가지 문형이 가능한데, 3형식을 취하면
간접목적어 앞에 전치사 for를 써야 한다.

정답 (a)

10 **해석** A: 제인이 이 검은색 정장을 어디서 산 것 같니?

B: 모르겠어. 톰에게 물어봐.

해설 간접의문문의 어순을 묻는 문제다. 주절의 동사가
think, believe, suppose, guess 등일 경우에는
의문사가 문두에 와야 한다.

정답 (a)

Actual Test

1 **해석** A: 존은 오늘 근무하지 않습니다. 전할 말씀 있으세
요?

B: 네, 전 BBC의 앤드류 존슨입니다. 저한테 전화 좀
해달라고 전해 주시겠어요?

해설 동사의 유형을 묻는 문제다. 사역동사 have는 5형식
문형을 취할 때, 목적어와 목적격 보어의 주술 관계가

능동이면 원형부정사를, 수동이면 과거분사를 목적격
보어로 취한다. 따라서 목적어인 him이 전화하는 행
위의 주체이므로 원형부정사가 와야 한다.

정답 (c)

2 **해석** A: 매기, 네가 바닥을 청소한 거니?

B: 아니, 실은 피터에게 시켰어.

해설 이 문제에서 get은 목적어와 목적격 보어의 관계가
능동이면 to부정사를, 수동이면 과거분사를 목적격 보
어로 취하는 사역동사다. 따라서 목적어인 Peter가
do의 주체이므로 to부정사가 와야 한다.

정답 (b)

3 **해석** A: 샘, 캐나다에 계시는 네 어머니로부터 소식 없니?

B: 지금으로선 없어. 편지 안 쓴 지 한 달 됐어.

해설 '~에게 …을 빚지고 있다'는 의미로 쓰일 때, owe는
「owe+간목+직목」 형태의 4형식과 「owe+직목
+to+간목」 형태의 3형식 어순을 취할 수 있다. 따
라서 정답은 (c)가 된다. 한 달 동안 어머니에게 편지
를 빚진 상태라는 말은, 즉 한 달 동안 편지를 한 통
도 못 썼다는 의미를 나타낸다.

정답 (c)

4 **해석** A: 이 이메일에 파일을 첨부하면 문제가 되나요?

B: 문제없습니다.

해설 문맥상 '문제가 되다', '중요하다'의 뜻의 완전 자동사
matter가 들어가야 알맞다.

정답 (b)

5 **해석** A: 저쪽에 있는 저 젊은이 내가 아는 사람인 거 같아.

B: 잭의 아들이라는 거 몰랐나? 확실히 아버지랑 닮았
어, 그렇지 않아?

해설 resemble은 우리말로 '~와 닮다'로 해석되기 때문
에 자동사로 착각하여 전치사 with와 함께 쓰기 쉬운
데, 실은 완전타동사로 전치사 없이 바로 목적어를 취
한다. 따라서 정답은 (c)가 된다.

정답 (c)

6 **해석** 남아프리카의 새 정부는 남아프리카 노동당 출신의 장
관들로 구성되어 있다.

해설 '~로 구성되다'의 뜻을 가진 동사 consist는 수동형
으로 쓸 수 없는 자동사로 항상 전치사 of를 수반하므
로 (c)가 정답이다. consist of는 동작이 아니라 상태

를 나타내는 동사로 (b)처럼 진행형을 쓸 수 없다.

정답 (c)

7 해석 그 동상은 교회의 왼쪽에 서 있다.

해설 동사의 유형과 어순을 묻는 문제다. 장소나 방향을 나타내는 전치 부사구가 문두에 위치할 경우 주어와 동사는 도치되어야 하며, 동사 stand는 건물이나 나무가 '서 있다'는 뜻일 때는 상태 동사로 간주되어 진행형을 쓸 수 없으므로 정답은 (a)가 된다. 참고로, 사람이 서 있는 것은 의식적인 동작으로 간주하여 진행형을 쓸 수 있다. *ex)* She is standing at the door.

어휘 statue 동상

정답 (a)

8 해석 나는 모든 학생들에게 시험시간 동안 휴대폰을 꺼 두라고 당부했다.

해설 keep이 5형식을 취할 경우, 목적격 보어 자리에는 형용사, 현재분사, 과거분사가 올 수 있다. 목적어와 목적보어의 관계가 능동이면 현재분사를, 수동이면 과거분사를 쓴다. 목적어인 cell phone은 사람에 의해 꺼지는 것이므로 turn과의 관계는 수동이다. 따라서 정답은 (d)가 된다.

정답 (d)

9 해석 (a) A: 당신 아내 제니퍼는 오늘 아름다워 보여요.
　　　(b) B: 고마워요. 아내도 당신의 칭찬에 고마워할 겁니다.
　　　(c) A: 그녀와 함께 춤을 한번 춰도 될까요?
　　　(d) B: 글쎄요, 그녀에게 먼저 물어보세요.

해설 '보이다'로 해석되는 look은 상태 동사로 간주하므로 진행형을 쓸 수 없다. 따라서 (a)의 is looking을 looks로 고쳐야 한다.

어휘 gorgeous 멋진, 아름다운
　　　appreciate 감사하다, 이해하다
　　　compliment 칭찬

정답 (a) is looking ➡ looks

10 해석 (a) 현대인들은 성형수술의 결과에 유혹되고 있습니다. (b) 자연 그대로의 눈을 원하지 않으면, 눈꺼풀 수술로 눈을 바꿀 수 있습니다. (c) 얼굴의 주름이 신경 쓰이신다면, 성형외과 의사에게 얼굴 주름 제거술을 받거나, 얼굴 보톡스 주사로 당신을 훨씬 젊어 보이도록 할 수 있습니다. (d) 그러나, 결과는 부작용으로 죽는

환자들의 수가 매년 증가하고 있습니다.

해설 사역동사 have는 목적어와 목적보어의 관계가 능동이면 목적보어 자리에 원형부정사를 취하지만, 수동 관계일 경우에는 과거분사를 취한다. 그리고 your eyes는 복수이므로, it이 아니라 them이 되어야 한다. 따라서 (b)의 have it change를 have them changed로 고쳐야 한다.

어휘 tempt 유혹하다
　　　outcome 결과, 성과
　　　wrinkle 주름
　　　plastic surgery 성형수술
　　　surgeon 외과의사
　　　facelift 얼굴 주름 제거술
　　　side effect 부작용

정답 (b) have it change ➡ have them changed

Chapter 06 수동태

Exercise 1

1 해석 줄리는 책상 위의 책들을 정돈했다.
정답 The books on the desk were arranged by Julie.

2 해석 누군가가 폭동 시위에 참가하고 있었던 거리의 두 사람을 공격했다.
정답 Two people on the street who were participating the riot were attacked by somebody.

3 해석 어떤 영업사원이 내 사무실에 들어오려고 해서, 내가 못 들어오게 했다.
정답 A salesman tried to come into my office and was kept out by me.

4 해석 내가 다니는 회사의 대부분의 직원들은 사장을 존경한다.
정답 The CEO is respected by most of the employees in my firm.

5 해석 안내원이 지도를 나눠 주었다.
정답 The maps were handed out by the guide.

6 해석 우리는 그 회의실을 2005년에 지었다.
정답 The conference hall was built in 2005.

7 해석 나의 어린 강아지 잭이 갑자기 내 방에 들어와서, 내가 내쫓았다.
정답 My little puppy Jack suddenly came into my room and was driven out by me.

8 해석 A: 당신 아들 마틴이 이 의자를 부쉈어요. 어떻게 하실래요?
B: 죄송하지만 그건 당신 딸 아이린이 망가뜨린 거예요!
해설 It은 의자를 가리키므로, it과 break의 주술 관계를 파악해야 한다. 의자는, 물론 스스로 부서질 수도 있기 때문에 자동사를 써도 되겠지만, 「by+행위자」가 명시되어 있기 때문에 타동사 용법으로 보는 것이 적절하다. 의자는 타동사 break의 주체가 아니라 대상이므로 수동이 돼야 하며, 의자가 부서진 것은 과거이므로 정답은 (c)가 된다.

Exercise 2

1 해석 필라델피아 시장은 국가의 외교수장들을 환영했다.
정답 The foreign heads of state have just been welcomed by the mayor of Philadelphia.

2 해석 우리는 합격하신 모든 지원자 분들에게 이메일로 통보해 드릴 것입니다.
정답 All successful applicants will be notified by e-mail.

3 해석 그들은 그를 단 한 번도 승진시킨 적이 없다.
정답 He has never been promoted by them.

4 해석 한 의사가 그녀의 가벼운 화상을 치료하고 있다.
정답 She is being treated for minor burns by a doctor.

5 해석 그때 이후로, 내 삼촌은 그 일을 해왔다.
정답 Since then, the work has been done by my uncle.

6 해석 그 출판사는 새로운 교과서를 내년 2월에 출간할 것이다.
정답 The new textbook will be published next February.

7 해석 콘크리트 믹서가 소음을 야기하고 있다.
정답 The noise is being caused by a cement mixer.

8 해석 내일 새벽 즈음이면, 소방관들이 산불을 진화해 버릴 것이다.
정답 By dawn tomorrow, the forest fire will have been extinguished by the fire fighters.

9 해석 A: 마이클, 너 이 지역을 잘 아는 것 같다.
B: 물론이지! 난 여기서 태어나서 자랐어.
해설 동사 bear와 raise는 각각 '아이를 낳다', '아이를 기르다'의 뜻을 가진 타동사들이다. 문맥상 주어인 I는 낳아지고 길러지는 것이므로 수동형이 돼야 함을 알 수 있다.

정답 (b)

Exercise 3

1 해석 그녀는 매력적인 소녀지만 집에서는 아무런 주목도 받지 못한다.

해설 타동사구의 수동태를 묻는 문제다. '~를 주목하다'는 의미의 타동사구 take notice of가 들어 있는 문장의 수동태는 타동사구를 하나의 동사로 간주해야 하므로 전치사를 빠뜨려서는 안 된다. 따라서 정답은 (d)가 된다.

정답 (d)

2 해석 현대 사회에서는 모든 사람이 평등하게 창조되었고 자기가 하고 싶은 것을 할 권리가 있다고 사람들은 믿는다.

해설 목적어가 절인 경우의 수동태를 묻는 문제. 빈칸 뒤의 절은 that절이므로 빈칸에는 두 가지 경우의 수가 가능하다. 일반인을 나타내는 people이나 they를 주어로 해서 people/they believe that ...의 능동문을 취하거나, 빈칸 뒤의 진주어인 that 명사절을 받는 가주어 it을 주어로 해서 it is believed that ...과 같은 수동문도 가능하다.

정답 (c)

3 해석 A: 뭐하는 거야? 그 양배추 인형은 내 거잖아.
　　 B: 뭐라고? 이건 엄마가 나한테 사 주신 거야. 그걸 몰랐니?

해설 This one은 양배추 인형을 가리키므로 빈칸은 주술 관계상 수동이 돼야 하며, 수여동사 buy는 간접목적어 앞에 전치사 for를 필요로 하므로 정답은 (b)가 된다. 참고로, 4형식 문장의 직접목적어를 문장의 주어로 해서 수동문으로 고칠 때, 간접목적어 앞에 붙는 전치사 to는 생략할 수 있지만, for는 생략이 불가능하다.

정답 (b)

Exercise 4

1 해석 아버지께서 나를 거기에 가도록 했다.
정답 I was made to go there by my father.

2 해석 탐은 웨이터에게 커피 한 잔을 가져오게 했다.
정답 The waiter was ordered to bring Tom a cup of coffee.

3 해석 선생님께서 내가 그 일을 할 수 있도록 허락해 주셨다.
정답 I was allowed to do it by my teacher.

4 해석 나는 문지기를 시켜서 내 서류가방을 들게 했다.
정답 The doorman was asked to carry my suitcase (by me).

5 해석 나는 방에서 아기가 우는 소리를 들었다.
정답 The baby was heard to cry in the room (by me).

6 해석 아버지께서 어제 내게 컴퓨터 한 대를 사 주셨다.
정답 A computer was bought for me yesterday by my father.

7 해석 나는 제임스를 시켜 내 BMW를 세차했다.
정답 James was asked to clean my BMW (by me).

8 해석 그들은 그 의사를 존경했다.
정답 The doctor was looked up to by them.

9 해석 캐시가 남들에 대해 싫은 소리를 하는 것을 들어 본 적이 없다.

해설 5형식의 능동 문장에서 지각동사는 목적격 보어로 원형부정사나 현재분사를 취하는데, 수동 문장으로 고칠 경우 능동 문장의 목적격 보어 자리의 원형부정사는 to부정사로 바뀌어야 한다. 이 문장의 경우 지각동사가 들어간 5형식 문장의 수동태이므로, 빈칸에는 to say가 들어가야 한다. 5형식 수동태 구문「be+지각/사역동사의 p.p.+to부정사」형태를 기억해 두면 쉽게 풀 수 있는 문제다.

정답 (a)

Exercise 5

1 해석 나의 아버지는 심리학에 관심이 많으시다.
해설 '~에 관심이 있다'의 수동 구문은 전치사 in을 쓴다.
정답 in

2 해석 저 소녀는 그녀 반의 모든 학생들에게 유명하다.
해설 every student는 대상이므로 to가 적절하다.
정답 to

3 해석 나는 내 수학 시험 점수에 만족하지 않는다.
해설 문맥상 satisfied가 자연스럽다.
정답 satisfied

4 해석 이 문은 망치로 부숴진 것임에 틀림없다.
해설 hammer는 행위자가 아니라 문을 부순 수단이므로 with가 알맞다. 능동태 문장 Somebody must have broken the door with a hammer.로 복원해 보면, 왜 with인지 쉽게 알 수 있다.
정답 with

5 해석 마크는 정치가로서 알려져 있다.
해설 be known as는 '~로서 알려져 있다'는 뜻이고, be known for는 '~ 때문에 알려져 있다'는 뜻이다. a statesman은 그가 알려진 원인이 아니므로 as가 알맞다.
정답 as

6 해석 캘리는 그녀의 유머로 유명하다.
해설 humor는 그녀가 유명한 이유나 원인에 해당되므로 for가 적절하다.
정답 for

7 해석 나무는 그 열매를 보면 알 수 있다.
해설 fruit은 판단의 기준으로 볼 수 있으므로 판단의 전치사 by가 알맞다. The tree is know by its fruit.은 하나의 굳어진 표현으로 '사람 됨됨이는 그 사람의 언행을 보면 알 수 있다'는 뜻의 속담이다.
정답 by

8 해석 이 책은 텝스를 공부하는 모든 사람들에게 알려져 있다.
해설 everybody는 알려져 있는 대상이므로 to가 적절하다.
정답 to

9 해석 그 방은 유명 인사들로 가득 차 있었다.
해설 '~로 가득 차 있다'의 수동 구문은 be crowded [filled] with다.
정답 with

10 해석 나는 네가 성공해서 기쁘다.
해설 '~에 만족하다'의 수동 구문 be pleased 다음엔 전치사 with나 at을 쓴다.
정답 with

11 해석 나는 그 소식에 놀랐다.
해설 be surprised 다음에는 전치사 at을 쓴다.
정답 at

12 해석 내 친구 제임스는 1995년에 한 외국인과 결혼했다.
해설 문맥상 '결혼을 했다'는 동작 수동이 알맞으므로 got married가 적절하다.
정답 got married

13 해석 나의 새 차는 페인트칠을 할 필요가 있다.
해설 need 뒤에는 능동 동명사를 써야 한다.
정답 painting

14 해석 버터는 우유로 만들어진다.
해설 버터 성분이 만들어지는 원천은 우유라고 볼 수 있으므로 '출처', '원천'을 뜻하는 전치사 from이 적절하다. 전치사 into가 답이 되기 위해서는 Milk is made into butter.가 되어야 한다. 참고로, 물리적 변화는 of를, 화학적 변화는 from을 쓴다고 하지만, 구분 경계가 매우 애매한 경우가 많기 때문에 다음과 같이 기억해 두는 것이 좋다. 원료의 질이 바뀌지 않을 경우는 of를 쓰고, 원료의 질이 바뀔 경우는 from을 쓴다.
정답 from

15 해석 이 집은 돌로 만들어져 있다.
해설 이 집을 구성하고 있는 원료가 돌이며, 원료의 질이 바뀌지 않은 경우이므로 of를 써야 한다.
정답 of

16 해석 트럭에는 컨테이너들이 실려 있었다.
해설 '~로 가득 차 있다'는 be crowded[filled/loaded] with다. 여기서 전치사 with는 'A를 B로 채우다'의 fill[load] A with B의 능동 구문에서 비롯된 것이다. be p.p. 다음에 무조건 by가 오는 것이 아님을 기억해 두자. 능동 문장으로 복원해 보면, People

loaded the truck with containers. 이를 다시 수동 문장으로 바꾸면, The truck was loaded with containers (by people).이 되며, 여기서 행위자인 by people이 생략됐다.

정답 (b)

17 해석 3분의 1가량의 학생들이 자신의 텝스 성적에 만족하고 있다.

해설 「분수+of+명사」 형태에서 수는 of 뒤의 명사의 종류에 따라 결정한다. 단수 명사나 불가산 명사가 오면 단수 동사를, 복수 가산 명사가 오면 복수 동사를 쓴다. students는 복수 가산 명사이므로 (a)와 (d)는 답이 될 수 없으며, 상태 수동 be satisfied 다음에 필요한 전치사는 with이므로 정답은 (b)가 된다.

정답 (b)

18 해석 A: 존, 어떻게 내 숙제를 모두 끝낼 수 있을까?
　　　B: 해야 할 모든 일을 목록으로 만들어 봐.

해설 need want, deserve, require 등의 동사들은 목적어 자리에 동명사를 쓸 경우 의미가 수동이라도 능동 동명사를 써야 하는 타동사들이다. 반면, to부정사를 쓸 경우에는 의미에 맞게 태를 구분해서, 수동이면 수동 부정사(to be p.p.)를 써야 한다. 따라서 정답은 (a)가 된다.

정답 (a)

19 해석 A: 당신 막내 아들은 아직 혼자 살아요?
　　　B: 아니요, 3년 전쯤 결혼했어요.

해설 marry는 굉장히 까다로운 동사 중 하나이다. 타동사, 자동사 용법이 있고, 수동형도 가능하기 때문이다. 일단 빈칸 뒤에 목적어인 명사가 없이 부사구를 이끄는 전치사 about이 이어지고 있으므로, 빈칸에는 자동사 marry나 be[get] married 형태가 들어가야 한다. marry가 자동사로 쓰일 경우는 주어가 반드시 they나 he and she 등처럼 복수형(ex. They married in 1989.)이 돼야 한다. 따라서 정답은 (d)가 된다.

정답 (d)

20 해석 A: 알아맞혀 봐. 나 방금 선생님 댁에 저녁 초대받았어.
　　　B: 그거 잘됐구나!

해설 invite는 타동사이며, 주어인 I는 초대되는 것이므로 수동형이 돼야 하며, 시제는 과거나 현재완료가 되어야 하므로 이 조건을 충족시키는 (c)가 정답이다.

정답 (c)

21 해석 A: 모기들이 날 미치게 하네.
　　　B: 나도 그래. 지금껏 수백 방 물렸어.

해설 bite는 '물다'란 뜻의 타동사이며, 주어인 I는 모기에게 물리는 것이므로 수동형이 돼야 하므로 (a)와 (c)는 답에서 제외된다. 또 과거로부터 지금까지의 누적된 결과를 나타내는 현재완료시제를 취해야 하므로 정답은 (d)다.

정답 (d)

Actual Test

1 해석 A: 바깥에 비가 억수같이 내리고 있어! 왜 축구경기를 취소하지 않은 거지?
　　　B: 경기는 날씨에 상관없이 치뤄져 왔어.

해설 주어인 경기는 사람들에 의해 play되는 것이므로 수동형이 알맞다. 또 문맥상 축구경기는 과거로부터 지금까지 늘 날씨와는 상관없이 치뤄져 왔다는 의미가 적절하므로 현재완료형인 (c)가 정답이다.

어휘 **rain cats and dogs** 억수같이 비가 내리다
　　 regardless of ～에 상관없이

정답 (c)

2 해석 A: 네 정원이 정말 맘에 든다, 제인. 꽃들이 잘 가꿔진 거 같아.
　　　B: 고마워. 정원을 가꾸는 데 시간이 좀 걸렸어.

해설 '～를 돌보다'라는 뜻의 타동사구는 look after다. 주어인 flowers와 look after의 관계가 수동이므로 정답은 (c)다.

정답 (c)

3 해석 A: 왜 그렇게 시무룩하니, 마크?
　　　B: 수학과 물리 기말시험에서 낙제해서 한 달 동안 외출 금지당했어.

해설 ground가 '외출 금지시키다'의 의미로 쓰일 때는 타동사다. 주어 I는 외출 금지를 당하는 것이므로 수동이 돼야 하며, 현재 외출 금지를 당한 상태이므로 상태 수동을 표현한 (c)가 정답이다.

어휘 **flunk** (시험 따위에) 낙제하다
　　 ground 외출 금지시키다

정답 (c)

4 해석 A: 재키 찬에 대해 아는 거 뭐 있어?
B: 홍콩 무술영화로 유명한 사람인 것 같아.
해설 상태 수동 be known 뒤에 올 적절한 전치사를 고르는 문제다. 빈칸 뒤의 내용이 재키 찬이 유명한 이유, 또는 원인에 해당되므로 전치사 for가 적절하다. be known as는 '~로서 잘 알려져 있다'는 뜻이고, be well known to는 '~에게 유명하다'는 뜻으로 to 뒤에는 대상이 와야 한다.
어휘 martial arts 무술
정답 (b)

5 해석 일단 이 알약을 복용하시면, 통증이 3시간 후에 사라질 거예요.
해설 상태 수동을 묻는 문제다. 상태 수동에서 p.p.는 거의 형용사로 간주해도 무방하다. 따라서 gone은 문맥상 '사라진'의 뜻의 형용사로 여기면 된다. 또 be gone에서 be동사는 수동의 be동사와는 성격이 다르다. 주어의 상태를 설명하는 단순 연결동사로 형용사 gone을 보어를 취한 2형식으로 파악하는 것이 좋다. 따라서 정답은 시제와 의미가 알맞은 (d)가 된다.
정답 (d)

6 해석 표면에 닿지 않도록 조심해. 살충제가 뿌려져 있어.
해설 It은 surface를 가리키므로 spray의 대상에 해당된다. 또 insecticide(살충제)는 행위자가 아니므로 전치사 by는 부적절하다. 따라서 정답은 (b)가 된다. spray A with B(A에 B를 뿌리다) 구문을 숙지하고 있으면 쉽게 풀 수 있는 문제다.
어휘 insecticide 살충제
spray 분무하다
정답 (b)

7 해석 어떤 질병이건 병을 앓고 있는 사람은 건물 안으로 들어갈 수 없습니다.
해설 주어가 사람(People)이고, 문맥상 사람들이 허락의 주체가 아니라 대상이므로 수동이 되어야 하며, people은 복수 취급하므로 정답은 (b)다.
어휘 premise 건물
정답 (b)

8 해석 (a) A: 너 요즘 바빠 보여. 얼굴 보기가 거의 힘들구나.

(b) B: 돌봐야 할 사업이 두 개라서 그래.
(c) A: 그런데 사업은 잘 되니?
(d) B: 경기 침체로 어렵지만 포기하지 않을 거야.
해설 (b) 문장에서 관계사절에 의해 수식받는 선행사 two businesses와 take care of의 주술 관계는 의미상 수동이다. 따라서 to take care of를 수동 부정사 to be taken care of로 바꾸거나, 능동 동명사 taking care of로 바꿔야 한다. need 뒤에는 동명사나 to부정사를 쓸 수 있는데, 한 가지 기억해 둬야 할 것은, 동명사를 쓸 경우엔 의미상 수동일지라도 반드시 능동 동명사를 써야 한다.
정답 (b) to take care of ➡ taking care of / to be taken care of

9 해석 (a) A: 집 청소 끝냈니?
(b) B: 거의, 하지만 잔디는 아직 못 깎았어.
(c) A: 도와줘? 나 시간 많은데.
(d) B: 아니, 괜찮아. 내가 할 수 있을 것 같아.
해설 (b) 문장에서 need 다음에 오는 to부정사의 의미상 주어는 문장 주어다. 문장 주어 the lawn은 깎여지는 것이므로 to mow을 수동 부정사 to be mowed로 고치거나, 동명사 mowing으로 고쳐야 한다. need, want, require, deserve 등의 동사의 목적어로 동명사를 쓸 경우엔 의미상 수동일지라도 능동 동명사를 써야 한다.
어휘 lawn 잔디
mow (잔디를) 깎다
hand 도움(= help)
manage 이럭저럭 해내다
정답 (b) to mow ➡ to be mowed / mowing

10 해석 (a) 아카데미상이 미국에서뿐만이 아니라 전 세계적으로도 가장 유명한 영화상임은 의심할 여지가 없다. (b) 그것은 또한 오스카상으로도 불리며, 그 시상식은 TV를 통해 전 세계 거의 1억 시청자들에 의해 지켜봐진다. (c) 이 상은 많은 영화 제작자들과 감독들이 갈망하는 수많은 명사들을 배출해 낸다. (d) 그러나 이 상이 상금이 없는 명예상이며 미국 내 영화산업 노동조합에 대항하여 싸우기 위한 방법으로 이용된다는 것을 인식하는 사람들은 그다지 많지 않다.
해설 문장 (b)에서 watched는 분사가 아니라 타동사다. 따라서 반드시 목적어인 명사가 뒤에 이어져야 하는데 전치사가 이어지고 있으므로 수동태가 돼야 한다. 따라서 watched를 are watched로 고쳐야 한다.

어휘 **award ceremony** 시상식
on tube 텔레비전으로
approximately 약(= about)
viewer 시청자
around the globe 전 세계적으로
countless 수많은, 무수한
recognize 인식하다, 깨닫다, 인정하다
unpaid award 상금이 없는 상
union 노동조합

정답 (b) watched ➡ are watched

Chapter 07 대명사

Exercise 1

1   해석 제인, 너희 집에서 공원까지 얼마나 멀어?
해설 시간, 날씨, 거리, 요일, 명암 등을 표현할 때 쓰는 주어는 비인칭 it이다.
정답 it

2   해석 나는 어제 그가 호텔 앞에 누워 있는 것을 발견했다.
해설 타동사 found의 주어 I와 목적어가 일치하지 않으므로 일반 인칭대명사 him이 알맞다.
정답 him

3   해석 지미는 아내와 자신을 위해 BMW를 샀다.
해설 문장의 주어 Jimmy와 전치사의 목적어가 동일인이므로 재귀대명사인 himself가 알맞다.
정답 himself

4   해석 그는 아내가 임신했다는 소식을 듣고선 기뻐서 어찌할 바를 몰랐다.
해설 재귀대명사의 관용표현을 묻고 있다. '~으로 제정신이 아니다'는 be beside oneself with로 표현한다.
정답 beside

5   해석 브라운 교수의 직업 선택은 우리의 경제뿐 아니라 본인을 위해서도 매우 다행스러운 것이었다.
해설 문맥상 빈칸은 브라운 교수를 가리키는 대명사가 필요하다. 선택지에서 브라운 교수를 받아 줄 수 있는 대명사는 himself밖에 없다.
정답 (c)

Exercise 2

1   해석 러시아의 영토는 이탈리아의 영토보다 더 넓다.
해설 앞에서 언급된 단수 명사를 대신 받는 대명사는 it이나 that을 쓰며, 형용사구(of Italy)나 절의 수식을 받는 경우엔 that을 써야 한다.
정답 that

2   해석 그는 좋은 사람이며 그런 사람으로 알려져 있다.
해설 a good man을 받아 주는 대명사가 필요하다. 앞에서 언급된 명사의 반복을 피하기 위한 대명사는 주로

one, that을 쓰지만, as 뒤에는 such를 쓴다.

정답 such

3 **해석** 윌리엄은 그의 의견이 틀렸다고 생각하며 존도 그러하다.

해설 반복을 피하기 위한 도치 구문에서, '~ 역시 그러하다'라는 의미로 상대방의 말이나 바로 앞 문장에 맞장구칠 때 「so+조동사/be동사+주어」 형태를 사용한다.

정답 so

4 **해석** 피터슨은 이틀 전에 실수를 했었는데 오늘 또다시 같은 실수를 저질렀다.

해설 mistake는 가산 명사이므로 such가 답이 되려면 부정관사 a가 필요하다. 앞에서 언급된 명사와 똑같은 종류의 명사를 표현할 땐 「the same+명사」 형태를 사용한다.

정답 same

5 **해석** A: 독일어와 불어의 차이점이 뭐라고 생각하니?
B: 첫째로, 독일어 발음은 불어 발음에 비해 간단해.

해설 비교의 대상은 동일해야 하므로, 빈칸에는 앞에서 언급된 명사 pronunciation을 받는 대명사가 들어가야 한다. 형용사구나 형용사절의 수식을 받는 경우나, 단수 명사나 불가산 명사를 받을 경우에는 지시 대명사 that을 쓰고, 복수 명사를 받을 경우엔 those를 쓴다. 따라서 형용사구 of French의 수식을 받고 있고, 단수 명사 pronunciation을 받고 있으므로 (b)가 정답이다.

정답 (b)

Exercise 3

1 **해석** 그는 격주 일요일마다 교회에 간다.

해설 each와 every는 기본적으로 비슷한 의미와 용법을 지니고 있지만, '매 ~마다'의 의미로 「other+단수명사」 앞에는 every를 써야 한다. 참고로, '이틀마다'를 영어로 표현하면, every other day, every second day, every two days의 3가지 형태가 가능하다.

정답 every

2 **해석** 내게는 두 명의 여동생이 있다. 한 명은 교수이고, 다른 한 명은 정치가이다.

해설 대상이 둘일 경우 둘 중의 하나는 one이고, 나머지 다른 하나는 the other이다.

정답 the other

3 **해석** A: 이 치마들은 얼마죠?
B: 각 20달러씩입니다.

해설 부사가 필요한 자리이며, '각각'의 의미를 가지는 부사는 each다.

정답 each

4 **해석** A: 언제가 편하니?
B: 아무 때나 좋아.

해설 긍정문에서 '어떤 것이든', '아무 것이든'의 양보적 의미로 쓰이는 부정대명사나 형용사는 any다.

정답 Any

5 **해석** 그 노래 둘 다 맘에 안 들어. 내겐 단지 소음에 지나지 않아.

해설 둘 다 맘에 들지 않는다고 했으므로 완전 부정을 나타내는 not ... either를 써야 한다.

정답 neither → either

6 **해석** A: 난 피곤하지 않아. B: 나도 그래.

해설 '나 역시 피곤하지 않아'의 의미가 돼야 하므로 So를 Neither로 고쳐야 한다.

정답 So → Neither

7 **해석** 우리가 어린 지미의 옷을 그의 침대 옆에 두면 그는 스스로 옷을 입는다.

해설 타동사 dress는 '~에게 옷을 입히다'는 뜻이므로, 빈칸에는 사람에 해당되는 대명사가 들어가야 한다. 문장의 주어 he와 동사의 목적어가 동일한 경우에는 재귀대명사를 써야 하므로 정답은 (c)가 된다.

정답 (c)

8 **해석** 내 친구와 내가 당신을 돕게 해주지 않을래요?

해설 빈칸은 동사 let의 목적어 자리이므로 목적격 대명사가 들어가야 하며, 영어에서는 1인칭 대명사를 3인칭이나 2인칭 대명사보다 나중에 써야 하므로 정답은 (c)가 된다.

정답 (c)

9 해석 세 남자, 밥, 조, 그리고 난 강가에서 만났다.

해설 격에 맞는 인칭대명사를 고르는 문제다. 빈칸은 주어 자리이므로 주격 인칭대명사 I가 들어가야 한다.

정답 (d)

10 해석 A: 찰리, 구운 소고기를 좀 더 먹을 수 있을까요?

B: 물론이죠. 맘껏 드세요.

해설 의문문에서는 any가 원칙이지만, 긍정의 응답을 기대하면서 허락을 구하거나, 요청을 하거나, 음식을 권하는 경우엔 의문의 형태라도 some을 쓴다. (d)의 another은 뒤에 가산 명사가 이어져야 하는데, beef는 불가산 명사이므로 답이 될 수 없다.

정답 (c)

11 해석 A: 프랭크, 왜 그렇게 안절부절 못하고 있니?

B: 많은 사람들 앞에서 말하는 건 정말 당황스러워.

해설 5형식 구문에서 목적어가 to부정사이거나, that 명사절인 경우에는 문장의 균형을 위해 가목적어 it을 써주고, 진목적어 인 to부정사나 that절은 목적보어 뒤에 와야 한다. (c)와 (d)는 가목적어 it이 없으므로 답에서 제외되며, 가목적어 it과 embarrass의 주술 관계는 능동이므로 목적격 보어 자리에는 현재분사 embarrassing이 알맞다.

정답 (b)

12 해석 A: 왜 그 책들을 다시 선반에 갖다 놓고 있니?

B: 내가 찾는 정보가 담긴 책이 하나도 없어.

해설 문맥상 빈칸에는 부정의 의미를 가진 부정 주어가 들어가야 하므로 Any는 답이 될 수 없으며, them은 책을 가리키기 때문에 사람에게만 쓰는 No one 역시 틀리다. 또 Nothing은 단수 취급하므로 단수 동사 has를 써야 한다. 따라서 정답은 (b)가 된다.

정답 (b)

13 해석 A: 존, 혹시 내게 빌려 줄 만화책 있니?

B: 몇 권 있긴 한데 너처럼 진지한 사람에게는 너무 유치한 내용이어서 말이야.

해설 불특정한 것을 받는 대명사 one의 용법을 묻는 문제다. any cartoon books를 받는 대명사가 들어가야 하므로 복수형인 ones가 알맞다.

정답 (d)

14 해석 A: 그 사람들 그 돈 받았어?

B: 응, 경찰이 줬어.

해설 불가산 명사를 받는 대명사는 it이다. money는 물질적 집합명사로 불가산 명사이므로, one이나 them으로 받을 수 없으므로 (c)가 정답이다.

정답 (c)

Actual Test

1 해석 A: 올해 우리 봉급을 인상 받을 수 있을까?

B: 그렇지 않을 거 같은데.

해설 주로 say, hear, tell, hope, be afraid, think, suppose, expect 등의 목적어 자리에는 앞 문장 전체의 반복을 피하기 위해 긍정의 내용이면 so, 부정의 내용이면 not으로 대신 받는다. I'm afraid는 유감을 표현하는 말이다. 봉급을 올려 받는 것이 유감의 대상일 수는 없으므로, 빈칸에는 we will not get a raise in our salary this year라는 내용의 부정문이 이어질 것으로 볼 수 있다. 따라서 이런 부정문을 대신 받는 대명사는 not이다.

정답 (c)

2 해석 A: 어제 잃어버렸던 열쇠 찾았니?

B: 응, 찾았어.

해설 앞에 나온 단수 가산 명사의 반복을 피하기 위해 대명사 it 또는 one을 쓴다. it은 앞에 언급된 바로 그 명사를 가리키고, one은 앞에 언급된 명사와 동일한 종류의 다른 명사를 받는다. 문맥상 어제 잃어버린 그 열쇠를 가리키므로 it이 알맞다.

정답 (c)

3 해석 A: 손님, 이 녹색 드레스 어떠세요?

B: 괜찮아 보이네요. 입어 봐도 될까요?

해설 B가 가리키는 드레스는 A가 권해 준 바로 그 녹색 드레스이므로 it이 알맞고, 대명사가 목적어일 경우에 동사와 부사 사이에 위치해야 하므로 정답은 (a)다.

정답 (a)

4 해석 A: 그와 나를 제외한 모든 클럽 회원들이 파티에 갈거야.

B: 왜? 너희들 선약이 있는 거니?

해설 대명사의 격을 묻는 문제다. except는 '~을 제외하고'의 뜻을 가진 전치사다. 전치사 뒤의 명사는 그 전치사의 목적어에 해당되므로 목적격 대명사를 써야 한다. 따라서 정답은 (d)가 된다.

어휘 previous appointment 선약
(= prior engagement)

정답 (d)

5 해석 이탈리아의 인구는 한국보다 훨씬 많다.

해설 비교의 대상은 동일해야 하므로, 빈칸은 population을 받는 대명사가 필요하다. 앞에 나온 명사를 받아 줄 때, 형용사구나 형용사절 수식을 받는 경우는 지시대명사 that이나 those를 쓰고, 수식을 받지 않고 앞에 언급된 바로 그 명사인 경우는 it이나 them, they를 쓴다. 이 문제에서는 형용사구 of Korea의 수식을 받고, 단수 명사 population을 가리키는 대명사가 필요하므로 정답은 (c)가 된다.

정답 (c)

6 해석 나는 너와 생각이 같다.

해설 my idea와 비교되는 것은 you가 아니라 your idea이다. 따라서 your idea를 받는 소유대명사 yours가 적절하며, same 앞에는 항상 the가 붙어야 하므로 (c)가 정답이다.

정답 (c)

7 해석 그 학생들은 각자 메달을 받았다.

해설 빈칸에 적절한 부정대명사를 고르는 문제다. every는 형용사로만 쓰이므로 (c)는 답이 될 수 없다. all과 both는 대명사로 쓰일 수 있지만, 뒤에 복수 명사가 오면 복수 동사를 써야 하므로 역시 답이 될 수 없다. 따라서 대명사와 형용사로 사용이 가능하고, 항상 단수 동사를 취하는 (a)가 정답이다.

정답 (a)

8 해석 그가 내게 책을 몇 권 빌려 주었는데 모두 읽기 쉬웠어.

해설 동사와 수가 일치되는 대명사를 골라야 한다. 일단 (a)와 (b)는 단수 동사를 써야 하므로 답이 될 수 없다. all과 both는 둘 다 문법적으로 가능하다. 하지만 both는 대상이 둘일 때 둘 모두를 가리키는 부정대명사인데, a few books는 대상이 정확히 둘이라고 할 수 없으므로 역시 답이 될 수 없다.

정답 (c)

9 해석 (a) A: 실례합니다. 이 영화 등급이 어떻게 되나요?
(b) B: 어디 봅시다. 오, 그건 R등급이네요.
(c) A: 그게 무슨 의미인가요?
(d) B: 17세 미만은 부모나 성인 보호자 동반 요망이라는 뜻입니다.

해설 문장 (c)에서 의문사는 stand for의 목적어가 돼야 하므로 전치사 for의 목적어가 될 수 있는 의문대명사 what을 써야 한다.

어휘 rate 등급을 매기다

R - Restricted (Under 17 Requires Accompanying Parent Or Adult Guardian)
: 제한 (17세 미만은 부모나 성인 보호자 동반 요망)

G - General Audiences (All Ages Admitted) : 전체 관람가 (모든 연령층 적합)
PG - Parental Guidance Suggested (Some Material May Not Be Suitable For Children) : 보호자의 지도 필요 (일부 소재가 어린이에게 부적합할 수 있다)
PG-13 - Parents Strongly Cautioned (Some Material May Be Inappropriate For Children Under 13) : 보호자의 엄격한 지도 필요 (일부 소재가 13세 이하의 어린이에게 부적합할 수 있다)
NC-17 - No One 17 and Under Admitted : 17세 미만 관람 불가

stand for 상징하다; 의미하다

정답 (c) How → What

10 해석 (a) 며칠 전 한 LA 종합병원에서 7명의 한국계 의사들이 회진을 돌고 있었다. (b) 그들은 의식불명인 채로 입원하게 된 한 한국인 환자를 진찰하게 되었다. (c) 그 일곱 의사들은 그의 건강 상태를 확인하기 위해 그에게 "여기가 어딘지 아시겠습니까?"라고 물어보았다. (d) 그 남자는 살짝 그들을 노려보며 대답했다. "음… 한국?"

해설 (c)에서 인칭대명사 he는 주격 대명사다. 타동사 asked의 목적어 자리이므로 목적격 인칭대명사 him으로 고쳐야 한다.

어휘 physician 의사
ward round 회진
general hospital 종합병원

unconscious 의식불명인

medical condition 건강 상태

stare at 노려보다

정답 (c) he ➡ him

Vocabulary

Chapter 01 Health 건강

Actual Test

1 해석 A: 난 너무 마른 거 같아. 살찌려면 어떻게 해야 할까?

B: 고단백 식사를 하고 웨이트 트레이닝을 많이 해봐.

해설 살을 찌려면 어떻게 해야 하냐고 조언을 구하고 있으므로, 자신이 너무 말랐다고 생각하고 있음을 알 수 있다. 따라서 정답은 skinny다.

어휘 bulk up 커지다

stocky 땅딸막한

rotund 통통한, 뚱뚱한

short 키가 작은

정답 (d)

2 해석 A: 수영하러 가고 싶어. 수영하러 같이 갈래?

B: 안 돼. 식사 직후에 수영하면 쥐가 날 수도 있어.

해설 식후에 수영을 해서 걸릴 수 있는 증상을 생각해 보면 '쥐, 경련'의 뜻을 가진 cramps가 가장 적절하다.

어휘 cut 칼에 벤 상처

redness 붉어짐

rat 쥐

정답 (a)

3 해석 A: 회사는 간단하고 쉬운 업무에 정신 지체인 사람들을 고용할 의무가 있어.

B: 전적으로 동의해. 돈을 벌기 위해 일을 하는 것은 정신이 지체된 사람들에게 독립심과 자부심을 주거든.

해설 B의 people with low mental ability가 단서다. 직역하면 '낮은 정신 능력을 가진 사람들'의 뜻이다. 정신적으로 도전을 받는, 즉 정신적으로 장애가 있는 사람을 mentally challenged people이라고 한다.

어휘 obligation 의무

sour 신, 시큼한

startled 놀란

정답 (a)

4 해석 A: 언제 이렇게 숨이 가빠지시나요?

B: 급히 일어나거나 계단을 걸어 올라갈 때마다요.

해설 급하게 일어나거나 계단을 오를 때 있을 수 있는 증상은 숨이 가빠지는 것일 것이다. 따라서 breath가 문맥상 가장 자연스럽다.

어휘 pain 통증, 고통
　　　tongue 혀

정답 (d)

5　해석 A: 조류독감이 닭과 사람 간에 전염되나요?
　　　B: 네, 하지만 살아 있는 닭과 직접적인 접촉을 통해서이지, 닭고기를 먹어서는 전염되지 않습니다.

해설 B가 한 말로 미루어 볼 때, 문맥상 빈칸에는 '전염성이 있는'의 뜻을 가진 communicable이 어울린다.

어휘 conversable 말 걸기 쉬운
　　　litigious 소송의, 소송을 좋아하는
　　　incredible 믿기 어려운, 놀라운

정답 (c)

6　해석 A: 왜 항상 그렇게 많이 먹니?
　　　B: 난 소화가 너무 잘 돼. 그래서 칼로리를 빨리 태워서 항상 배가 고파.

해설 so 이하가 단서다. 칼로리가 빨리 타서 항상 배가 고파지는 이유는 신진대사가 매우 활발하기 때문일 것이다. 따라서 정답은 metabolism이다.

어휘 intestines 장
　　　periphery 주변

정답 (a)

7　해석 치과 의사들은 충치에 걸릴 가능성을 줄이기 위해 매일 이 닦기를 권한다.

해설 '양치질하다'의 의미로 teeth와 짝을 이루는 동사는 brush다.

어휘 comb 빗질하다
　　　cover 덮다, 가리다

정답 (d)

8　해석 MRI 촬영 결과 어깨 힘줄이 부분적으로 파열되어 있었다.

해설 어깨 힘줄은 찢어지거나 파열되는 것이므로 tear가 가장 알맞다.

어휘 MRI 자기공명 촬영법(= Magnetic Resonance Imaging)
　　　partial tear 부분 파열
　　　tendon 힘줄
　　　cure 치료

---

　　　toll 종소리

정답 (d)

9　해석 수년 전에는 아무 약국에서나 처방전 없이 아스피린이나 수면제를 살 수 있었다.

해설 '처방전 없이'의 의미로 쓰이는 관용표현은 over the counter다. under the counter는 '불법 거래로'의 뜻으로 문맥에 맞지 않다. 또 빈칸은 부사(구) 자리이므로 (b)와 (d)는 문법적으로 답이 될 수 없다.

어휘 diagnose 진단하다
　　　longevity 장수

정답 (c)

10　해석 종종 불치병 환자는 회복할 가능성이 없기 때문에 희망을 잃어버린다.

해설 병이 나을 가능성이 없다는 것은 불치병을 앓고 있다는 뜻이므로 terminal이 정답이다.

어휘 minor 사소한
　　　curable, treatable 치료할 수 있는

정답 (a)

Actual Test

1 **해석** A: 김 씨의 회사가 가장 큰 시장 점유율을 가진 이유
가 뭐라고 생각하니?

B: 나는 그의 마케팅 및 영업부서가 그에게 경쟁력을
제공했다고 생각해.

해설 문맥상 '경쟁력', 또는 '경쟁적 우위'의 뜻을 가진
competitive edge가 적합하다. 여기서 edge는
'가장자리'가 아니라, '힘', '위력'의 의미를 나타낸다.

어휘 razor 면도날

starting point 출발점

completion 완성

정답 (a)

2 **해석** A: 경기 침체와 경기 불황의 차이점에 대해 알고 있는
사람 있나요?

B: 제 기억이 정확하다면, 경기 침체가 더 짧다는 게
큰 차이점입니다.

해설 일반적으로 둘의 차이를 궁금해하는 경우는 서로 비슷
해서 구분이 어려운 경우이므로, recession과 의미
가 가장 비슷한 depression이 정답이다.

어휘 recession 경기 후퇴; 경기 침체

depression 경기 불황

glut 과잉 공급

pressure 압력

정답 (c)

3 **해석** A: 미국으로 목재를 수입할 때 관세를 내야 하나요?

B: 네, 총 선적 금액의 20% 정도입니다.

해설 물건을 수입할 때 내야 하는 것은 '관세'이므로 정답
은 tariff다.

어휘 lumber 목재

cost 경비; 비용

정답 (a)

4 **해석** A: 난 우유를 더 많이 짜내기 위해 소들에게 브람스의
3번 교향곡을 들려줬어.

B: 그거 흥미로운 경영 기법인걸. 난 항상 생각했어.
그는 클래식 작곡가지만 네 가축들은 블루스를 더
좋아할 거라고 말이야.

해설 '고전 음악' 하면 classic music이라고 잘못 말하기
쉬운데 classical music이 올바른 표현이다. 고전

음악 작곡가 역시 classical composer라고 표현한
다.

어휘 yield 산출(액), 생산량

classical 고전주의의, 클래식의

classified 기밀의, 구인 광고가 있는

classicism 고전주의

classic 일류의, 최고급의, 고전적인, 고풍의

정답 (a)

5 **해석** 우리 회사의 구조 조정 때문에 많은 변화들이 있었고,
난 해고됐다.

해설 단서는 '해고됐다'는 의미의 I was let go에 있다. 선
택지 중에서 해고와 가장 관련이 있는 것은 '구조 조
정'의 의미를 가진 restructuring이다.

어휘 be let go 해고되다

hire 고용하다

pontificate 거만한 행동을 하다, 거만하게 말하다

relegate 좌천시키다

정답 (d)

6 **해석** 돈을 적게 쓰고 총경비를 줄이는 좋은 방법은 직접 일
을 하는 것이다.

해설 접속사 and로 연결되어 있기 때문에, spend less
money와 의미상 병치를 이룰 수 있는 선택지를 골
라야 한다. 돈을 더 적게 쓴다는 말은 경비를 줄이는
것과 일맥상통한다고 할 수 있으므로 overheads가
적절하다.

어휘 overheads 경비, 총지출

resistance 저항, 내구성

panic 공포

정답 (a)

7 **해석** 판매가 부진했다. 아무도 우리의 제품을 더 이상 사고
싶어 하지 않는다.

해설 아무도 사고 싶어 하지 않는다는 두 번째 문장으로 미
뤄 볼 때 판매가 부진했다는 내용이 가장 적절하므로
slump가 정답이다.

어휘 slump 부진, 슬럼프

outturn 생산량, 생산액; 결과

incline 경사; 비탈

정답 (a)

8 **해석** 다시 한 번 말씀드리지만, 귀하께서 대금 결제를 하지

않으시면, 집을 잃게 되십니다.

해설 상대에게 대금 납부를 독촉하는 문장으로 전치사 on
이 단서다. renege on은 '약속을 어기다'란 뜻이다.
break 역시 '위반하다', '어기다'라는 뜻이 있지만, 주
로 어떤 규칙이나 법률을 어기는 경우에 쓰이며, 전치
사 on과 함께 쓰지 않는다.

어휘 payment 지불, 납부, 납입
translate 해석하다
delete 삭제하다, 지우다

정답 (b)

9 **해석** 회계사들은 CFO에게 제출할 이번 3/4분기 보고서를
준비하는 데 많은 시간을 투자했다.

해설 빈칸 뒤의 목적어가 report라는 점을 눈여겨 본다면
쉽게 답을 찾을 수 있다. 보고서는 준비하는 것이므로
정답은 preparing이다. reject 역시 report를 목적
어로 취할 수는 있지만 문맥에 맞지 않다.

어휘 CFO(= Chief Financial Officer) 재무담당 최고
책임자
reject 거절하다
spout 분출하다

정답 (a)

10 **해석** 캘리포니아 석유 회사 사장인 윌리엄 앤더슨 씨는 공
급업자들과 항상 유리한 조건으로 거래를 한다.

해설 명사 bargain과 짝을 이루는 동사는 drive 또는
draw다. drive는 '무리하게 밀어붙이다'의 뜻이고,
draw는 '이끌어내다'의 뜻이므로, 흥정을 할 때 상대
방의 입장을 고려하지 않고 맹목적으로 자신의 입장이
유리하도록 흥정을 한다는 의미로 쓰였다고 볼 수 있
다. 참고로, 흥정을 하면서 You drive a hard
bargain!이라고 하면, '너무 많이 깎으려고 하시네
요!'라는 뜻이다.

어휘 engage 고용하다, (사람)을 ~에 종사시키다
carry 나르다, 전하다

정답 (a)

Actual Test

1 **해석** 미국의 대학 등록 현황 보고서에 따르면 신입생의 50
퍼센트 이상이 여학생이라고 한다.

해설 새로 대학에 입학하게 될 신입생의 남녀 성비를 알 수
있는 자료는 대학교 '등록'에 관한 보고서일 것이다.
따라서 정답은 enrollment다.

어휘 attendance 출석
ranking 순위; 서열
regulation 규제, 규정

정답 (d)

2 **해석** A: 이번 학기는 너무 빡빡해. 어떻게 헤쳐 나가야 할
지 모르겠어.
B: 강좌를 한두 과목 취소하는 게 어떻겠니?

해설 A가 이번 학기가 너무 버겁다고 고민하고 있으므로
강좌를 한두 과목 취소하라는 충고가 이어지는 것이
적절할 것이다. 따라서 이에 어울리는 drop이 정답이
다.

어휘 sign up for 등록하다, 참가하다
register 등록하다
engage 종사시키다
drop 취소하다

정답 (d)

3 **해석** A: 대니얼은 3주 동안 정학당할 거야.
B: 정말? 어디서 들었어?

해설 문맥상 '정학당할 것이다'는 의미가 가장 어울리므로
suspended가 정답이다. ace는 '시험에서 A학점을
맞다', '시험을 잘보다'의 뜻으로, 사람을 주어로 수동
을 쓸 수 없다. cram은 '벼락공부를 하다'의 뜻인데
cram의 대상은 사람이 될 수 없다.

어휘 suspect ~일 거라 의심하다
suspend 정학시키다; 중지시키다

정답 (c)

4 **해석** A: 이 대학에서 박사 과정을 계속 할 수 있을지 모르
겠어.
B: 힘내! MIT에서 대학원 과정을 마친 사람이 몇이나
되겠어?

해설 박사 학위를 따는 곳은 대학원이다. 따라서 '대학원'의
뜻을 가진 graduate school이 정답이다.

undergraduate class는 학부 과정의 수업을 뜻하
므로 문맥상 맞지 않다.

어휘 **post degree** 학위 이후의

student union 학생회, 학생 회관

정답 (a)

---

5 해석 A: 여기 학교에 다닌 지 얼마나 됐니?

B: 난 2학년이야.

해설 A가 학교에 얼마나 다녔는지 묻고 있으므로, 얼마 동
안 다녔는지 알 수 있는 정보를 제시해야 할 것이다.
선택지 중 대학을 다닌 기간에 대한 정보를 내포하고
있는 것은 '2학년'이라는 뜻의 sophomore이다.

어휘 **first semester** 첫 학기

senior period 대학 4학년 기간, 고등학교 3학년
기간

정답 (b)

---

6 해석 A: 이 대학의 등록금 차별은 공평하지 않다고 생각해.

B: 나도 알아. 외국인 신분으로 미국 대학에서 유학하
는 건 정말 힘들지.

해설 미국 대학에서 외국인 유학생들에게는 더 비싼 등록금
이 부과된다는 배경 지식을 알고 있으면 쉽게 풀 수
있는 문제다.

어휘 **permanent resident** 영구 거주자; 내국인

non-resident 비거주자; 임시 거주자; 외국인

green card holder 영주권자

정답 (c)

---

7 해석 A: 안녕하세요, 저는 올해 신입생인데, 기숙사에 방을
하나 얻고 싶습니다.

B: 죄송하지만 너무 늦었어요. 첫 학기의 모든 방이 예
약된 상태입니다.

해설 대학교 내에서 벌어지고 있는 대화이므로, 여기서
room은 dormitory(기숙사)의 방일 것이다.

어휘 **domain** 영토; 토지, 영역

dormant 휴면의; 동면의; 쉬고 있는

boarding class 방과 후 기숙사에서 이루어지는
수업

정답 (c)

---

8 해석 코넬 대학은 전 세계로부터 학생들을 유치하고 있어
다문화적인 학생회를 뽐낸다.

해설 전 세계로부터 학생들을 유치한다는 내용과 가장 논리

적으로 연결될 수 있는 선택지는 student body다.
여러 나라의 학생들이 모였으므로 학생회 조직 또한
여러 나라의 문화가 융합되어 다문화적인 특성을 띤다
고 볼 수 있다.

어휘 **multicultural** 다문화적인

student body 학생회; 학생 총수

teacher-student ratio 교수 학생 비율

faculty lounge 교직원 휴게실

정답 (a)

---

9 해석 요즘의 경영 대학원 교과 과정의 상당 부분은 새로이
부상하고 있는 지적 재산권 분야를 다루고 있다.

해설 경영 대학원에서 교과 과정이 될 만한 내용으로 가장
어울리는 것은 intellectual property다.

어휘 **intellectual fraud** 지적 사기

intellectual property 지적 재산(권)

intellect study 지능 연구

intellect quota 지능 지수(= IQ)

정답 (b)

---

10 해석 합격 기준은 개인의 상황에 따라 유동적일 수 있으므
로, 높은 문턱 때문에 지원을 포기하지 않도록 하세요.

해설 빈 칸 에 들 어 갈 어 휘 가 the high bar로
paraprasing되어 있다는 걸 간파하면 쉽게 풀 수 있
다. '높은 기준', '문턱'을 의미하는 the high bar와
논리적으로 연결될 수 있는 어휘는 '합격 기준', '입
학 기준'이란 뜻의 Admission criteria이다.

어휘 **application form** 신청서 (양식)

deposit slip 예입 전표, 입금 전표

permission slip 허가증

정답 (d)

Actual Test

1 **해석** A: 열대우림지의 바닥 층에는 왜 식물들이 우거지지 않은 거죠?

B: 그건 나무들이 위에서 차양을 형성해서 햇빛을 가리기 때문이야.

해설 햇빛이 들지 못하도록 막는 것은 차양이다. 열대 우림지의 바닥 층에서 식물들이 빽빽이 우거지지 못하는 이유는 나무들이 우거져서 하나의 차양을 형성하기 때문이라는 내용이 문맥상 가장 자연스러우므로 정답은 canopy다.

어휘 flore 식물(군)

shield 방패, 보호물

canopy 차양

정답 (d)

2 **해석** A: 기상청에서 방금 이 지역에 강풍주의보를 발효했어.

B: 알았어, 안에 들어가서 대비하자.

해설 선택지에서 일기예보와 관련 있는 어휘를 고르는 것이 관건이다. 일기예보에서 warning은 '주의보' 또는 '경보'를 뜻하는데, 선택지 중에서 warning 앞에 붙을 수 있는 단어는 gale이다.

어휘 meteorological office 기상청

gale 강풍, 사나운 바람

breeze 미풍

satellite 위성

meteor 운석

정답 (a)

3 **해석** A: 지난달부터 보험 클레임 건수가 급격하게 증가해서 보험 회사들이 한탄하고 있어.

B: 우박이 내렸으니 당연하지. 많은 차들이 파손됐을 거야.

해설 피 보험인이 보험회사에 손해배상을 청구하는 것을 보험 용어로 보험 클레임이라고 한다. 선택지 중에서 보험회사를 대상으로 손해배상 청구가 급격하게 증가하게 만들었을 만한 기상 조건은 hail이다.

어휘 insurance 보험

complain 불평하다, 한탄하다

spike 급격한 상승

drizzle 이슬비

sleet 진눈깨비

hail 우박

정답 (d)

4 **해석** A: 올 가을이 이렇게까지 끔찍하다니 믿어지지가 않아.

B: 나도 그래. 방금 뉴스에서 들었는데, 올해 기록적인 강우가 내렸다더군.

해설 올해 가을이 끔찍했다는 A의 말로 미루어 볼 때, 올해 날씨가 예사롭지 않았음을 짐작할 수 있으므로, 엄청난 양의 비가 내렸다는 의미가 연결되는 것이 알맞다. 따라서 정답은 '강우(량)', '강수(량)'의 뜻을 가진 precipitation이다.

어휘 perspiration 땀; 노력

respiration 호흡

condensation 응축

정답 (d)

5 **해석** A: 우산이 필요할지 바깥 날씨 좀 확인해 볼래?

B: 괜찮아 보여. 지금은 구름이 꼈을 뿐이야, 하지만 나중에 비가 내릴 것 같아.

해설 A가 비가 내리고 있는지 확인해 보라고 했으므로 날씨와 관련된 overcast가 정답이다.

어휘 overcast 흐린, 구름 덮인

cast over ~을 덮다

castoff 벗어버린, 버림받은, 버림받은 물건(사람)

castigate 벌주다, 징계하다, 혹평하다

정답 (a)

6 **해석** 날씨가 너무 덥고 습해서 그녀의 머리가 목 뒤에 달라붙었다.

해설 머리카락이 목 뒤에 달라붙을 만한 날씨였다면, 덥고 습한 날씨였음을 유추할 수 있다. 따라서 '습기 있는', '축축한'이라는 뜻의 형용사 humid나 damp가 알맞다.

어휘 damp 축축한

arid 매우 건조한

sleety 진눈깨비의

inclement (날씨가) 험악한

정답 (a)

7 **해석** 호주의 농촌은 역사상 최악의 가뭄 사태를 겪고 있다.

해설 빈칸 앞의 단어가 worst이기 때문에 빈칸에는 부정적

인 의미의 단어가 적절하므로 '가뭄'의 뜻인 drought
나 '전염병', '역병'의 뜻인 pestilence를 답으로 예
상해 볼 수 있다. 하지만 주어가 호주의 farming
community(농촌)라는 점을 감안해 본다면,
drought가 더 자연스럽다.

어휘 cyclical 순환하는, 주기적인

정답 (a)

8 **해석** 흉작은 지역 농부들에게는 하나의 대재앙으로 여겨졌
다.

해설 crop failure(흉작)는 농부들에게 있어서는 재앙이라
고 할 수 있으므로 정답은 calamity다.

어휘 calamary 오징어, 화살 꼴뚜기
clash 무력 충돌, 의견 충돌
calamity 재앙
calcification 석회화, (태도 따위의) 경화

정답 (c)

9 **해석** 화산 폭발은 순식간에 수천 명의 목숨을 앗아갈 수 있
다.

해설 수천 명의 목숨을 앗아갈 수 있다고 했기 때문에 화산
'폭발'의 뜻을 가진 eruption이 알맞다. 화산의 폭발
은 explosion보다는 eruption을 많이 쓴다.

어휘 erosion 부식, 침식
avalanche 눈사태
evolution 진화

정답 (b)

10 **해석** 일기예보에 따르면 눈이 밤새 계속 내릴 경우, 아침엔
적설량이 20센티미터가 될 수도 있다고 한다.

해설 snowfall(강설)과 관련해서 쓸 수 있는 단어는
accumulation이다.

어휘 accumulation 축적; 누적
tidal wave 조수
tsunami 해일
landslide 산사태

정답 (a)

Actual Test

1 **해석** A: 여권 좀 보여 주세요. 여기에 사업차 오셨군요. 맞
나요?

B: 맞습니다, 여기서 6주 정도 고객을 방문할 겁니다.

해설 고객을 만나러 온 것이므로 사업차 방문한 것으로 볼
수 있다. 따라서 정답은 on business다.

어휘 by accident 우연히

정답 (b)

2 **해석** A: 실례합니다. 내일 이른 아침에 뉴욕행 비행기 있나
요?

B: 네, 하지만 파리를 경유합니다.

해설 문맥상 뉴욕행 비행기가 있긴 있는데, 파리에 잠시 머
물 거라는 응답이 이어질 것으로 보는 것이 적절하다.
비행기가 도중에 '～에 잠시 들러서 머무는 것'을
stopover 또는 layover라고 한다.

어휘 nonstop 직항의, 직행의
landing 착륙
return 귀환, 복귀, 반환, 반송

정답 (c)

3 **해석** A: 테일러 씨, 위층에 방이 준비되어 있습니다. 1205
호입니다.

B: 정말 감사합니다.

해설 A는 호텔이나 여관 종업원이고, B는 투숙하는 손님일
가능성이 높다. A가 B에게 객실 번호를 알려주는 것
으로 보아 방이 준비돼 있다고 말했을 것임을 짐작할
수 있다. 따라서 정답은 ready다. evacuated는 안
전상의 이유로 방을 비운 경우를 뜻하며, taken은 방
이 나갔다는 뜻이므로 문맥에 어울리지 않는다.

어휘 evacuate 대피시키다, 철수시키다, (집이나 방을)
비우다
taken (방이) 나간; 예약된

정답 (d)

4 **해석** A: 내 개는 한국에 돌아오자마자 15일 동안 검역소에
격리되어야 했어.

B: 오, 개가 많이 답답해했겠구나.

해설 B의 frustrated가 단서다. 개가 답답함을 느낄 만한
이유가 빈칸에 들어가야 하므로 '검역(소)', '격리'라는
뜻의 quarantine이 가장 알맞다.

어휘 **frustrated** 좌절감을 느끼는
vendor 행상인, 노점 상인
immigration 출입국 관리, 입국 심사

정답 (a)

---

5 해석 A: 실례합니다. 수건을 한 장 더 얻을 수 있을까요?
B: 물론입니다, 손님. 호텔에서 모든 화장품류는 추가 요금 없이 제공하고 있습니다.

해설 호텔에서 수건은 씻고 화장할 때 필요한 물품이다. 이렇게 씻거나 화장할 때 사용되는 물품들을 toiletry라고 한다.

어휘 **occupancy** 점유, 점거
valet parking service 주차 대행 서비스
valuable 귀중품

정답 (c)

---

6 해석 A: 출발 3시간 전에 공항에 도착해야 해.
B: 그건 너무 이른 것 같아. 2시간이면 충분할 거야.

해설 보통 비행기를 타고 여행하려면 비행기가 출발하기 한두 시간 전에 도착하는 것이 일반적이므로 '출발'을 뜻하는 departure가 가장 자연스럽다.

정답 (d)

---

7 해석 A: 부모님이 이혼하셨는데 괜찮은 거니?
B: 아니, 한동안 정말 심란해서 정신과 치료를 받기 시작했어.

해설 부모님이 이혼해서 정신적인 고통을 겪었다고 볼 수 있으므로 '정신과 의사'인 psychologist의 상담을 받았다고 짐작할 수 있다.

어휘 **pediatrician** 소아과 의사
obstetrician 산부인과 의사
ophthalmologist 안과 의사

정답 (b)

---

8 해석 그 항공사는 국제 항공료 인상과 수준 이하의 서비스로 심한 비난을 받았다.

해설 항공사가 심한 비난을 받을 만한 이유가 들어가야 한다. 문맥상 수준 이하의 서비스와 인상된 항공료로 비난을 받았을 거라 짐작할 수 있으므로 '항공 요금'을 뜻하는 fare가 정답이다.

어휘 **charge** 서비스나 상품에 대해 지불하는 비용, 서비스 이용료, 수수료
fare 운임료, (버스, 열차, 비행기 등의) 교통요금

expenditure 지출; 지불, 소비

정답 (c)

---

9 해석 나는 여행 기념품을 사기 위해 공항에서 쇼핑을 좀 해야 해.

해설 공항에서 쇼핑을 하는 이유는 기념품(souvenir)을 사기 위해서일 것이다. '여정', '여행 일정'의 뜻인 itinerary와 '짧은 단체여행', '소풍'의 뜻인 excursion은 buy의 대상이 될 수 없으므로 답이 될 수 없으며, memorials 역시 '기념비'나 '동상' 등을 뜻하므로 동사 buy의 대상이 될 수 없다.

어휘 **do shopping** 장보다

정답 (a)

---

10 해석 우리의 회의실은 그렇게 많은 사람을 수용할 수 없다.

해설 주어가 conference(회의실)이고, 빈칸 뒤의 목적어가 a large group이므로, 빈칸은 문맥상 '수용하다'는 의미의 accommodate이 가장 알맞다.

어휘 **revenue** 세입, 수익; 수입원
deposit 예금[예치]하다

정답 (c)

Actual Test

1 **해석** A: 이번 선거에 누굴 뽑아야 할지 모르겠어.

B: 글쎄, 난 행동당 출신의 무소속 후보가 맘에 들어.

해설 A가 B에게 선거에서 누굴 찍어야 할지 B에게 간접적으로 조언을 구하고 있고, B 역시 누구를 찍어야 할지 조언을 해주고 있으므로, 빈칸은 '후보'를 뜻하는 candidate가 알맞다.

어휘 ballot 투표 용지, 투표하다

donor 기증자

정답 (c)

2 **해석** A: 시 전역에 자가용 차량을 금지하겠다는 블레이크의 공약 들어봤니?

B: 우왜! 급진적인 생각인걸! 그 사람 한 표라도 받을 수나 있을지 모르겠군!

해설 idea와 어울리는 단어는 conservative와 radical인데, 자가용의 운행을 전면적으로 금지하겠다는 것은 보수적이 아니라, 굉장히 과격하고, 급진적이고, 혁명에 가까운 발상이므로 radical이 정답이다.

어휘 rude 버릇없는, 무례한

conservative 보수적인

radical 급진적인, 혁명적인, 과격한

정답 (d)

3 **해석** A: 어떤 주에서는 합법인 것이 어떻게 다른 주에서는 합법이 아닐 수도 있는지 도저히 이해가 안 돼.

B: 그건 미국이 명목상으로 독립된 주들의 연방이기 때문이야.

해설 미국은 여러 주가 모여서 이뤄진 연방 국가다. 어떤 협정에 의해 주나 국가들이 정치적으로 하나로 통합된 그룹을 '연방'이라고 하므로 정답은 federation이다.

어휘 nominally 명목상으로

hierarchy 계급; 계층(제); 서열

legislation 법률 제정; 입법 (행위)

conglomerate (거대) 복합기업; 재벌 그룹

정답 (b)

4 **해석** A: 왜 일본 문화는 한국에서 환영받지 못하는 걸까?

B: 복잡해. 하지만 예전에 일본이 한국의 주권을 침범했던 게 주된 이유지.

해설 빈칸은 명사 violation의 의미상의 목적어 자리다. 선택지 중 violateion의 대상이 될 수 있는 단어는 '주권'의 의미를 가진 sovereignty밖에 없다.

어휘 due to ~에 기인하다

violation 위반; 침범

commonality 공통성

정답 (a)

5 **해석** A: 술집의 문 닫는 시간을 통제하는 건 구시대적인 것이어서 폐지돼야 해.

B: 난 반대야. 사람들이 항상 술에 취하는 걸 절대 원치 않거든.

해설 '구시대적인', '구식의'의 뜻을 가진 형용사 archaic과 빈칸의 의미상의 주어가 law인 점에 착안해 볼 때, 빈칸에 가장 알맞은 단어는 '철폐하다', '폐지하다'는 뜻의 동사 abolish의 과거분사인 abolished다. 법은 버려지는 게 아니라 폐지되는 것이다.

어휘 govern 통치하다; 지배하다, 제어하다

the last thing we want 가장 원치 않는 것

get drunk 취하다

discard 버리다

abandon 포기하다

convene 소집하다

정답 (d)

6 **해석** A: 가을에 버락 오바마의 민주당 전당대회가 여기서 개최되는 걸로 알고 있어.

B: 난 그런 집회에 한 번도 가본 적이 없어. 어떠니?

해설 빈칸 앞의 형용사 Democratic이 단서다. 대문자로 시작되는 Democratic은 미국의 민주당을 가리키므로, 문맥상 빈칸에는 '전당대회'의 뜻을 가진 convention이 알맞다.

어휘 convection (열·공기의) 대류

정답 (c)

7 **해석** 다가올 북경 올림픽을 감안해 볼 때, 티벳의 자치권 문제는 뜨거운 쟁점이다.

해설 티벳이 중국으로부터 완전한 독립이나 자치를 원하고 있다는 배경 지식이 있으면 쉽게 풀 수 있는 문제다.

어휘 autonomy 자치(권)

secession 탈퇴; 분리

indolence 게으름

automation 자동화

정답 (a)

8 해석 대통령이 병원에 있는 동안, 부통령이 그의 직무를 대행할 것이다.

해설 자동사 act에는 '대리하다', '대행하다'는 뜻이 있으며, 뒤에 in one's capacity와 함께 쓰면 '~의 직무를 대행하다'는 뜻이 된다.

어휘 in one's capacity (as) ~의 자격으로[입장에서]
vote 투표하다
police 단속하다, 치안을 유지하다

정답 (b)

9 해석 나는 골프를 치다가 샷을 놓칠 경우, 정말 말조심을 해야 한다. 종종 내 말을 들을 수 있는 미성년자들이 주위에 있기 때문이다.

해설 미성년자들과 여자들이 들어서는 안 될 말이므로 말을 '억제하다', '삼가다'의 뜻인 curb가 알맞다.

어휘 minor 미성년자
curb[watch] one's language 말조심하다; 욕하지 않다
improve 개선하다
mulligan 골프에서 점수에 들어가지 않는 샷[타격]
clip (클립으로) 고정시키다; 꽉 쥐다

정답 (b)

10 해석 사람들, 특히 의사들은 말기 환자들에게 안락사를 고려할 때 신중해야 한다.

해설 문맥상 빈칸에는 terminal patients(말기 환자들)에게 해주는 의료 행위의 한 종류가 들어가야 알맞다. 의사들이 말기 환자들에게 고려하는 의료 행위는 '안락사'일 것이다. 따라서 정답은 euthanasia이다.

어휘 medical practitioner 의사, 개업의
wary 신중한; 방심하지 않는
immunization 면역
rehabilitation 재활; 갱생
pathology 병리(학)

정답 (c)

Chapter 07 Occupation 직업

Actual Test

1 해석 A: 윌리엄은 부동산과 주식에 돈을 투자해서 엄청나게 많은 불로 소득을 올렸어.
B: 그럼, 거기에 대해 세금을 좀 내야 할 거야.

해설 주식이나 부동산에 투자해서 얻은 수익은 노동 없이 얻은 소득이므로 불로 소득이라고 볼 수 있다. 따라서 이에 해당하는 단어인 unearned income이 정답이다.

어휘 real estate 부동산
stock 주식
tremendous 엄청난
amount 양
specialization 전문화
dexterity 교묘함, 영민함
expertness 전문가적임; 숙련됨

정답 (b)

2 해석 A: 빌, 말하는 도중에 미안하지만, 너한테 따질 게 좀 있어.
B: 아, 뭐가 문제니, 제니?

해설 '~에게 따질게 있다'는 뜻으로 쓰이는 관용표현은 have got a bone to pick with somebody다.

어휘 skull 두개골
pick 고르다, 쑤시다, (과일)을 따다, (꽃)을 꺾다
bone 뼈
skeleton 해골

정답 (c)

3 해석 A: 존에게 그 일을 맡기는 게 좋은 생각일까?
B: 두고 봐야 해. 수공업자로서의 그의 능력을 의심하는 사람은 아무도 없거든.

해설 존의 업무 능력에 대한 얘기므로 competence가 가장 알맞다.

어휘 competence 능력
compliance (요구 따위의) 응낙, 승낙
companion 동료
compliment 칭찬; 찬사

정답 (a)

4 해석 A: 여러 영화에서 저 남자를 본 거 같은데, 이름이 기억나지 않아.

B: 나도. 저 남자 이름 아는 것 같은데, 생각이 날듯
말듯 안 나네!

해설 '생각이 날듯 말듯 안 나다'의 뜻으로 쓰이는 관용표
현은 be on the tip of one's tongue이다. 직역하
자면, '~가 혀끝에서 맴돌다' 정도의 뜻이다.

어휘 nub 마디, 혹

정답 (c)

5 해석 A: 미국으로 물건들을 반송하려고 하는데 어떻게 포장
해야 되나요?
B: 각각 20킬로그램 이하가 되도록 포장해서 모두 육
상 우편으로 보내도록 하세요.

해설 항공우편은 air mail, 선박우편은 ship mail, 육상 우
편은 surface mail로 표현한다. airplane mail,
plane mail, shipping mail은 우리말로는 되는 듯
보이지만, 실제 영어에서는 사용되지 않는 어휘 조합
이다. surface mail은 air mail의 반대되는 개념으
로, 배, 트럭, 기차, 버스 등의 운송 수단을 사용하는
육상 우편을 통칭한다.

어휘 pack 포장하다

정답 (d)

6 해석 A: 여기서 임대 견적을 신청할 수가 없어. 우리 주소
는 알려줬는데 우편번호를 모르겠어.
B: 그걸 기억 못한다니 놀랍다. 우리가 현재 여기 산
지가 5년이 넘었다고!

해설 빈칸 앞부분에 나온 address와 관련 있는 어휘는
'우편번호'인 zip code일 것이다.

어휘 account 계좌, 계정
tag 꼬리표; 가격표

정답 (c)

7 해석 A: 성수기에는 영업시간을 늘릴 거야.
B: 연중 스케줄을 왜 통일시키지 않는지 이해가 안 돼.

해설 상식적으로 성수기에는 보통 영업시간이 연장된다고
볼 수 있으므로 '연장'의 의미를 갖는 extension이
가장 알맞다.

어휘 standardize 통일시키다; 규격화하다
extermination 멸종, 박멸
excision 절개; 삭제
extremity 말단, 끝, 사지, 궁지, 곤경

정답 (d)

8 해석 그는 친절하게도 파티에서 그녀에게 자리를 양보해 줬
다.

해설 considerable과 considerate은 형태는 비슷하지
만 전혀 다른 뜻의 어휘다. considerable은 주로 양
이나 수가 '상당한'의 뜻이며, considerate은 '친절
한', '남을 배려하는', '사려 깊은'의 뜻이다. 남에게 자
리를 양보한 것은 친절한 행위라고 볼 수 있으므로 정
답은 considerate이다.

어휘 conglomerate 재벌 기업, (거대) 복합 기업

정답 (a)

9 해석 텍사스 주에서 20세 이하의 미성년자들이 술을 사는
것은 엄격하게 금지된다.

해설 prohibit과 prevent는 비슷한 의미 같지만,
prevent는 미리 어떤 행위가 일어나지 못하도록 '예
방하다', '막다'의 뜻이고, prohibit은 아예 행위 자체
를 '금지하다'란 뜻이다. 따라서 문맥상 가장 적절한
것은 prohibit이다. prevent는 결정적으로 부사
strictly와 어울리지 않는다. 참고로, strictly가 없으
면 illegal도 답이 될 수 있다.

어휘 permit 허락하다
illegal 불법의

정답 (c)

10 해석 나는 제임스가 전문 회계학 석사학위를 소지하고 있는
지 의심스럽다. 그는 셈에 대해 아는 게 없다.

해설 doubt와 suspect 둘 다 우리말로는 '의심하다'는
의미지만 전혀 다른 뜻이므로 뜻 구분에 주의해야 한
다. doubt는 뒤에 이어지는 내용이 사실이 아닐 거라
의심하는 것이고, suspect는 뒤에 이어지는 내용이
사실일 거라 의심한다는 뜻을 나타낸다. 예를 들어 I
doubt he is American.이라는 문장은 '그가 미국
인이 아니라고 생각(의심)한다'는 의미이고, I
suspect he is American. 하면 '그가 미국인일 것
이라고 생각(의심)한다'는 의미가 된다. 이 문제에서는
제임스가 석사 학위를 가지고 있지 않을 거라 생각한
다는 의미가 문맥상 가장 자연스러우므로 doubt 가
정답이다.

어휘 Master's degree 석사학위
professional accounting 전문 회계학
figures 셈, 계산

정답 (a)

Reading Comprehension

Chapter 01 TEPS 입문 독해 실전 문제 연습
Level 1

Actual Test

1 해석 영국이 18세기에 그렇게 유명하게 되었던 것은 무엇보다도 영국의 자유 때문이었다. 유럽의 평론가들은 영국에서 자유 국가의 본보기와 개인적 자유의 근원을 발견했다.
(a) 자유
(b) 조화
(c) 지혜
(d) 책임

해설 첫 번째 문장이 주제문이다. It ... that 강조 구문 사이에 on account of its freedom이 강조되고 있다는 점과 두 번째 문장의 free state에서 알 수 있듯이 글 전반적으로 '자유'에 대해 이야기하고 있음을 알 수 있다. 따라서 freedom과 free와 가장 관련 있는 liberty가 정답이다.

어휘 above all 특히, 무엇보다도
on account of ~ 때문에
continental observer 유럽의 평론가
model 본보기

정답 (a)

2 해석 오늘날 국력의 진정한 평가 기준은 전쟁을 일으키는 능력이 아니라 전쟁을 방지하는 능력에 있다. 옛날에는, 국력은 전적으로 전쟁을 시작해서 승리하는 능력에 의해 측정되었다. 하지만 오늘날에는 전쟁을 막을 수 있는 능력이 국력을 알아볼 수 있는 유일한 방법이다.
(a) 분석하다
(b) 시작하다
(c) 에워싸다
(d) 방지하다

해설 첫 문장이 주제문이고, 두 번째 문장이 첫 문장을 재진술하고 있으므로, 두 번째 문장에 나오는 stop과 동일한 의미의 단어를 고르면 된다. 한편, 역접, 대조의 의미를 지닌 등위접속사 but에 주목한다면, 두 번째 문장을 읽지 않고도 답을 구할 수 있다. not A but B 구문에서 A와 B는 보통 상반된 의미를 가지므로 make war와 반대되는 개념을 생각하면 된다. 따라서 정답은 (d)다.

어휘 test (평가) 기준

정답 (d)

3 해석 미국은 하나님께서 만든 도가니다. 즉 독일인, 프랑스인, 아일랜드인과 영국인, 유대인, 그리고 러시아아인들을 포함한 유럽의 모든 인종들이 섞여서 재형성되고 있는 거대한 용광로이다.
(a) 용광로
(b) 샐러드 그릇
(c) 모자이크
(d) 콩소메 수프

해설 crucible 다음에 찍은 콤마(,)는 동격을 나타내므로, crucible의 동의어인 melting pot이 정답이다. crucible의 뜻을 알고 있다면 쉽게 풀 수 있겠지만, 모르더라도 빈칸 뒤의 where 관계사절의 all races are mixing이라는 어구를 통해 답을 찾을 수 있다.

어휘 crucible 도가니
re-form 다시 만들다
race 민족, 인종

정답 (a)

4 해석 세계의 대부분 지역에서 지난 2년 동안의 풍부한 수확량에도 불구하고, 굶주림과 영양 실조가 지속되고 있다. 5억 명 이상의 사람들이 이 두 가지 재앙으로부터 고통 받고 있다. 그들 중 절반이 아이들이다. 기아는 그들 일상생활의 일부다.
(a) 부와 행복
(b) 굶주림과 영양 실조
(c) 문맹과 미신
(d) 무정부 상태와 전쟁

해설 빈칸이 주제문에 위치해 있는 유형이다. 이런 유형은, 빈칸 다음의 문장들이 주제문을 뒷받침하기 때문에, 빈칸 뒤의 한두 문장을 읽어 보면 쉽게 답을 찾을 수 있다. these two scourges와 마지막 문장의 Famine이 결정적인 단서다. Famine의 뜻을 모르더라도 전치사 Despite이 대조의 의미를 가지고 있으므로, abundant harvest와 반대되는 내용의 선택지를 고르면 된다.

어휘 abundant 풍부한
harvest 추수, 수확(량)
persist 지속[존속]하다
suffer from ~으로 고통 받다, 괴로워하다
scourge 재앙

정답 (b)

5 해석 태고로부터 인간은 항상 자신의 주변 환경에 호기심이 있어서 정복할 땅을 찾아왔다. 처음엔 동굴을 탐험했고, 그러고 나서는 육지를, 그 다음엔 바다를, 그리고 마침내 하늘을 탐험했다. 지금은 마지막으로 우주를 탐험하고 있으며, 지구를 벗어나고자 했던 인간의 꿈

은 이루어졌다.

(a) 정복하는　　　　　(b) 벗어나는

(c) 보호하는　　　　　(d) 개발시키는

해설 인간에게 있어 exploring space가 의미하는 바가 무엇인지를 파악하는 것이 관건이다. 첫 문장의 man has looked for lands to conquer 부분 때문에 (a)를 답이라고 생각할 수도 있지만, 인간이 현재 우주를 탐험하고 있다는 내용과 자연스럽게 연결되지 않기 때문에 답이 될 수 없다. 지금은 우주를 탐험하고 있다는 것은 결국 지구를 떠나려는 꿈이 실현되었다는 말과 일맥상통한다고 볼 수 있으므로 정답은 (b)다.

어휘 curious 호기심이 많은

surroundings 주변 환경

conquer 정복하다

explore 탐험하다

eventually 결국; 마침내

정답 (b)

Chapter 02 TEPS 입문 독해 실전 문제 연습
Level 2

1 **해석** 18세기 후반부터 19세기 초반에 너무나 많은 사람들이 은행 업무의 간소함과 높은 수익에 유혹되어 많은 은행들이 우후죽순처럼 생겨났고 파산하는 은행도 빈번했다. 모든 파산은 은행업자의 파산을 의미할 뿐만 아니라 예치 고객과 대출 고객에겐 고난을 의미하기도 했다.

(a) 번영　　　　　(b) 고난

(c) 평화　　　　　(d) 기회

해설 not only A but also B에서 A와 B는 구조적으로 뿐만 아니라 의미상으로도 병치를 이루는 경우가 많다. 따라서 failure와 의미적으로 대등한 단어인 hardship이 정답이다. 나머지 선택지들은 모두 긍정의 의미를 가지므로 선택지만 읽어 봐도 (b)가 답임을 쉽게 알 수 있다.

어휘 apparent 명백한

simplicity 간소함, 단순함

mushroom banks 우후죽순처럼 생겨난 은행들

bankruptcy 파산, 도산

depositor (예금) 예치 고객

borrower 대출 고객

정답 (b)

2 **해석** 카페인의 부작용은 흉통에서 불면증, 불안, 우울증에 이르기까지 광범위하다. 하지만 이러한 것들은 대량의 카페인을 섭취했을 경우에만 발생하는 위험들이다. 대부분의 건강 전문가들은 아이들이나 임산부는 카페인을 섭취하지 말라고 경고한다. 왜냐하면 카페인은 식욕 억제제로 알려져 있어서, 여성이나 아이에게 필요한 음식이 입맛에 덜 맞을 경우, 아이의 성장을 방해할 수도 있기 때문이다.

(a) 식욕 자극제　　　　　(b) 식욕 억제제

(c) 방충제　　　　　(d) 영양 보충제

해설 문맥상 because 이하에는 의학 전문가들이 아이들에게 카페인 섭취를 최대한 적게 섭취할 것을 권고하는 이유가 들어가야 알맞다. 카페인이 아이들의 성장을 저해할 만한 이유가 무엇인지 생각해 보면 (b)가 정답임을 알 수 있다.

어휘 wide-reaching 광범위한

heartburn 가슴앓이, 흉통

depression 우울증

hinder 방해하다

정답 (b)

3 해석 가정 쓰레기와 관련된 문제들이 요즘 보다 심각해지고
있다. 미국인 한 사람당 매년 약 1,000킬로그램의 쓰
레기를 버리며, 모두 합치면 2억 톤의 쓰레기가 된다.
일반 유럽인은 개인당 연간 300킬로그램의 가정 쓰레
기를 버린다. 나라가 돈이 많으면 많을수록 더 많은
쓰레기를 버린다. 그 결과, 전 세계적으로 생겨나는 쓰
레기의 양은 해마다 증가한다.

(a) 더 많은 쓰레기를 버린다

(b) 쓰레기를 덜 버린다

(c) 오존층이 더 악화된다

(d) 환경이 더욱 깨끗해진다

해설 첫 문장에서 전 세계적으로 가정 쓰레기 문제가 심각
해지고 있다고 했으므로 문맥상 (a)가 알맞다. 오존층
은 가정 쓰레기와는 직접적인 연관성이 있다고 볼 수
없으므로 (c)는 답이 될 수 없다.

어휘 associated with ~와 관련된
household trash 가정 쓰레기
approximately 대략
garbage 쓰레기
as a consequence ~의 결과로서

정답 (a)

4 해석 햇빛이 매우 유용한 에너지원이라는 건 우리 모두가
알고 있다. 식사를 준비하고, 집을 난방시키고, 전기를
만들어 내기 위해 햇빛을 사용할 수 있다. 특수 연료
전지가 햇빛을 전기로 바꿔 준다. 사실, 최초의 태양
전지는 비싸고 비효율적이었다. 하지만 태양열 기술이
계속 발전됨에 따라, 최신 태양 전지는 예전보다 더
효율적이고 더 싸게 전기를 만들어 낸다.

(a) 더욱이   (b) 때문에

(c) 게다가   (d) 하지만

해설 빈칸의 앞 문장은 최초의 태양 전지가 비싸고 비효율
적이었다는 내용인데 반해, 빈칸 뒤의 문장은 태양열
기술이 점점 발전함에 따라, 최근의 태양 전지는 보다
효율적이고 저렴해졌다는 내용으로 서로 대조가 되고
있기 때문에 역접의 접속사인 (d)가 정답이다.

어휘 energy source 에너지원
generate 일으키다, 발생시키다
solar cell 태양 전지

정답 (d)

5 해석 경찰관이 되는 것은 매우 흥미롭지만 민감한 선택입니
다. 경찰이 되기 위해서는 직업의식을 갖춰야 하고, 다
른 사람들을 돕는 위치에 있기 때문에 자신을 희생할
수 있어야 합니다. 여러분은 대중들과 많은 시간을 보
낼 수 있어야 합니다. 여러분은 매우 헌신적이어야 합
니다. 경찰관 지망생은 금전적인 측면 때문에 그 일에
지원해서는 안 된다는 사실을 명심해야 합니다. 하지
만 지금 여러분이 하고 있는 일이 마음에 드신다면,
멋진 공무원이 될 것입니다.

(a) 매우 헌신적인   (b) 신체적으로 강한

(c) 매우 내성적인   (d) 매우 지적인

해설 경찰관이 되기 위해 갖추어야 할 덕목을 설명하는 글이
다. 빈칸은 경찰관이 갖추어야 할 덕목 중 하나에 해
당되며, 다른 사람을 도와줘야 하는 위치에 있으므로
이에 어울리는 내용은 (a)다.

어휘 sacrifice 희생하다
prospective 예상된, 장래의
aspect 측면
public officer 공무원

정답 (a)

1 해석 만약 귀하께서 신용카드로 저희 프로그램을 정기 구독
하시는 거라면, 저희는 귀하께서 구독을 취소하지 않
으실 경우, 할인된 동일한 가격으로 귀하의 정기 구독
을 자동으로 연장할 것입니다. 신용카드에 요금이 부
과되기 전에, 귀하께서는 안내장을 받아보실 겁니다.
구독 취소를 원하실 경우 취소 방법에 대한 설명이 자
세히 적혀 있는 안내장을 받아 보실 겁니다. 만약 귀
하께서 (동봉된 수신자 부담 전화번호로 전화를 해서)
구독을 취소하신다면, 아직 발송되지 않은 간행물에
대해서는 전액 환불 받으실 수 있습니다.
  (a) 특별 할인혜택과 관련 출판물에 대한 정보를 보내
　　드릴 것입니다
  (b) 할인된 동일한 가격으로 귀하의 정기 구독을 자동
　　으로 연장할 것입니다
  (c) 귀하의 의견과 질문을 듣기를 바랍니다
  (d) 귀하의 인적사항을 저희 데이터베이스에 입력할
　　것입니다

해설 기존의 정기 구독자들에게 보내는 정기 구독 연장에
관한 안내문이다. 첫 번째 문장의 unless you
choose to cancel the plan이 결정적인 단서다.
정기 구독의 경우, 구독 약정 기간이 끝나고 나서 구
독 취소를 하지 않으면 자동으로 구독 기간이 연장되
는 것이 보통이다. 그리고 Before your credit card
is charged에서도 구독이 연장됨을 알 수 있다. 구독
이 연장되지 않으면, 신용카드에 요금이 부과될 이유
가 없기 때문이다. 따라서 정답은 (b)가 된다.

어휘 subscribe to 구독하다
cancel 취소하다
issue 발행하다
written reminder 서면 통지서
subscription 정기 구독
should you wish to do so 그렇게 하기를 원
한다면 (= If you should you wish to do so)
toll-free number 수신자 부담 전화번호
query 질문, 의문

정답 (b)

2 해석 일본은 디지털 혁명에 반응하지 않았으며, 대신에 비
교적 소극적으로 대처했다. 따라서 개인용 컴퓨터와
인터넷 보급률에서 뒤처졌는데, 이는 전통적으로 폐쇄

된 경제와 제조업에 중점을 둔 탓이다.
  (a) 비교적 소극적인 방법
  (b) 공격적인 품행
  (c) 주제넘은 성격
  (d) 비교적 확신에 찬 방법

해설 빈칸 앞에 디지털 혁명에 반응하지 않았다는 내용과,
빈칸 뒤에 컴퓨터와 인터넷의 보급률에서 뒤처졌다는
내용이 이어진 것으로 보아 소극적으로 대처했다는 사
실을 쉽게 유추할 수 있으므로 정답은 (a)다.

어휘 react 반응하다
cope with ~에 대처하다
beat ~을 앞지르다, ~을 이기다
penetration rates 보급률
manufacturing 제조업

정답 (a)

3 해석 샘에게
　　존과 내가 다음달 9월 15일로 결혼 날짜를 잡았다는
　　소식을 듣게 되면 네가 기뻐할 거라 생각해. 예식은
　　지역 교회에서 11시 정각에 치를 거야. 신부 들러리는
　　2명일 거고. 존과 나는 필라델피아 시내의 프레이저에
　　집을 하나 얻었어. 우리가 무지 바쁘다는 걸 이해해
　　줘. 혹시 물어볼 게 있으면, 미리 알려주길 바래.
　　희망과 사랑을 담아,
　　캐서린
  (a) 우리 아이들에게 세례를 주다
  (b) 결혼 날짜를 잡다
  (c) 집들이를 할 것이다
  (d) 우리의 첫 아이를 낳을 것이다

해설 결정적인 단서는 '신부 들러리'의 뜻을 가진
bridesmaid다. 따라서 결혼식에 대해 알리는 편지글
이므로 (b)가 정답이다.

어휘 community church 지역 교회
bridesmaid 신부 들러리
terribly 몹시, 대단히

정답 (b)

4 해석 만약 여러분이 아프리카를 여행하게 되신다면, 시골에
사는 많은 아프리카인들은 채식 위주의 식사와 많은
야외 활동 등과 같은 매우 건강에 좋은 생활방식을 가
지고 있다는 걸 알게 될 것입니다. 대조적으로, 북미
지역 사람들은 보통 형편없는 생활방식을 가지고 있어
서 예정보다 빨리 늙고, 당뇨와 비만 같은 노인성 만

성 질환을 앓습니다. 그들이 저지방 식사를 한다면, 대
부분의 이런 질병을 피할 수 있을 것입니다.

(a) 대조적으로　　　　(b) 게다가

(c) 비록　　　　　　　(d) 설상가상으로

해설 healthy와 lousy가 단서다. 빈칸 앞뒤 문장이 내용
상 대조를 이루고 있으므로 (a)가 정답이다.

어휘 rural 시골의

vegetable-based 채소 위주의

lousy 형편없는

age-related chronic disease 노인성 만성
질환

obesity 비만

diabetes 당뇨

정답 (a)

5 **해석** 최근의 통계 자료에 따르면, 스톡홀름의 부동산이 세
계 주요 도시들 중에서 가장 비싼 부동산 중의 하나라
고 한다. 미국의 서브프라임 모기지(불량 주택 담보대
출)로 인한 세계 경제 침체에도 불구하고 도심지역의
상가 임대료 수준은 점점 더 높아지고 있다. 스톡홀름
에서 가장 비싼 사무실은 미국과 아시아 국가의 다른
주요 도시들보다 훨씬 더 비싸다.

(a) 그 결과　　　　　　(b) ~에도 불구하고

(c) 비록 ~일지라도　　(d) ~의 경우에

해설 문맥상 경기 침체에도 불구하고 임대료가 점점 높아지
고 있다는 내용이 돼야 하므로 빈칸에는 Despite이
나 Although가 알맞다. 하지만 빈칸 뒤에 주어 동사
가 없으므로 전치사인 Despite이 정답이다.

어휘 statistics 통계학, 통계 자료

stagnation 침체

commercial 상업적인

prime 최고의

정답 (b)

1 **해석** 인구 통계 학자들의 추정에 따르면, 예수가 살던 시기
에 지구상에는 약 2억 5천만 명의 사람들이 살고 있었
다고 한다. 엄청난 속도의 인구 증가율이 잘 기록되어
있다. 1830년에 세계 인구는 10억, 1930년에 20억,
1960년에 30억에 달했다. 출생률이 이제 다행스럽게
감소하고 있다. 하지만 사망률 역시 떨어지고 있다. 수
명이 늘어났고, 유아 사망이 역대 최저이며, 평균 수명
은 지난 30년간 20년이 늘어났다. 과연 세계가 앞으
로 100년 동안 예상되는 인구 수인 120억 명의 사람
들에게 질 좋은 삶을 제공할 수 있는가의 문제가 남아
있다.

(a) 경제 발전도 그러하다

(b) 인구 성장률 또한 그러하다

(c) 의학 또한 그러하다

(d) 사망률 또한 그러하다

해설 빈칸 바로 앞 문장에서 출생률이 떨어지고 있다고 했
으므로 인구 증가의 속도가 다소 느려질 거라고 예상
할 수 있지만, 접속사 but이 이어지므로, 빈칸에는 인
구 증가와 직접적인 관련이 있는 내용이 들어가야 한
다. 빈칸 뒤의 내용 또한 인구 증가의 기타 요인들이
설명되고 있으므로, 사망률 또한 떨어지고 있다는 내
용의 (d)가 가장 알맞다.

어휘 demographer 인구 통계학자

estimate 추정[추산]하다

staggering 엄청난, 놀라운

well-documented 문서에 의해 충분히 입증된

mortality 사망률

life expectancy 평균 수명

project 예상하다, 추정하다

정답 (d)

2 **해석** 200년 이상 동안 영국 남부지방의 한 성 안에 숨겨진
채로 썩고 있었던 명작 그림들 중의 한 점이 한 캐나
나 기업인에게 팔렸다. 영국의 많은 박물관과 화랑에
서 그 그림을 수중에 넣으려고 애썼지만, 구입할 자금
을 마련하는 데 실패했다. 그 후, 로열 웨일즈 재단에
서 입수하려고 했지만, 영국 정부가 경매에 입찰할 자
금 지원을 거절함에 따라 캐나다 구매자와 경쟁할 수
가 없었다.

(a) 이길 수 없었다

(b) 그것을 팔 수 없었다

(c) 경쟁할 수 없었다

(d) (캐나다인)으로부터 그것을 얻을 수 있었다

해설 첫 문장에서 캐나다 기업인이 그림을 샀다는 언급이
돼 있고, 영국 정부가 입찰 자금 지원을 거절했다는
점으로 미루어 볼 때, 캐나다 기업인과 경매에서 경쟁
할 수가 없었다는 내용이 가장 논리적이므로 (c)가 정
답이다.

어휘 languish 쇠퇴하다, 수척해지다

undiscovered 발견되지 않은

gallery 화랑; 미술관

obtain 획득하다, 입수하다

attempt 시도하다

acquire 획득하다

정답 (c)

3 해석 히믈러, 헤이드리히, 그리고 아이히만의 도움과 교사를
받은 아돌프 히틀러는 1933년과 1935년 사이에 계획
적인 유태인 대학살을 주도했다. 세계사에서는 거의 6
백만 명에 달하는 유태인을 살해한 이 대량학살을 홀
로코스트라고 부른다. 터키인들이 아르메니아인을 대
량학살한 것과 같은 많은 다른 살인과 범죄들이 있었
다는 사실에도 불구하고, 홀로코스트는 아직도 한 근
대 국가에 의한 한 민족 전체를 말살시키려 했던 가장
실질적이고 조직적이었던 시도였던 것으로 도드라지고
있다.

(a) 그것은 세계 역사의 흔한 실수였다

(b) 많은 다른 살인과 범죄가 있었다

(c) 그것은 역사상 유일한 대량학살이었다

(d) 대량학살의 한 예가 있었다

해설 직접적인 대조를 나타내는 전치사 despite이 단서다.
the only라는 말은 유일무이하다는 뜻이므로 stands
out … attempt와 직접적인 대조를 이룰 만한 선택
지를 고르면 된다. the only와 가장 극명한 대조를 이
루는 단어는 (b)의 many다. 또한 역사상 여러 학살이
있었지만, 범정부 차원에서 한 민족의 학살을 시도했
던 것은 홀로코스트가 유일했으며, 가장 실질적이고
조직적이었다는 요지의 글이므로 정답은 (b)다.

어휘 aid 돕다

abet 교사하다

intended 의도된, 계획된

eradication 박멸, 근절

refer to A as B A를 B라고 부르다

mass murder 대량학살

The Holocaust 유태인 대학살

stand out 두드러지다

pragmatic 실용적인

annihilate 전멸시키다

정답 (b)

4 해석 우리가 "workaholic"이라는 용어를 사용할 때 우리
는 근본적으로 자신들의 직업에 너무 중독되어 있어
그들의 일과 결혼한 사람들을 가리킵니다. 그들은 당
연히 성공적인 직업 경력을 갖게 되겠지만 그들이 치
르는 대가는 사교성 부족과 따분한 성격으로 확연히
드러납니다. 진정한 성공과 행복은 일과 놀이의 균형,
즉 친구와 가족 간의 관계와 개인의 발전을 촉진하는
만족스러운 직업을 즐길 수 있는 시간을 고려하는 것
을 필요로 합니다.

(a) 일과 놀이의 균형

(b) 성공하고자 하는 야망

(c) 취미 장려

(d) 미래에 대한 준비

해설 빈칸 뒤의 친구와 가족 간의 관계 및 개인의 발전을
촉진하는 만족스러운 직업을 즐길 수 있는 시간을 고
려해야 한다는 내용에 비추어 볼 때 정답은 (a)다.

어휘 be addicted to ~에 중독되다

evident 분명히 나타난

sociability 사교성

dull 따분한

factor in ~을 하나의 요인으로 넣다, ~을 고려하
다

정답 (a)

5 해석 값비싼 제품을 구매할 때, 보증기간을 연장하는 것은
판매 담당자의 보증에도 불구하고 불필요하다. 보증
기간 동안의 어떠한 수리 비용도 보증기간 연장 비용
과 비슷할 것이며, 중요한 사실은 대부분의 고가 제품
들은 어쨌든 상당히 믿을 만하다는 것이다. 이런 사실
자체만으로, 3년 동안 60 내지 300달러의 비용으로
그러한 추가 보증을 구매하는 것은 나쁜 투자로 여겨
질 수 있다.

(a) 정당화할 수 있는   (b) 권할 만한

(c) 선택적인   (d) 불필요한

해설 보증기간 연장에 대한 설명글을 읽고 논리적 결론을 완
성하는 문제다. 글 전반에 걸쳐 보증기간 연장에 숨어

있는 맹점들을 구체적으로 설명하고 있으므로 결국 보
증기간을 연장해서 물건을 구입하는 행위는 불필요하다
는 요지의 글이다. 따라서 정답은 (a)가 된다.

어휘 extended (기간 등을) 연장한
　　 warranty 보증(서), 담보
　　 assurance 보증, 보장, 확신
　　 reliable 신뢰할 수 있는, 믿을 만한

정답 (d)

1　해석　한때 작은 모래벌판으로 알려졌던 두바이가 지난 수세
　　　　기 동안 쇠퇴를 거듭한 이후에 지금 경제적, 문화적
　　　　호황을 누리고 있다. 정부의 경제 개혁 정책으로 두바
　　　　이가 중동의 지적이고, 세련된 상업 중심지로서의 이
　　　　미지를 되찾을 수 있게 되었다. 관광 분야에서 금융
　　　　분야에 이르기까지 두바이는 많은 국제 관광객들을 끌
　　　　어들이고 사업을 시작하고 싶어 하는 젊은 사업가들을
　　　　불러들이면서 번성하고 있다.

　　　　(a) 유혹하는　　　　　(b) 추방하는
　　　　(c) 추방하는　　　　　(d) 추방하는

　　　해설　두바이의 경제적, 문화적 번성에 대해 언급한 글이다.
　　　　등위접속사 and가 단서다. A and B 구조에서 A와
　　　　B는 구조나 내용상 병치가 되어야 하므로,
　　　　attracting과 의미가 비슷한 (a)가 정답이다. 한편, 나
　　　　머지 선택지들은 모두 '추방하다'란 뜻의 단어들이기
　　　　때문에, 지문을 읽지 않고 선택지만 잘 살펴봐도 답을
　　　　찾을 수 있다.

　　　어휘　sandy plain 모래벌판
　　　　trendy 유행의

　　　정답 (a)

2　해석　오늘날 사회가 직면하고 있는 가장 심각한 환경문제는
　　　　바로 지구 온난화이다. 대중매체는 좀 더 빈번하고 강
　　　　력해진 허리케인, 좀 더 심각한 폭풍, 그리고 좀 더 길
　　　　어진 가뭄이 일어날 것이라 예언함으로써 단지 집단
　　　　히스테리에 일조할 뿐이다. 그럼 무엇이 진실인가? 한
　　　　가지 컴퓨터 모델에 따르면 1979년 이래 지구의 온도
　　　　는 쉽게 감지할 수 있는 섭씨 0.3 내지 0.4도 정도 상
　　　　승했어야 했다. 그러나 다른 위성 자료는 이 기간에
　　　　지구의 온도가 실제로 다소 낮아졌다고 한다. 사실, 대
　　　　서양 허리케인의 강도와 그의 최고 풍속은 몇몇 계절
　　　　적인 변화에도 불구하고 지난 반세기 동안 증가하지
　　　　않았다.

　　　　(a) 그러면　　　　　(b) 그러나
　　　　(c) 더구나　　　　　(d) 그로 인하여

　　　해설　지구 온난화가 환경에 부정적인 영향을 미치고, 지구
　　　　의 온도를 상승시킨다는 주장은 잘못되었다는 요지의
　　　　글이다. 빈칸 앞부분은 지구 온난화로 지구의 온도가
　　　　몇 도씩 상승될 거라고 예측했던 30년 전의 컴퓨터
　　　　시뮬레이션 예측을 언급하고 있으며, 빈칸 뒤에서는

이러한 예측들을 뒤엎는 과학적 데이터를 근거로 상반
되는 내용을 제시하고 있으므로 역접의 접속 부사인
however가 알맞다.

어휘 **undoubtedly** 틀림없이, 확실히, 의심의 여지없이
global warming 지구 온난화
hysteria 히스테리, 병적 흥분
detectable 감지할 수 있는
intensity 강도
variation 변화

정답 (b)

3 해석 요즘 PR 기술을 배우고 있는 대학생들이 점점 늘어나
고 있다. PR, 즉 홍보는 이목을 집중시키고, 여론을
형성하는 하나의 수단으로 묘사될 수 있다. PR은 광
고, 언론 대행기관, 대중 공청회, 그리고 대중들에게
다양한 메시지를 전달하기 위한 다른 수단들을 이용한
다. 정부 공무원 로비 및 일반 대중에게 메시지를 나
타내 보일 수 있는 다른 수단들을 동원한다. 그러나
어떤 PR은 한 조직 내의 사람들을 목표로 이루어지기
도 한다. 많은 회사와 기관들이 사원들의 사기와 책임
감을 고양시키기 위해 PR 기술을 사용한다.

(a) 고객들에게 상품을 광고하기 위해
(b) 지구 온난화와 같은 공공 이슈를 만들어 내기 위
해
(c) 신상품에 대한 욕구를 불러일으키기 위해
(d) 사원들의 사기와 책임감을 고양시키기 위해

해설 PR의 수단과 목적이 무엇인지 설명한 글을 읽고 세부
사항으로 빈칸을 완성하는 문제다. 빈칸 바로 앞 문장
이 단서다. 어떤 PR의 대상이 그 조직 내부의 직원들
일 경우, PR의 목적이 무엇일지 유추해 보면 (d)가 가
장 적절하다.

어휘 **public opinion** 여론
utilize 이용하다
press agent 언론 대행기관
public affairs forum 대중 공청회
employ 고용하다, 사용하다

정답 (d)

4 해석 앤더슨 컨설팅 서비스 사(社)의 회장이자 전(前) 미국
이민법 개혁 위원회 위원이었던 제임스 L. 앤더슨 씨
는 특정 미국 비자가 많은 기업들이 주장하는 만큼 그
렇게 필요하지는 않다고 주장했다. 그러한 비자들은
외국인 노동자들이 고용된 특정 회사에만 국한되어 있

기 때문에 외국인 노동자들에게 불리하다. 이는 만약
해당 회사가 그들을 해고하면, 고국으로 돌아가야 하
기 때문에 그러한 비자들은 이민자들을 궁극적으로
연한(年限) 계약 노예들로 만들어 버린다는 것을 의미
한다.

(a) 비자를 연장하기 위해 또 다른 신청서를 제출해야
한다
(b) 고국으로 되돌아가야 한다
(c) 학생 비자로 바꿔야 할 것이다
(d) 승진될 것이다

해설 외국인 노동자들에게 발부되는 미국의 일부 비자들이
상당히 불공평한 조건을 가지고 있다는 요지의 글이
다. 특히, **because** 이하의 '그러한 비자들은 외국인
노동자들이 고용된 특정 회사에만 국한되어 있다'는
내용은 그 회사를 그만두면 그 비자는 쓸모없어진다는
얘기와 같으므로 결국 고국으로 되돌아가야 한다는 내
용이 가장 논리적이다. 따라서 정답은 (b)가 된다.

어휘 **disadvantage** 불리함
alien 외국인, 이방인
indentured servant 계약 노예; 연한(年限) 계약
노예

정답 (b)

5 해석 저는 여러분 모두에게 1970년대 당시에 제가 겪었던
개인적인 경험과 관련하여 몇 가지 얘기를 해드리고자
합니다. 문화혁명 시기에 중화 인민 공화국을 방문했
을 때, 전 보기 어려운 매우 독특한 뭔가를 봤습니다.
농민과 노동자들이 자신들의 삶을 바꾸고 있었으며 사
회의 모든 측면들이 개인들보다는 중앙 정부에 의해서
조종되고 있었습니다. 저는 노숙, 여아 살해, 마약 중
독 등은 전혀 보지 못했습니다. 그 당시에 중국은 전
세계의 국가들, 특히 가난한 나라들에 의해 많은 부러
움을 받았던 나라였습니다. 중국은 유토피아였을까요?

(a) 종종 무시되었다
(b) 경멸당했다
(c) 따돌림을 당했다
(d) 많은 부러움을 받았다

해설 문화혁명 기간에 중국을 방문했을 때 보고 느낀 점을
설명한 글을 읽고 빈칸을 완성하는 문제다. 글 후반부
에 확실한 단서가 드러나 있다. 사회 전체가 개인보다
는 중앙 정부에 의해 움직이고 있었다고 언급한 부분
과, 특히, 노숙, 여아 살해, 마약 중독 등의 어떤 부정
적 측면들도 볼 수 없었다는 부분, 그리고 마지막 문

장과 논리적으로 통하는 선택지를 고르면 된다. 중국의 그 당시 실제 모습이 글쓴이가 묘사한 그대로라면, 세계의 다른 국가들이 많이 부러워했을 거라고 유추해 볼 수 있으므로 정답은 (d)다.

어휘 transform 변모시키다
female infanticide 여아 살해
drug addiction 약물 중독, 마약 중독
utopia 이상 세계, 유토피아

정답 (d)

1 **해석** 고물차를 어쩔 수 없이 탈 필요가 없습니다! 크래쉬 테스트는 이미 등록된 적이 있는 차량에 대해 완전한 기록을 제공합니다. 오늘 저희 웹사이트에서 조사하고 싶은 자동차 등록번호를 입력하는 것으로 시작해 보십시오. 최저 5달러의 가격으로 사고 기록, 주행 기록계의 문제점들, 홍수 피해와 이전 에어백이 펼쳐진 적이 있는지의 여부를 확인할 수 있습니다.

Q. 무엇을 광고하고 있는가?
(a) 중고차 판매상
(b) 중고차에 발생할 수 있는 문제들
(c) 중고차 조사를 위한 웹사이트
(d) 자동차를 쉽게 등록할 수 있는 방법

해설 중고차의 이력을 조회해 볼 수 있는 웹사이트를 광고하는 글이다. 정확한 주행 거리, 사고 이력을 온라인 상으로 검사해 주는 곳이 어디일지 생각해 본다면 쉽게 답을 찾을 수 있다. 세 번째 문장에 언급된 website와 마지막 문장의 you can obtain information on crash history ... 부분이 결정적인 단서다. 따라서 정답은 (c)가 된다.

어휘 lemon 고물차
VIN (= Vehicle Identification Number)
자동차 등록번호
investigate 조사하다
odometer 주행 기록계
deployment 전개

정답 (c)

2 **해석** 모든 어린 야구 선수들이 메이저리그에서 투수가 되는 꿈을 꾸지만, 일찍 야구를 시작하는 것은 최악의 적이 될 수도 있다. 어린 나이에 팔꿈치, 어깨, 팔의 지나친 사용은 아직 신체가 완전히 성장하지 않은 어린이들에게 심각한 부상을 일으킬 수 있다. 어린이 야구단 투수들은 보통 전문 야구 선수들보다 두 배는 많은 수의 공을 던지기 때문에 지나친 사용으로 인한 부상은 심각한 위험이다. 가장 흔한 문제점은 "어린이 야구단 팔꿈치"라고 불린다. 이것은 팔꿈치 관절에서 성장판이 떨어져 나감으로써 발생하는 통증을 유발하는 염증이다. 그것을 치료하기 위해서는 수술을 해야 한다.

Q. 글의 주제는 무엇인가?

(a) 어린 나이에 투구를 하는 것의 위험성

(b) 부상을 당하지 않고 공을 던지는 법

(c) 팔 관절의 발달

(d) 어린이들에게 흔히 발생하는 운동 부상

해설 글의 첫 문장에서 일찍 야구를 시작하는 건 최악의 적 이 될 수 있다고 제시하고 있으므로 정답은 (a)다. (b) 와 (c)는 언급되지 않았으며, 운동으로 인한 부상에 대한 일반적인 내용이 아니기 때문에 (d) 역시 정답이 될 수 없다.

어휘 overuse 혹사

significant 중요한

inflammation 염증

detachment 분리; 이탈

surgery 수술

정답 (a)

3 **해석** 점점 더 많은 대학생들이 온라인 강좌를 선택하고 있 다. 결과적으로 온라인 코스는 지금 크게 번창하고 있 다. 한 대학이 온라인 강좌에 등록하는 학생들에게 그 동기를 물었을 때 절반 이상의 학생들이 유연성을 첫 번째 이유로 꼽았다. 낮 동안에 일을 하는 학생들은 근무 시간에 맞추어 언제든지 수업을 들을 수 있다. 하지만 온라인 강좌를 듣는 데는 몇 가지 단점들도 있 다. 직접 감독하는 사람이 옆에 없기 때문에 학생들은 할 일을 미루는 경향이 있다. 그러므로 만일 자기 관 리를 철저히 못하거나 한번 시작한 일을 끝내고마는 성격이 아니라면 다시 한번 생각해 보기 바란다. 어느 누구도 과제물의 마감 날짜와 시험 날짜를 알려주지 않을 것이다.

Q. 글의 제목으로 가장 알맞은 것은?

(a) 온라인 강좌에 등록하기 전에

(b) 온라인 강좌를 듣는 것의 이점들

(c) 원거리 학습 프로그램의 다양한 종류들

(d) 감독 없이 스스로에게 동기를 부여하는 방법

해설 온라인 강좌가 인기를 더하고 있지만 당신에게 꼭 맞 는 학습 형태인지 확인해 봐야 한다는 것이 주요 내용 이므로 정답은 (a)다. 지문에서는 이점들뿐만 아니라 단점들도 제시하고 있으므로 (b)는 정답이 될 수 없다.

어휘 cite ~을 입에 올리다, ~을 생각해내다

flexibility 유연성

disadvantage 단점

supervisor 감독관

procrastinate 할 일을 미루다

self-disciplined 자기 관리가 철저한

정답 (a)

4 **해석** 학업을 추구하는 것을 최우선으로 하는 것은 중요하 다. 하지만 재미있고 마음을 편안하게 해주는 활동을 하기 위해 시간을 보내는 것 또한 중요하다. 신중한 학생들은 종종 자신들이 숙제나 학교에 관련된 활동들 이외에는 어떤 것도 할 시간이 없다고 주장한다. 그들 은 취미가 공부시간을 빼앗아 갈 수 있다고 생각한다. 하지만 그들이 깨닫지 못하고 있는 것은 중요한 책임 들로부터 잠시나마 휴식을 취하도록 해주는 활동이 학 교 성적을 높여줄 수도 있다는 사실이다. 시간을 내어 휴식을 취하고 취미를 즐기는 것은 스트레스를 감소시 켜 주고 공부를 해야 할 시간에 집중하는 것을 더 쉽 게 해준다.

Q. 위 글의 내용을 가장 잘 요약한 것은?

(a) 학교 이외의 활동들을 하는 것이 학업 성적에 도움 이 된다.

(b) 오늘날 많은 학생들은 할 일이 너무 많다.

(c) 취미를 즐기기 위한 시간을 찾는 것은 종종 힘든 일이다.

(d) 자유 시간에 무엇을 하는가가 성적에 영향을 끼칠 수 있다.

해설 흔히 학생들은 공부 이외에 다른 것을 할 시간이 없다 고 생각하지만 잠시 해야 할 일들을 잊고 자신이 하고 싶은 일을 하는 것이 오히려 나중에 공부를 해야 할 때 집중력을 높여 줘서 성적에 도움이 된다는 내용이 므로 정답은 (a)다.

어휘 academic 학업의

pursuit 추구

priority 우선순위

maintain 주장하다

realize 깨닫다

performance 성적

정답 (a)

5 **해석** 소위 이중 언어를 사용하는 아이들을 살펴보면, 그들 은 동일한 유창함과 정확성으로 두 가지 언어를 사용 하지 못하는 불완전한 언어인들로 판명된다. 그럼에도 불구하고 이러한 사실이 필연적으로 단일 언어를 사용 하는 동료들만큼 이중 언어 사용 기술이 좋지 않다는

것을 의미하지는 않는다. 그들은 주 언어와 함께 두 번째 언어를 성인 언어 학습자들의 속도보다 훨씬 빠른 속도로 배워나간다. 이중 언어를 사용하는 아이들은 불가피하게 차이점에 익숙하기 때문에 세 번째 언어를 배울 수 있는 가능성이 물론 높으며, 따라서 자신들을 다른 문화에 자연스럽게 동화시킬 수 있다.

Q. 글의 주제는 무엇인가?

    (a) 이중 언어를 사용하는 아이들은 그들의 언어 능력으로부터 이익을 받는다.

    (b) 균형잡힌 이중 언어인들만이 이중 언어 상용 능력을 갖는다.

    (c) 성인들은 외국어를 배우기 어렵다.

    (d) 문화적인 문제들로 인하여 이중 언어를 사용하는 아이들은 이중 언어 사용 능력을 갖지 못한다.

해설 이중 언어를 사용하는 아이들이 다소 두 언어 구사에 불완전할 수 있으나 성인들에 비해 두 번째 언어를 매우 빨리 습득하며 언어적 차이에 익숙하기 때문에 세 번째 언어 역시 배울 수 있는 능력을 갖고 있다는 등 그들이 이중 언어 사용 능력으로부터 여러 가지 혜택을 받고 있음을 언급하고 있으므로 정답은 (a)다.

어휘 bilingual 두 나라 말을 하는
imperfect 불완전한, 미완성의, 결점이 있는
notwithstanding 그럼에도 불구하고
inevitably 불가피하게
assimilate 받아들이다, 흡수하다, 동화하다

정답 (a)

Chapter 07 TEPS 입문 독해 실전 문제 연습

1 **해석** 노동부 통계에 따르면 가장 빨리 성장하고 있는 직업 부문은 컴퓨터 관련 분야와 건강 관련 분야이며 이들 중 다수는 직업 훈련을 별로 필요로 하지 않는다. 네트워크 체계와 데이터 커뮤니케이션 분석가들은 가정 방문 건강관리 보조사의 뒤를 바짝 이어 자신들의 직업에 대한 수요가 높아지는 것을 발견하게 될 것이다. 상위 10개 직업들 중에서 단지 세 직종만이 건강이나 컴퓨터 분야 외의 것이다. 더욱 흥미로운 것은 이 중 절반만이 2년제 대학 이상의 정식 교육을 요구한다는 점이다.

Q. 글에 따르면 맞는 것은?

    (a) 의료 보조사에 대한 수요는 낮다.

    (b) 대부분의 새로운 직업들이 대학 교육을 요구한다.

    (c) 컴퓨터 전문가들을 위한 많은 직종들이 있다.

    (d) 노동 시장이 꾸준히 감소하고 있다.

해설 컴퓨터와 의료 계통이 높은 수요를 보이고 있다고 했으므로 컴퓨터 기술을 가진 사람들이 선택할 수 있는 직업들이 많다는 것을 알 수 있다. 따라서 정답은 (c)가 된다.

어휘 analyst 분석가
occupation 직업
Associate's Degree (전문대 졸업의) 준학사

정답 (c)

2 **해석** 지난 100년 동안 지구의 평균 기온은 화씨 1도가 증가해 왔다. 지구 온난화의 정확한 원인에 대해서는 아직도 논의가 계속되고 있지만 그 영향은 예상이 가능하다. 기후 변화는 강수량 패턴과 해수면의 변화를 가져오게 될 것이며, 이것은 인간과 야생 동물에게도 영향을 끼칠 수 있다. 다행히도 지구 온난화의 속도를 늦추기 위해 여러분이 할 수 있는 일이 몇 가지 있다.

Q. 이 글 바로 뒤에 어떤 논의가 이어질 것 같은가?

    (a) 온실 가스를 줄이기 위한 전 세계적인 노력

    (b) 지구 온난화의 가능한 이유들

    (c) 기온 상승을 완화하기 위한 대책들

    (d) 지구 온난화의 영향을 변화시킬 수 있는 방법

해설 글의 맨 마지막에서 there are several things you can do to help slow the rate of global warming이라고 했으므로 구체적으로 어떤 조치를

취할 수 있는지의 예가 나올 것임을 유추해 볼 수 있
다. 따라서 정답은 (c)가 된다.

어휘 debate 논쟁
predictable 예측할 수 있는
alteration 변경
rainfall 강수량

정답 (c)

3 해석 만일 히틀러가 처음에 시도했던 직업인 비엔나 거리
화가로서 성공을 거두었더라면 역사는 달라졌을지도
모른다. 그는 두 번이나 예술 아카데미 입학 시험에
응시했지만 부족한 그림 실력으로 두 번 다 실패했다.
히틀러는 계속해서 관광객들을 위해 도시의 경치를 담
은 엽서를 그렸다. 그의 작품은 다소 미숙했지만 가망
성이 있어 보였고 만일 그가 원하던 교육을 받았더라
면 그의 직업이 되었을 수도 있었을 것이다. 히틀러는
그가 화가로서 살아가겠다는 그의 꿈을 포기한 후에야
정치에 들어서게 됐다.

Q. 글을 통해 추론할 수 있는 것은?
(a) 히틀러는 두 번의 실패 끝에 마침내 예술 아카데미
에 입학했다.
(b) 히틀러가 정식 예술 교육을 받았다는 것을 아는
사람들은 그리 많지 않다.
(c) 히틀러는 정치에 관심을 갖기 전에 성공적인 거리
예술가였다.
(d) 아카데미의 사람들은 히틀러가 잠재력이 있다고
생각하지 않았다.

해설 예술 아카데미에 두 번이나 응시했지만 두 번 다 떨어
졌다고 했으므로 아카데미의 사람들은 히틀러가 예술
가로서 잠재력이 있다고 생각하지 않았음을 짐작해 볼
수 있다. 따라서 정답은 (d)가 된다.

어휘 attempt 시도하다
unsatisfactory 불충분한
persist 계속하다
somewhat 다소, 약간
unskilled 미숙한
abandon 포기하다

정답 (d)

4 해석 전반적으로 미국에서 암의 발생은 감소했으며 생존률
은 증가하고 있다. 지난 15년만 보더라도 새로 암 진
단을 받은 사람들의 수는 6,300건이나 줄어들었다.

또한 네 명 중 한 명의 사망 원인이 암이기는 하지만
암으로 인한 사망률 수치는 폐암을 제외하면 16% 감
소했다. 특히, 희망적인 것은 어린 환자들의 회복률이
다. 1960년대 소아암의 진단은 사망 선고와 같았다.
하지만 오늘날 5년 생존률이 75%에 이른다.

Q. 글에 따르면 맞는 것은?
(a) 암의 발생 건수는 줄었지만 더욱 치명적이다.
(b) 암의 발생은 점차적으로 감소해 왔다.
(c) 폐암으로 인한 사망률은 16% 감소했다.
(d) 어린이 암환자의 생존률은 여전히 낮다.

해설 암의 발생률은 낮아지고 생존률은 높아졌다고 했으므
로 정답은 (b)다. 폐암으로 인한 사망은 오히려 16%
증가했다고 했으므로 (c)는 정답이 될 수 없다.

어휘 across the board 전반적으로
incidence 발생률, 발병률
survival 생존
mortality 사망률
encouraging 격려하는, 고무적인

정답 (b)

5 해석 최근 조사에 의하면 조직화된 종교는 많은 서부 유럽
인들에게 있어 우선순위가 아닌 것으로 보인다. 임명
된 성직자들의 수가 전에 없이 줄어들었고, 자신의 일
생을 교회에 바치기로 결심하는 젊은이들의 수도 줄어
들고 있다. 아일랜드에서의 교회 참석률은 아직 유럽
에서는 제일 높은 편이지만 1975년의 약 85%에서
2009년에 60%로 떨어졌다. 이 감소는 프랑스, 스웨
덴, 네덜란드와 같은 나라에서는 더욱 심각한데, 이 국
가들에서의 교회 참석률은 10% 아래로 떨어졌다. 전
문가들은 유럽의 잔인한 종교 전쟁의 역사는 물론 전
례 없는 부, 교회와 국가의 분리 증가가 이 경향에 기
여해 왔다고 믿는다.

Q. 신문 기사로부터 추론할 수 있는 것은?
(a) 성직자가 되고자 하는 후보자들의 나이가 매년 높
아지고 있다.
(b) 다른 종교들은 신도들의 수가 증가하고 있다.
(c) 기독교는 한때 유럽 사회에서 중요한 역할을 했다.
(d) 스웨덴은 서부 유럽에서 가장 부유한 국가들 중
하나다.

해설 유럽 국가들에서 교회에 다니는 사람들의 수가 크게
감소했다는 통계 자료와 감소한 원인에 대한 글을 읽

고 추론하는 문제다. (a)와 (b)는 지문에 전혀 언급되
어 있지 않으므로 사실 여부를 알 수도 없을 뿐만 아
니라, 추론 또한 불가능하다. 교회에 다니는 사람들의
수가 현격하게 떨어졌다는 얘기는, 즉 한때는 많은 사
람들이 교회에 다녔다고 볼 수 있으므로 (c)가 가장 적
합하다.

어휘 ordain 임명하다

dedicate 헌신하다

dwindle 감소하다

dramatic 극적인

plunge 급격히 감소하다

unprecedented 전례 없는

schism 분리

contribute 기여하다

정답 (c)

Chapter 08 TEPS 입문 독해 실전 문제 연습

1 **해석** 계절성 정서 장애(SAD)는 전 세계 인구의 6%에게 영
향을 끼치고 있는 정서 장애이다. (a) 적도에서 멀리
떨어져 있는 국가들은 많게는 20% 더 높은 비율을 보
이고 있는데, 이것은 햇빛이 정서적 안정과 직접적으
로 관련되어 있다는 가설을 정립했다. (b) 태양은 혈액
내에 비타민 D를 증가시키는 데에도 중요한 역할을
한다. (c) 겨울 우울증이라고도 알려진 SAD는 계절적
으로 햇빛이 적은 시기 동안에 경험되는 일반적인 우
울증 증세들을 가리킨다. (d) 이 증세들은 피로, 식욕
감퇴와 신경질적인 반응을 포함한다.

해설 전체적인 글이 계절성 정서 장애 (SAD)라는 질병이
햇빛과 관련이 있으며 일조량이 적은 시기에 경험하게
되는 우울증이라고 설명하는 글인데 반해, (b)는 햇빛
이 혈액 내 비타민 D의 증가를 돕는다는 내용으로 글
의 흐름에 어긋난다.

어휘 equator 적도

hypothesis 가설

stability 안정성

depression 우울증

fatigue 피로

appetite 식욕

irritability 성급함, 화를 잘 냄

정답 (b)

2 **해석** (a) 운전자가 핸즈 프리 장치를 사용하도록 요구하는
새로운 법률은 휴대폰 사용과 관련된 사망 사고를 줄
이기 위해 고안됐다. (b) 2007년 현재 82%의 미국인
들이 휴대폰 가입자이다. (c) 그러나 최근 몇 년 사이
에 여러 연구 결과들이 운전하는 동안 핸즈 프리 장치
를 사용하는 것이 도로에서의 안전에 측정이 가능할
만큼의 영향을 끼치지 않는다는 것을 보여 주었다. 왜
그럴까? (d) 그것은 차량을 제어하는 데 손을 사용할
수 없는 것이 위험한 것이 아니라 두뇌의 주의력이 전
화 통화로 인해 산만해지는 것이 위험하기 때문이다.

해설 핸즈 프리와 교통 사고와의 상관관계에 관한 글이다.
일반적인 통념과는 달리, 핸즈 프리의 사용이 교통사
고를 줄여 주지 않는다는 것이 이 글의 요지인데, (b)
는 휴대폰 가입자 수에 대한 내용으로 글의 흐름에 전
혀 맞지 않다.

어휘 fatal 치명적인

crash (비행기의) 추락; (차의) 충돌 (사고)

subscribe 가입하다
measurably 측정할 수 있게
divert (주의를) 딴 곳으로 돌리다

정답 (b)

3 **해석** 태아와 산모가 서로 다른 혈액형을 갖게 되는 사례가 매년 15,000건 이상 보고된다. (a) 정부가 관련 연구 활동 보조금을 충분히 지원하지 않기 때문에 이 분야를 전공하는 의사들의 수가 부족하다. (b) 이는 산모의 면역체계가 자신의 신체를 방어하기 위해 작동되는 아주 위험한 상황으로 치달을 수도 있다. (c) 결과적으로, 적혈구가 공격을 받게 되면 아기가 태아 빈혈에 걸릴 수도 있다. (d) 의사와 (의학) 연구자들은 태아의 건강을 보장하기 위해 이런 상태를 검진해 낼 방법을 고안 중이다.

해설 태아와 산모의 혈액형이 다른 질환에 대한 글이다. 첫 번째 문장은 이런 경우가 매년 15,000건 이상이 발생한다는 내용이고, (b)는 이 질환의 위험성을 설명하고 있으며, (c) 역시 태아가 빈혈에 걸릴 수도 있다고 경고하고 있으므로 (b)와 자연스런 흐름이다. (d)는 태아의 건강을 위해 이런 질환을 조기에 알아낼 수 있는 방법을 의사들이 연구 중이라는 내용으로 (b), (c)와 아주 자연스런 흐름을 이룬다. 반면, (a)는 정부가 연구 활동을 충분히 지원하지 않아서 이를 전공한 의사들의 수가 부족하다는 내용으로, 첫 번째 문장과는 어느 정도 흐름이 이어지고 있다고 볼 수도 있지만, 나머지 선택지들과는 전혀 흐름이 맞지 않다.

어휘 fetus 태아
insufficient 불충분한
specialize 전공하다
subsidize 보조금을 수여하다
pertinent ~와 관계 있는; 적절한
immune 면역성의
fetal anemia 태아 빈혈증
devise 궁리하다, 고안하다, 발명하다
screen 심사하다, 선발하다

정답 (a)

4 **해석** 저는 여러분들이 오늘 밤 우리의 새로운 프로젝트 관리자를 진심으로 환영해 주셨으면 합니다. (a) 유성창 씨, 그는 개인적으로 몬타나 대학에서 성공한 프로젝트 개발의 효과에 관하여 연구를 진행해 왔으며, 또한 골드월스 사의 부회장이었습니다. (b) 왜 골드월스 사를 그만두셔야 했는지는 모르겠습니다만, 그의 지시와 방향에 대해서 회사 경영진과 의견이 잘 맞지 않았던 것으로 보입니다. (c) 게다가, 그는 잘 알려진 회사들의 소프트웨어 개발 프로젝트에 참가하여 중요한 역할을 담당하였습니다. (d) 이제 유 선생님께서 여기 있는 여러분들과 함께 자신의 정말 흥미로운 업무 경험을 나눌 수 있기를 바랍니다.

해설 첫 문장을 통해 새로 온 인사를 소개하는 글임을 알 수 있다. 이런 종류의 글은 새로 오게 될 인사의 약력과 경력, 미래의 포부 등의 긍정적인 내용을 소개하는 내용이 보통이다. 새로운 매니저를 소개하는 자리에서 경영진과의 불화로 이전 직장을 그만두게 되었다는 부정적인 내용은 적절하지 못하며, 글의 흐름을 방해한다. 따라서 정답은 (b)다.

어휘 wholeheartedly 진심으로
vice president 부사장
disagreement 의견 불일치, 불화
management 경영진
instruction 지시

정답 (b)

5 **해석** 브런스빌의 다음 단계 도로 재포장 공사로 인해 9월 29일 금요일 오후 4시부터 6시까지 앤 가와 퀸 가 사이의 메인 가의 교통이 통제될 예정입니다. (a) 메인 가와 교차되는 도로들은 어느 지점에서도 영향을 받지 않을 것입니다. (b) 운전자들은 위에 지정된 시간 동안 메인 가가 통제된다는 사실을 주지하시기 바랍니다. (c) 4명 미만의 승객이 탑승한 차량은 전국적인 에너지 절약 캠페인을 활성화하기 위해 시내 중심가로의 진입이 허용되지 않습니다. (d) 도로 공사는 추가적인 교통 통제 없이 정해진 시간 내에 완료될 것입니다. 공사가 진행되는 동안 발생할 수 있는 모든 불편사항에 대해서 사과드리는 바입니다.

해설 전체 글이 도로 공사로 인하여 메인 가의 교통이 특정 시간 동안 통제된다는 내용을 공지하는 글인데, (c)는 전국적인 에너지 절약 캠페인 차원에서 4명 미만이 탑승한 차량의 시내 진입을 금지한다는 내용으로 전체 글의 흐름과 무관한 내용이다.

어휘 re-paving 도로 재포장 공사
intersect 가로지르다, 교차하다
roadwork 도로 공사
time frame 시간 범위

정답 (c)